体育教学训练方法创新与应用

刘 羽　高雅男　王焕燃　著

全国百佳图书出版单位

吉林出版集团股份有限公司

图书在版编目（CIP）数据

体育教学训练方法创新与应用 / 刘羽，高雅男，王
焕燃著 . — 长春：吉林出版集团股份有限公司，
2022. 11
　　ISBN 978-7-5581-8092-7

　　Ⅰ. ①体… Ⅱ. ①刘… ②高… ③王…Ⅲ. ①体育教
学－教学研究　Ⅳ. ①G807. 01

　　中国国家版本馆 CIP 数据核字（2022）第 209443 号

体育教学训练方法创新与应用

TIYUJIAOXUEXUNLIANFANGFACHUANGXINYUYINGYONG

著　　者：刘　羽　高雅男　王焕燃
责任编辑：欧阳鹏
技术编辑：王会莲
封面设计：豫燕川
开　　本：787mm×1092mm　1/16
字　　数：362 千字
印　　张：14. 5
版　　次：2023 年 11 月第 1 版
印　　次：2023 年 11 月第 1 次印刷

出　　版：吉林出版集团股份有限公司
发　　行：吉林出版集团外语教育有限公司
地　　址：长春福祉大路 5788 号龙腾国际大厦 B 座 7 层
电　　话：总编办：0431—81629929
印　　刷：长春第二新华印刷有限责任公司

ISBN　978-7-5581-8092-7　　　　　　　定价：48.00 元

【前　言】

随着人类社会的发展和科学技术的进步，"体育"作为一门自然科学、社会科学与技术科学进入世界科学之林，并又作为人类精彩而特殊的文化以及产业被人们所共识。"体育"是一项万古长青的事业，它对培养德、智、体全面发展的跨世纪人才有重要的战略意义。

作为学校教学的重要组成，体育教学发挥着重要的作用，它对学生塑造强健体魄、磨炼坚强意志有着积极的意义。尤其是在当前社会高速发展、工作生活节奏较快、身心压力较大的情况下，更需要发挥体育教学的重要作用，培养学生的全面素质。体育教学经过不断的发展，已初步建立了一个较为完善的体系，但是面对新的形势和问题，如何适应现实需要，进行创新发展，仍是当下要迫切关注和解决的课题。

在体育教学工作中，既需要进行体育教学，又需要保证运动训练，体育教学偏向于反映群众体育的特点，运动训练偏向于反映竞技体育的特点。体育教学和运动训练虽然在性质、形式上存在相通之处，但是在教学目的、教学手段以及管理方面又完全不同。在体育教学工作中，将体育教学和运动训练有效结合，进行优势互补，有助于提高体育教学工作高效进行。随着时代的进步与发展，我国教育水平也在不断提升。在国家提出的"健康中国"理念以及"全民健身"战略的号召下，我国大部分学校对学生的体育教学与发展投入了更多的关注与重视，体育教学也随之得到了一定的发展和进步。随着体育教育水平的提升，体育教育工作者逐步认识到运动训练与体育教学之间的紧密联系，运动训练与体育教学是相辅相成的，只有将运动训练与体育教学合理地结合才能够保障体育教学的有效性，进而保障教学质量与水平。

当前，面向新思想、新形势、新学生群体的体育教学，必须坚持改革与创新，才能更加科学地实现体育教育的多元教育功能，才能培养出适应现代社会发展的高素质人才。基于此，特撰写了本书，对体育教学的各要素进行全面深入的分析，并对其创新发展进行研究，分析体育教学存在的问题，并为其进一步发展提供指导，最终促进体育教学的发展。本书集体育教学教育与运动训练等理论与实践的研讨探索于一册，知识面广，信息量大，具有一定的参考价值和指导意义。

总体来看，本书对体育教学的各要素进行了分析，内容丰富全面，逻辑合理严谨。本书在对各要素具体情况进行分析的基础上，对其创新发展进行了研究，具有理论性、科学性、时代性的特点。此外，本书还能对具体的体育教学实践提供指导，具有较强的实用性。

本书在撰写过程中，汲取了国内外众多专家、学者在体育教学方面的资料，在此向有关作者表示衷心的感谢。由于作者水平有限，错误和不当之处在所难免，恳请广大读者在使用中多提宝贵意见，以便本书的修改和完善。

作　者

2021 年 11 月

【目　录】

第一章 体育教学的基本知识阐述

体育教学是学校教学的重要组成部分，对体育教学进行研究，首先要对体育教学的基本知识有所了解，只有以此为前提，才能保证体育教学研究的科学性和实用性，才能促进体育教学的发展。本章对体育教学的基本知识进行阐述，主要包括体育教学的概念与性质、特点及功能、结构与原理以及目标与原则。

第一节 体育教学的概念与性质

一、体育教学的概念

体育教学是众多学科教学的一种具体形式，为了更深入地认识体育教学的概念，就需要首先了解教学的相关知识，对教学的基本含义进行分析是认识体育教学的重要前提。

（一）教学的基本含义

"教学"是一种动态行为，是教学工作者对具体的学科或技能组合进行的一种有组织、有计划的教学行为。可以从宏观和微观两个方面对教学的含义具体分析如下：

首先，从宏观角度分析，教学是一种特殊的教育活动，它是指教学者以一种或多种文化为对象，对受教者进行教育，以期让受教者获得这种文化的活动。其中的教学者是掌握某种知识或技能的人，他与接受教育的人共同构成教学的主体。

其次，从微观意义上讲，教学是一种直观的教师进行教授和学生进行学习的活动，在这个活动中，教师是教学的引导者，是教学活动的组织者和知识传授者；学生是教学的"受众"和主体，简而言之，教学是一种以特定文化为对象的"教"与"学"的活动。

综上所述，可以认识到，教学是一种教育活动，这种活动需要教师和学生的共同参与，并为了实现某一具体的教学目标而相互协作。

（二）体育教学的概念分析

与其他形式的教学一样，体育教学同样需要系统的组织与管理，但是，与其他学科教学不同的是体育教学对教学环境的要求更高，所需器材和教学场地更加严苛。因此，体育教学并不是一种随意的、随心而行的教学活动，更不能将其等同于是一种课余的休闲娱乐活动，它需要很多要素的构成才可以正常、合理、科学地开展。

从本质上来讲，体育教学主要在学校环境中进行，主要参与者是体育教师和学生，具体的活动内容为学生在教师的组织和指导下，对体育相关的基本知识、体育运动技能、体育运动素养进行了解、掌握和提高，教学的目的在于促进学生的身心健康发展、完善学生的个性心理特征，提高学生的社会适应能力，使之成为社会需要的人才。

体育教学过程中，体育教师应在充分认识和理解体育教学概念的基础上，体育教学是将教学的概念与体育相关知识相结合，从而形成新的教学内容与相应方法。

二、体育教学的性质

性质是决定事物本身与其他事物的最根本的区别，性质不同的两种事物其带来的表象自然有一定的区别。体育教学和其他学科的教学的最根本的区别就在于它本身所具有的体育教学性质。这种体育教学性质使其具有以下特征：

（1）体育教学的教学地点多为户外，但现代体育教学场所通常在室内的场馆也非常多见。

（2）教学中师生都要承受一定的运动负荷与心理负荷。

（3）教学过程是身体活动与思维活动的结合，并且还有比较频繁的人际交往。

（4）体育教学侧重于发展学生身体时空感觉以及运动智力。

（5）教学更加关注学生自我操作与体验等。

现代体育教学最重要的教学形式就是体育运动技能的教学，它是体育育人的主要方式。而对于运动技能的传授也是体育教学与其他学科教学的主要区别之一。在体育教学中，学生全面掌握体育运动技能，需要经过几个教学阶段（认知阶段、联系阶段与完善阶段）才能实现，具体来说，在体育运动技能的认知阶段中，学生与体育运动技能之间的联系最为密切，该阶段教学的主要目的就是学生对所学技能的结构、要素、关系、力量、速度等要素进行表象化的认识，从这一角度来看，体育运动技能仅仅是学生提高身体素质、完成技术动作的一种方法，因此可以认为运动技术不具有人的特性，而只是一种"操作性知识"。

通过以上论述，可以认识到，体育教学的本质就是"一种针对运动技术和知识的教学"，在体育教学中，学生学会了运动知识并将之转化为运动技能，体育教学的本质就达成了。

第二节　体育教学的特点及功能

一、体育教学的特点

作为教学活动的一种，体育教学与其他学科教学有许多相似的特点，体育教学与其他学科教学的共性主要体现在以下三个方面：

（1）体育教学和其他学科的教学都属于教师与学生的双边活动。教师与学生在教学活动中发生各种形式的频繁交流，如语言上的交流和肢体动作的交流等。过往这种交流更多是从教师向学生的方向（教师传授给学生某种知识和技能），现代教学要求教师开始注重使这种交流从学生向教师的方向。

（2）体育教学和其他学科的教学均是以班级为单位开展教学活动，实际的教学过程中，班级教学的组成方式会根据需要有所不同，如学生入学时组成的自然班，或根据学生的不同兴趣组成的单项班等。

（3）体育教学与其他学科教学的目的都是为了传授某种知识或技能。

除了以上与其他学科教学所共有的特点外，体育教学还有其自身的特点，主要表现如下：

（一）教学环境的开放性

体育教学主要是在室外进行的，目前，我国各级院校的体育教学多以体育实践课为主，体育教师组织的大多数体育课主要在学校操场进行。与其他学科主要是在封闭的教室、实验室等地方开展教学活动不同，体育教学的教学空间富有变化性，环境更加开放。

针对当前体育教学环境的开放性，这就决定了体育教学具有不同于室内教学的特殊要求，开展教学活动应注意以下几点：

首先，由于体育课多在操场进行，受到的干扰因素较多，如天气、地形、周边设施与噪声等，体育教学的组织管理工作愈加复杂，需要精心设计与统筹安排体育教学的组织形式、教学步骤与方法。

其次，室外的体育教学是动态的，大部分的教学时间学生都处在不断变化与形式多样的运动中，而且如果班级内学生较多，教师可采取分组教学。

最后，由于一些学校的体育基础设施条件较差，体育教师应重视学生的安全教育。

（二）教学过程的直观性

体育教学过程拥有直观性特点。这种直观性主要体现在讲解、示范和教学组织管理三个方面。具体分析如下：

首先，教师对教学内容的讲解具有直观性的特点。体育教学过程中，教师讲解体育教学内容，不仅要达到与其他学科教师讲解要求一致外，还要求体育教师的语言更加生动，并且富有一定的肢体表现能力，以使学生有形象、贴切、有趣的感觉。尤其是在某些拥有较难技术动作的体育运动教学中，教师不仅要对体育教学重点进行详细的描述，还要用生动、形象的语言把复杂的技术动作进行简单化的讲解，做到深入浅出，以便于学生理解。

其次，教师对体育动作技能的示范具有直观性的特点。体育教学过程中，每一项体育项目的教学都涉及技术动作或战术配合，为了加深学生的理解和认识，教师有必要进行动作示范和实践演示。在教师运用示范法时，需要运用非常直观形象的动作示范，其中包括正确动作的演示和错误动作的演示，这些演示都要非常直观地展现在学生眼前，不能有任何的艺术加工和变形，这样才会使学生从感官上直接感知动作的正确与错误，以利于他们建立正确的、清晰的运动表象。当学生建立正确的动作表象后，再配合教师的讲解，使之与思维相结合，来更好地掌握体育知识、体育技术和技能，进而促进身体素质的改善，从而提高运动水平。

最后，教师对体育教学的组织与管理具有直观性特点。体育教学中，教师与学生接触更多，关系更融洽，对学生的组织与管理也带有直观性，如要更加富有责任心、更具有活力，身体力行，这对学生的身心也是一种无形的教育，有助于教师对学生的观察与帮助，把控教学过程，也能为学生创造轻松的教学环境，使学生在教学中表现出来的言行都是他们最为真实的一面，有利于体育教师获得正确的教学反馈，并及时修正。

（三）人际关系的多边性

在体育教学中，人际交往占据重要位置，体育教学中的人际交往具有多边性的特征。

现代体育教学的组织形式主要在单人、双人、小群体以及全班之间不断转换，要求学生在不同的时空内完成不同的身体运动、不断地变换角色地位，彼此之间建立多种不同的联系。因此，在体育教学中，师生之间、生生之间、小群体之间具有频繁且形式多样的人际交往关系。

针对体育教学过程中人际关系的多边性特点，体育教师可以运用多种方式与学生交流与沟通，并引导学生相互之间进行配合、鼓励与评判，教会学生在体育课堂中初步体会社会交往，培养学生的合作意识，提高其人际交往能力。

（四）技能学习的重复性

新的《体育（与健康）课程标准》指出，现代体育教学应促进学生完成运动参与，促进学生的身体健康、心理健康，并提高社会适应能力。体育教学的最基本的目的是使学生掌握运动技能，而要达成这一体育教学目的，就必须重复学习运动技能。

运动技能的形成具有阶段性和规律性，运动技能形成大致分为四个阶段，即动作分解练习阶段、动作连贯练习阶段、连贯动作的独立完成阶段和连贯动作的熟练完成阶段。学生要想熟练掌握运动技能，需要经过长期的反复练习。学生无论是掌握篮足排运动中的复杂技能，还是学习体操中的滚翻、田径中的跑等技能，都需要经历由不会到会、由简单初步学习到复杂深入学习、由不熟练到熟练的发展过程。在此过程中，体育教师要严格遵循循序渐进原则，逐步指导学生掌握各种运动技能，根据不同运动技能的特点，合理安排练习内容和时间，通过反复练习，使学生掌握、提高运动技能。

（五）身体活动的常态性

体育教学中，学生需要不断重复学习体育运动技能，这也决定了学生在体育教学活动中，要经常进行身体活动，即体育教学具有身体活动的常态性特点。体育课堂教学过程中，教师与学生的身体操练非常频繁，这种近乎常态化的特点成为体育教学非常显著的特点。

一般性（主要是指文化类学科）的教学，多在教室（实验室、多功能厅）进行，且要保持相对的安静，这样才能激发学生的思维并产生很好的学习效果。而和这些学科相比，体育教学却刚好相反，其教学的地点多为户外或专用运动场馆，普遍较为宽阔，而且在大多数时间的运动技术练习环节并不需要刻意保持安静，学生之间、学生与教师之间都可以随时有相关的交流和沟通，如此才更有利于对运动技术的学习。

体育教学要求学生应掌握基本的运动技能，体育教学过程中充满了对身体活动的要求是体育教学与其他学科教学的最大不同之处。因此，在体育教学中，几乎所有内容都涉及身体活动，或者是为即将到来的身体活动做准备的活动，就是对作为"身体知识"的体育教学的最好诠释。在体育教学过程中，不仅学生要进行具有一定运动负荷的运动，教师在做示范、做指导和参与到组队教学赛中也需要付出不少体力。可见，体育教学身体活动常态性的特点不只针对学生，同时也包括教师。

（六）身心练习的统一性

一般认为，身体与心理是两种不同的事物，彼此间并没有很多的交集。实则不然。现代科学研究发现，身体健康有助于改善心理健康，而心理健康与否也可以影响身体健康。因此，体育教学具有要求学生身心共修的特点。

体育教学重视对学生身体的改造，与此同时它还强化学生的心理与多种适应能力的发展。而在其他学科的教学中便无法达到这样的效果，这主要在于体育教学营造了不同种类的教学情境，一系列积极的情境使得参与其中的人在潜移默化中受到感染，在体育教学中，学生的身心发展看似是多元的，但实际上在过程中是一种身心统一的锻炼，即达到身体与心理的共同拓展和发展，表现出十足的统一性。身体发展是基础，心理发展依赖并能促进身体发展。从这一方面来看，体育教学不仅可以促进学生掌握技能、发展身体、增强体质，而且有利于培养学生的思维方式和良好的心理品质，促进学生身心健康协调发展。

体育教学中学生身心练习的统一性，要求教师做好以下教学工作：

（1）体育教学内容的选择要注重身体与心理统一。体育教学内容是体育教学活动的依据，对教学效果具有直接的影响作用。为了使体育教学体现出身心统一的特点，教师应针对学生的身心健康状况合理选择教学内容，所选教材的编排要符合该年龄段学生的心理特点，除此之外还要满足其美学、社会学等其他方面的要求。使学生通过教学过程中的知识学习、身体练习、情感体验，能使身心获得有益发展。

（2）体育教学中运动负荷安排应注重身心统一。体育教学重在体育实践，它以身体练习为主，需要学生运用身体器官直接参与活动，不仅要承受一定的身体负荷，还要承受一定的心理负荷。学生在完成大负荷的身体练习时，要承受肌肉活动引起的疲劳与不适，体验不同的心理过程，磨炼思想意志，还要感受克服困难、团结一致、努力拼搏、失败和成功的心境。这种身心练习的统一性更有益于学生的身心健康发展。

（3）体育教学方法的选用要注重身心统一。与其他学科的教学相比，体育教学的教学方法更加丰富，这更加便于体育教师结合体育教学实际合理选用教学方法，为了体现体育教学中学生身心练习的统一性，体育教师选择的教学方法都要遵循与学生年龄段相适应的身心变化规律，选择正确的、适合学生身心发展的体育教学方法，体育教师必须根据学生的这些诸多身心特点安排课程，如此才能有效激发学生的积极性和兴趣爱好，促进学生身体和心理的共同发展和提高。

（七）教学内容的情感性

体育教学内容是非常丰富的，它会涉及多种与体育相关的内容，不仅仅限于球类运动、游泳、田径，还包括体育舞蹈、瑜伽等内容。通过对这些内容的学习，学生可以普遍从中体会到源自体育的丰富情感。

体育教学中，学生丰富的情感体验主要表现如下：

（1）在体育教学过程中，师生可以体会到只有体育才能赋予人的人体美和运动美。一方面，学生通过接受体育教学，掌握体育健身的方法和技能，以此达到运动塑身的效果，使身体外在形态保持优美的线条和良好的身材比例。另一方面，学生通过对不同运动的练习，可以认识到人体不同的动作展现出的动作美和肌肉的动态美，这种美只有在运动中才能看到，是极为外显的美。

（2）通过体育教学中对美的感受，可以促进学生提高审美能力。既然有美的存在，那么就要有欣赏美的人和能够欣赏美、懂得如何欣赏美的能力。

（3）体育教学能使学生真正领悟体育精神。每一项运动都向人们表现出了不同的美的特点和审美特征，如球类运动可以表现个人对球类技术的掌握能力，集体球类项目中除了个人能力外，还包含了与队友之间的协作和互助精神。这些内容都是人类积累下来的丰富的体育内涵，而通过体育教学能促进学生感受到体育的精神美，掌握体育的精髓。

（4）在体育教学过程中，学生通过参与体育活动可以陶冶情操，平衡心态。如学生在关键时刻始终保持冷静的心态，或是在胜利时表现出的谦虚等。

（5）体育教学是一种创造性的社会活动，其创造的成果就是让学生获得内在的顿悟和精神上的启迪。同时，体育教学沟通着学生与学生、教师与学生，对学生提高社会适应能力具有重要作用。

（八）教学条件的制约性

体育教学内容丰富，涉及要素较多，也就使得体育教学受到更多客观条件的制约，这是体育教学的重要特点之一。体育教学活动受到的制约主要有学生运动基础、学生其他基本情况（年龄、性别、生理和心理特点）、体育教学场地条件、器材、气候等。这些因素都会影响体育教学质量的高低。具体来说，主要表现在以下两个方面：

首先，就教学主体来讲，学生作为体育教学过程中体育知识与技能传授的受众，与学生有关的诸多情况会对体育教学本身造成一些影响，因此体育教学要想进行得顺利，获得良好的教学就要注重在学生的运动基础方面以及体质强弱等实际情况的区别对待。这些差异具体如男生与女生不同的身体形态、机能水平、运动能力等，根据这些差异，学校体育教育部门和体育教师在进行教学设计、教材选择和教学组织等方面的制定时就要充分考虑周全，否则会影响教学目标和教学效果的实现。

其次，就教学环境来讲，体育教学环境是体育教学的重要载体，其质量的高低对体育教学会产生较大影响。例如，体育教学活动多在户外开展，可能会面临空气污染，或邻近马路带来的噪声污染等问题，这些问题势必会影响体育教学主体在教学活动中的状态与情绪；天气对于室外体育教学的影响也是不能忽视的，这点在早年间越发明显，如遇到雨、雪、大风等恶劣天气时，体育教学被迫停止，转而来到室内进行一些体育理论课的教学，如此势必影响体育实践课的教学计划顺利展开。

总之，体育教学受多种体育教学条件的制约，要想顺利开展体育教学，摆脱不利于体育教学的各种条件因素的影响，体育教师就要从学年的体育教学计划到具体课时计划，从教材内容选择到教学组织方法实施都必须考虑到这些客观实际与影响因素，结合教学实际，科学选择体育教学内容、方法和组织形式，尽量将制约因素的影响降至最低。

二、体育教学的功能

（一）教育学生

与其他课程一样，体育教学也有教与学的共同特点，体育教师与学生在体育教学的双边活动中，具有学知识与技术的共性。在体育教学的过程中，教师发挥着教育和主导的重要作用。学生通过思维活动来掌握教师传授的知识与技能，从而提高自身的认识与判断思维能力，这是其他课程的主要教学特点。但是对于体育教学来说，教师不仅要向学生传授生物、生理、心理、医学等自然科学和体育基本知识，还要将科学的身体锻炼方法与手段传授给学生，使学生正确掌握运动技能，同时达到学习、健身与锻炼的目的。此外，体育教学对培养学生爱国主义情感、集体主义价值观、互帮友爱和顽强拼搏、积极进取的精神也发挥着极大的促进作用。

（二）促进身心健康

健身功能是体育教学的本质功能。所有体育教学都应将健康教育放在重要位置。因为增强人民体质是发展体育运动的本质属性。适当地参加体育运动，科学地进行体育锻炼，可以有效促进学生身心健康。

经过长期的改革与实践，现代体育课程在规划设计教学大纲、选择教材内容、安排课时、实施教学组织等方面已逐渐合理化与科学化。学生自身的身体运动锻炼是体育教学得以进行的主要方式，因此学生直接参与活动就成为体育教学的显著特点。从这一点来看，教师应根据体育教学的规律特点，将各种行之有效的健身内容、方法与手段（健身的、竞技的、娱乐的、保健的等）应用到体育教学中去，有机协调并统一体育教学的教育性、健身性、竞技性和娱乐性等特征，从而提高体育教学质量，增强体育健身效果。

（三）培育良好品德

体育教学具有帮助学生形成良好思想品德的功能。体育教学中，大多体育运动或体育游戏都需要集体共同参与方能完成。根据体育运动或游戏的规则，运动竞赛或游戏要想顺利进行，必须依靠参与者自觉遵守既定规则。因此，体育运动进行的前提是守纪守则，运动取胜关键要靠集体的团结配合。

学生在体育教学与比赛中，可以养成遵纪守则的良好习惯。学生为了取胜，必须认识到团结互助、协调合作、发挥集体力量的重要性。在体育练习或比赛（游戏）中，学生还要懂得关心同学，尊重对手，尊重裁判，自觉遵守体育课堂秩序。此外，系统的体育教学对陶冶学生良好情操、塑造学生完美人格具有重要作用。

（四）提高审美能力

体育教学具有提高学生审美意识与审美能力的重要作用。健、力、美同时蕴含于体育运动中，静态的人体造型和动态的运动节律都具有美的特质，都表现出人们的形体美。体育运动不仅在运动过程中突出了"美"的要素，而且在运动结果上也有淋漓尽致的体现。运动参与者主要从以下两方面获取成就感与审美感：一方面是运动参与者通过科学体育锻炼而获得的完美身体曲线；另一方面是运动参与者通过激烈与公平的比赛而获得的成绩。

学生对体育运动的审美意识也可以通过体育教学培养，体育教学可以帮助学生树立正确的人体及运动的审美标准，使学生体验积极、健康的审美情感，进而提高学生的美学素养。

第三节　体育教学的结构与原理

一、体育教学的构成

构成和影响教学活动的各个要素及其相互间的关系，即体育教学的构成。体育教学的构成要素包括教师、学生、教材以及教法等一系列的基本要素。从静态角度进行分析，参与者、施加因素以及媒介因素是体育教学的三大要素。

（一）参与者

体育教学的参与者是教师和学生，教师在体育教学中起主导作用，具有计划、组织、传授、管理、监督以及调控的功能，教师的敬业精神、业务水平以及组织能力等方面的素质是决定教学质量的重要因素。学生不仅是教师施教的对象，同时也是体育教学的主体。在教学活动中，学生并非只是简单、被动地接受知识，学生必须将其智力和非智力因素充分调动起来，积极主动地参与到学习过程中，只有这样才能取得良好的学习效果。因此，从宏观角度来看，学生是制约和调控体育教学的一个因素，在教学过程中学生不仅是具有大量共性的一个群体，同时学生在不同因素的影响下也存在着自身的差异性。教学质量的好坏在很大程度上也受学生对教学活动参与的影响。体育教师的一项职责就是依照学生的身心特点，充分调动学生学习的积极性，从而赢取学生的信任和配合。

（二）施加因素

社会对学生的要求可以通过体育教学的任务、内容、大纲以及计划等方面反映出来，这些方面均属于体育教学的外部施加因素，同时也是连接教与学的重要纽带。教学任务、教学内容以及大纲计划规定着教学过程，是开展体育教学的重要依据。显性与隐性价值是体育教学任务和体育教学内容所具备的两项价值，在教学过程中要处理好显性价值和隐性价值两者之间的关系，进而更加科学有效地推动学生身心方面的协调发展。

（三）媒介因素

体育教学属于在一定时间与空间对信息进行有序传递的过程。高质量和现代化的媒介条件在很大程度上保证了体育教学质量的有效提高。组织教法、场地器材以及环境设备是传递信息必须借助的媒介，其中教学质量得以提高的物质条件是场地器材和环境设备，依照体育教学目标，将学生、教材以及物质媒介充分串联起来的是组织教法，组织教法对体育教学有着调控作用。实用性、安全性、抗干扰性、针对性以及可靠性是体育教学媒介因素应当具备的特征。

在体育教学实践中，参与者、施加因素以及媒介因素是动态结合和变化多样的，教师的外部主导作用具有不容忽视的作用。体育教师应当认真学习和掌握教学艺术，将学生的学习积极性最大限度地调动起来，调控好体育教学的三大构成要素，高质量地完成体育教学的任务。

二、体育教学的原理

（一）体育运动认知规律

体育运动的认知体系具有独特性。在体育教学过程中，体育运动的认知规律是一定要遵循的。体育教学中，运动认知大致经历以下三个阶段：

首先，发展感性认知，奠定必要的感性基础。

其次，在感性认知的基础上进行理性概括，从而促使理性认知的形成。

最后，在体育运动实践中科学灵活地对理性认知加以应用。

具体而言，体育的运动认知体系是一种"身体—动觉智力"，通过体育教学，能够使学生进行物体识别、自我认识、控制体育运动的相关因素（时空、高度、距离、重量、平衡等）的能力不断提高。在体育活动中，表现为学生能对体育事件做出恰当的身体反应，具有控制身体运动、操纵物体的能力，体脑能够协调工作。对此，体育教师在体育教学中应重视培养学生感知时空的能力，提高学生对方向进行正确判别的能力，培养学生从方向、速度以及重量等方面感知器械的能力，以此来促进学生运动认知能力的不断提高。

（二）体育运动技能形成规律

使学生对运动技能进行充分的掌握是体育教学的主要任务之一，而学生掌握运动技能需要经历一个必要的发展过程，这个发展过程的大致趋势就是不会→会、不熟练→熟练、不巩固→巩固。换言之，就是要经历一个泛化→分化→自动化的变化过程。掌握与形成动作技能的过程与阶段划分没有十分精确的标准，然而就动作技能的结构而言，体育教学中依然要对体育运动技能的形成规律加以严格遵循。

（三）体验运动乐趣规律

在体育教学中，主要教学目的之一就是要注重培养学生的体育爱好与特项能力。这一目的的实现有一个前提条件，即想方设法使学生在体育运动中体验到乐趣。体育运动乐趣的体验能够使学生对运动技能进行积极的学习与掌握，从而提高自己的体育技能。因此，体育教学要严格遵循体验乐趣这一规律。

学生在学习与掌握运动技能的过程中，要经历如下体验乐趣的过程：

首先，学生以自身已有的技能水平为基础进行新技能的学习，在学习新技能中体验新的乐趣。

其次，学生为掌握新的运动技能需要付出一定的努力，需要不断挑战自我，在挑战自我中能够体验到乐趣与成就感。

最后，学生掌握新的运动技能后，需要充分发挥自身的聪明才智与主观能动性来对技能进行创新，在创新中体验探索与新鲜的乐趣。

第四节　体育教学的目标与原则

一、体育教学的目标

体育教学目标是学生在实际参加的有关体育内容的教学情景中对于最终学习成果的预期标准。体育教学目标是由体育教师制定的，具有较强的灵活性和实用性；为具体的体育教与学活动提供依据。除此之外，它还是对具体教学过程与丰富教学活动的定向。

体育教学目标又可分为阶段性目标和最终目标，其中阶段性目标是指体育教学各个阶段的目标；阶段性目标的总和就是最终目标，即体育教学的总目标。体育教学总目标是实现体育教学目的的标志。

（一）体育教学目标的特性

通过总结来看，体育教学目标的特性主要表现在以下几方面：

1. 预见性和挫折性

首先需要说明的是，体育教学的目标并不是自确立之日起在很短的时间内可以达到的，也就是说它并不是已经实现的现实。由此可知，体育教学目标对体育教师和学生共同完成体育教学活动有着很大的指导作用和激励作用，它是一种对体育教学活动结果的预见与期待。另外，学校体育教学还具有一定的挫折性，因为体育教学目标不是已经存在的现实，因此在实现的过程中会遇到许多不在预期之内的问题和困难，这些困难会给最终要实现的教学目标以极大阻碍，要达成目标是需要付出努力，甚至经过非常艰辛的努力才能实现的。

2. 方向性和终结性

学校体育教学目标能够反映出特定的价值取向，这也说明了它带有明确的方向性。在实际的学校体育教学中，这个方向性也非常直观、明确地展现在体育教学主体面前，如他们应走向什么方向、走到哪里等。

体育教学目标的终结性不是体育教学的终止，体育教学目标的完成意味着下一个更高更强的体育目标的建立和开始，这个"终结点"只是整个体育过程中互相联系的一个一个的"歇脚点"。

（二）体育教学目标的功能

学校体育教学目标的功能主要表现在以下几方面：

1. 体育教学目标是选择教学内容与方法的重要依据

体育教学中包括的内容较为广泛，除最为常见的体育运动项目技能外，还会学习一些与体育和保健相关的知识与技能。而正确合理的体育教学目标可以界定体育教学内容的范围，对教学内容的选择起到导向作用，并且对其做出最有价值的判断。另外，对于相应的教学内容选择对应的教学方法也是要以体育教学目标为依据的。

2. 体育教学目标是组织教学活动的重要依据

体育教学目标的高低决定了体育教学活动组织的严谨程度和方法。它会对体育教学内容的结构形式和教学的组织形式产生影响，指导体育教学的具体实施。例如，较低的体育教学目标（体育教学的子目标）可以轻易完成，因此在对其相关内容进行教学时可以组织得相对轻松一些；对待较高的目标则需要严谨、紧张、细致的教学组织。

3. 体育教学目标是教学评价的重要依据

对于体育教学的结果都要进行系统、客观的评价，以此获得有效数据和结论以用于反馈给体育教学管理部门。此后，相关部门会根据这些评价调整体育教学中的各种指标，促进教学水平的进步以及与学生的适配性。总的来看，学校体育教学目标是评价体育教学价值和效果的主要依据，它是进行学校体育教学评价的基本标准。由此可知，体育教学目标为学校体育教学评价提供了依据。

（三）体育教学目标制定的依据

1. 以人体的发育规律为依据

从我国体育教学的现状来看，受教育对象的人体发育规律对教学的影响非常重要。人体发育有几个敏感期，这些敏感期对体育素质的培养有着非常重要的作用，抓住这几个敏感期进行体育教学可以达到事半功倍的效果。根据近几年的调查研究发现，按照我国国民的个体发育规律，各项素质发展的最高峰的年龄主要集中在学生时期，特别是大学时期。体育教学可以充分满足大学生的身心发展需求。在高校期间，要制订更加系统、合理、科学的体育教学计划，此阶段的教学最有可能会让学生受益终身。这也是体育教学的根本目标。

2. 以个体参与体育运动的兴趣与能力为依据

体育教学过程要想取得最佳的教学效果，就必须要吸引学生的关注，提高学生参与体育运动的兴趣。要想提高学生的学习兴趣，就要根据学生生理、心理和智力特点，将体育运动的趣味性、目的性、对抗性等相结合，使学生由浅入深、由易到难地逐渐掌握体育运动知识，从而获得参与体育运动的基本能力。而且教师还要注重学生对体育运动的兴趣，来提高欣赏体育运动以及参与运动的能力，使其成为学生终身的爱好。

3. 以促进个体综合素质的全面发展目标为依据

体育运动不仅只是提高学生的运动技能，还要综合发展学生的身体素质。在培养德育方面，一些体育运动项目要求学生克服内在和外在的双重障碍，培养学生坚定的意志和顽强的毅力。无论遇到怎样的困难都要遵循道德规范和准则，努力实现自己的目标。在智育方面，体育运动项目中，很多运动项目都要求运动者具有高速判断、分析、思维、想象的能力，让运动者智力得到良好的开发。在美育方面，体育本身就是健康美、形体美的代名词，无时无刻不在培养学生对美的感受能力、鉴赏能力、表现能力以及创造能力。因此，在制定教学目标时要考虑选择合理的教学内容，使学生的德、智、美的综合素质得到全面发展。

体育教学的目标能够把握体育教学的方向，是体育教学研究非常重要的一个部分，对教学改革发展起着至关重要的作用。

（四）体育教学目标的制定

1. 体育教学目标制定的步骤

（1）对体育教学对象进行分析

学生的学习需要是指学习者学习成绩、学习态度等的现状与体育教学目标之间的差距。分析学习者能力与条件是指学生在体能、运动技能、体育知识等方面已经具备的能力与条件。在对学生的学习需要与能力条件认真分析的基础上才有可能设置合理有效的学校体育教学目标。

（2）对体育教学内容进行分析

在制定体育教学目标时，要认真分析体育教学内容的特点与功能，这是因为制定具体的体育教学目标终归离不开具体的体育教学内容。教学内容的不同自然带来了不同的特点与功能。无目标的体育教学内容，注定也就没有教学内容的目标。

（3）编制体育教学目标

在分析完体育教学内容后，就要开始着手对教学目标的制定了。体育教学目标是指导体育教学活动设计、实施和评价的基本依据，它通常在"单元"或"课"的教学计划中按照课程的水平目标基础分别陈述。

2. 体育教学目标陈述

通常认为，体育教学目标陈述主要包括以下几方面的要素：

（1）明确目标的行为主体

体育教学目标注重学生学习产生的变化和结果，而不应是像以往那样单纯以教师的"教"为行为主体的过程。现代，包括未来的教学都要以学生作为行为主体。因此，对于体育教学目标的陈述也就要注意突出体现这一趋势。

（2）准确使用行为动词

体育教学目标应采用行为动词来描述体验性目标和结果性目标，以区分学习结果的层次性。

（3）规定学习条件

在体育教学目标的陈述中要注意将教学条件描述出来。体育教学设计的准备工作和体育资源较多，这些都是体育教学中不可或缺的内容，就教学条件来讲一般包括情景、环境和信息三大条件。

（4）说明预期效果

体育教学目标的陈述中必须要有经过教学活动后预期达到的效果。另外，在对预期效果进行描述时要以学生为主体，且语言通常为肯定句。

3．体育教学目标制定的要求

（1）连续性

体育教学目标是通过若干年级目标、单元目标、课时目标的实现最后加以实现的，在不同年级之间、同一年级前后之间、不同单元之间等既有一定的独立性，又有相互联系与影响。因此，制定体育教学目标，无论是年级、单元，还是课之间都要注意相互之间的连续性。

（2）层次性

无论是体育情感目标、认知目标、运动技能目标，还是增强体能目标本身都有一个从低到高的层次。各领域目标之中，都有从低到高的层次。

（3）可操作性

体育教学目标的制定应具体、明确，便于操作，有利于给体育教学活动的过程以清楚的导向，并且目标制定得还要便于最终对教学效果的评价；体育教学目标的制定应尽量有利于测量和评价。

4．体育教学目标制定的注意事项

（1）应具有教育价值

体育教学的目标要具有教育价值，在实际的体育教学中，有些体育教师过于强调目标分解和细节，结果制定了一些体育价值并不大，甚至没有价值的目标，这极大地影响了体育教学效果。

（2）应与体育课程目标相关

学校体育课程目标是体育教学目标的上位目标，每一个下位目标都必须与上位的目标有机衔接，并与之相一致。

（3）应与学生实际情况相适应

学生的需要、能力、条件等实际是制定体育教学目标的前提与基础，只有体育教学目标与学生实际情况相适应，这个目标才称得上是合理的目标，学生在追求这个目标的过程中才能获得相应的进步和增加对体育运动的兴趣。

（4）目标描述应准确直观

只有当学校体育课程教学实施的人能像目标制定者那样理解其中要达到的结果时，目标才是有效的。

（5）应找到学生与内容的结合点

在制定体育教学目标时，必须考虑体育教学的对象和教学内容两个因素。要使目标符合学生的实际，必须认真考虑学生的需要及要达到的学习结果。

（6）体育教学目标应注意及时调整

无论体育教师考虑得多么周密，体育教学目标制定得多么明确具体，其体育教学过程也不是一成不变的。体育教学根据实际情况及时调整既定目标。

（五）体育教学目标的实现途径

体育与健康课、课外体育活动与其他体育健身活动等内容是高校体育教学工作的主要内容，同时也是体育教学目标实现的基本方法。

1. **体育与健康课**

体育与健康课是必修课，它是以教育部制订的教学计划为依据而开设的。体育与健康课是系统地对学生进行体育教育的课程。高校体育的基本组织形式也是体育与健康课。体育与健康课的基本特征如下：

（1）体育与健康课的课程标准是有一定规定的，授课的班级也是相对固定的。

（2）体育教师是专业的，场地、设备与器材也有较好的保证。

（3）体育与健康课有规定的考评，学生毕业与升学都要进行体育与健康课的测试。

2. **课外体育活动**

我国高校体育目标得以实现的重要组织形式之一是课外体育活动。课间操、体育锻炼、早操、课外体育训练、课余体育竞赛以及在校外进行的郊游（夏令营、冬令营）等是课外体育活动的重要形式。课外体育活动具有如下几方面的意义：

（1）课外体育活动能够提高学生学习体育知识和技能的积极主动性。

（2）有利于学生运动能力的提高，对学生自觉锻炼身体的意识和习惯具有积极的培养作用。

（3）有利于学生体质的增强，能够发展学生的体育兴趣与爱好。

（4）学生的课余体育生活能够得到丰富，学习和生活的质量等也会有所提高。

3. **其他体育健身活动**

其他体育健身活动是指在高校教育的各个环节中开展的有利于学生增进健康、增强体质的活动。这些健身活动也是实现体育教学目标的主要途径。

二、体育教学的原则

（一）全面发展原则

体育教学应以促进学生的身体锻炼为基础，促进学生身心的全面协调发展。在体育教学中，除了促进学生身体健康外，还应将体育教学与心理学、美学和社会学等学科知识结合起来，全面提高学生智力、心理素质、美育（感）和能力等多方面的发展，以培养适应社会主义现代化建设需要的人才。

1. **体育教学全面发展原则的基本依据**

（1）社会主义体育教学目的的需要。我国社会主义的性质，决定了体育教学具有明显的社会主义目的性，这就是为培养身体健壮的全面发展人才服务。因此，在体育教学中，要使学生身心双修。

（2）实现体育教学基本功能的需要。体育具有健身功能、教养与教育功能、休闲娱乐功能、促进个体社会化功能和美育等多种功能。由此可见，体育教学是集中实现体育多种功能的有效途径。

（3）学生发展的需要。在新的历史发展时期，学生的发展并不仅限于身体的发展，在思想、心理、智力、道德品质与行为、审美及表现美的能力等方面都应得到发展。

2. **体育教学全面发展原则的基本要求**

（1）体育教师在体育教学中认真学习和领会体育教学大纲（或课程标准）精神，全面贯彻教学大纲（或课程标准）的目标和要求。

（2）体育教师应树立现代体育教学价值观念。用现代体育教学价值观去评价和衡量现代体育教学质量。现代体育教学除了具有一定的生物学价值，还具有心理学、教育学、社会学及美学的价值。

（3）在体育教学的准备、实施、复习、评价等阶段中，通过制定教学任务、选择教学内容和运用各种教学手段和方法，都应注意增强学生体质并促进其全面发展。

（4）体育教师在制订各种体育教学工作计划和编写教案时，应在课堂中给予学生足够的身体练习时间，并在教学中重视学生的心理发展。

（二）合理安排运动负荷原则

1．体育教学合理安排运动负荷的依据

（1）不同学生生长发育的特殊性。这一点对于儿童青少年的体育教学尤其重要，在针对儿童青少年的体育教学中，大多数学生的身体尚处在生长发育期，并没有真正成年，身体各方面机能的发展还并不完善，对体育教学的安排要既满足学生锻炼身体和掌握运动技能的需要，又不至于使学生体能透支而出现危险情况，体育教师在为学生安排和设计体育教学活动量时，要以学生可以承受的身体负荷为依据。

（2）人体发展的基本规律。学生在参与体育教学时，不管是身体练习还是运动技能的学习，都需要承受一定量的运动负荷。但人体在体育运动过程中的规律揭示出了任何练习和教学都不是活动量越大越好，运动负荷过大，会对学生的身体健康造成不同程度的损害，运动负荷过小，不利于良好教学效果的取得，运动负荷的适宜性安排得是否得当，是检验一名体育教师水平高低的标准。

2．体育教学合理安排运动负荷的基本要求

（1）运动负荷的安排要服从体育教学目标。体育教学的目标是培养学生健康体魄和健康的心理素质，因此，基于这个目标可以明白，体育教学不是为让学生不断超越身体极限的挑战自我，也不是为了增加运动负荷而大运动量训练，竞技体育中单纯为了金牌而无限制地加大运动负荷的方法不适用于各级学校的普通学生的体育教学。

（2）运动负荷的安排要服从学生身体需求。体育教学应为促进学生身体发展而服务，因此，体育教学中，运动负荷的大小应充分考虑学生的身体发展状况与需要，教师要合理地安排运动负荷，就必须了解学生的身体发展情况（包括不同性别学生的生理差异、学生在不同生长发育阶段的特点等），运动负荷安排要体现对学生身体的无伤害性，同时有利于促进学生身体发展。

（3）运动负荷的安排要充分考虑学生之间共性与个性关系，需要体育教师在运动负荷方面考虑周全。一方面，教师要从学生的整体情况来考虑。这个整体情况主要是指高校大学生的年龄段有相对趋同性，因此他们的身体素质发展有类似的特点。另一方面，教师在整体趋同性的基础上，还要关注一些个人特殊情况，如对伤病学生的运动负荷安排应酌情减少。

（4）运动负荷安排应为逐步提高学生自我控制运动负荷能力服务。体育教育虽主要以使学生参与身体练习为主体，但是也不能忽视对体育理论方面的知识讲授，这种理论教学往往能够让学生更好地理解体育的意义，从而促使他们主动参与到体育锻炼中来，而不是仅仅在课堂中参与。因此，体育教师应加强学生的体育运动理论知识的教育，提高学生自

已判断运动负荷是否合理的基本能力，并使学生能在体育活动中自主调节运动负荷。

（5）体育教学中应重视合理休息。运动负荷的安排与休息方式、休息时间有关。科学合理地安排休息方式、休息时间和心理负荷，对于顺利达到理想的体育锻炼效果有着重要作用。

（三）循序渐进原则

1. 体育教学循序渐进原则的基本依据

在体育教学过程中，首先要遵循的就是由简到繁、由易到难、由已知到未知、逐步深化的循序渐进的原则，循序渐进才能让学生更好地掌握体育方面的知识、技术和技能。

2. 体育教学循序渐进原则的基本要求

（1）制定好教学文件、安排好教学内容。在保证教学文件和教学内容都安排妥当的情况下，才能执行教学工作。因此在进行教学工作之前一定要制订系统科学的教学计划方案。在制订教学计划文件时，每个运动项目、每次课、每学期的内容和教法，都应前后衔接，逐步提高。教学计划中内容的安排对教学工作的实施效果具有至关重要的作用。因此，教学计划的制订既要考虑该运动项目的由易到难、由简到繁的顺序；又要考虑与其他运动项目之间的关系。项目的安排应遵循循序渐进的原则，以保证前一个项目的学习有利于后一个项目的学习。

（2）不断提高学生生理负荷。学生的生理负荷可以采取波浪式、有节奏地逐步提高，因为机体需要一定时间的适应。合理地利用超量恢复是生理负荷提高的有效措施。

（3）教师要不断提高自身的文化素养，深刻了解学生身心发展的一般规律和特点，了解各项教材的系统性，以及各项教材之间的关系。

（四）巩固提高原则

1. 体育教学巩固提高原则的基本依据

根据遗忘规律和运动条件反射建立与消退的理论，学生学到的知识与技能在一段时间内，如不经常复习就会遗忘或消退。另外根据"用进废退"原理，学生对所学习的运动技能进行反复练习时，有助于发展运动能力、身体素质和生理机能，起到强身健体的作用。因此，要注意巩固提高所学到的知识和运动技能。"学习如逆水行舟，不进则退""温故而知新"这些关于学习的语句充分揭示了学习中巩固提高的重要性。体育教学多为身体的练习，一般来讲，如果这种练习不能得到巩固，就会随着时间的延长而消退，因此在体育教学中遵循巩固提高原则是十分必要的。

2. 体育教学巩固提高原则的基本要求

（1）在体育教学中，教师应合理安排训练计划。让学生进行反复强化的练习，增加练习的密度，不断巩固运动条件反射，使其获得进一步的巩固和提高。制订合理的训练计划可以让机体在巩固提高的过程中避免出现过度疲劳损伤机体。

（2）体育教师应重视良好体育教学方法和训练方法的选择。教学中，可采用改变教学方式或者改变练习条件来达到巩固提高的目的。

（3）增加运动密度和动作重复的次数，反复强化，不断巩固运动条件反射，提高技术水平、身体素质和体育能力。

（4）教师要给学生布置适量的课外体育作业或家庭体育作业，将课内课外结合起来，达到巩固提高的目的。

（5）不断提出新的学习目标，培养学生进行体育运动兴趣和进取动机。

（五）因材施教原则

1. 体育教学因材施教原则的基本依据

作为体育教学的主体，学生之间具有共性与特性。共性体现在身体年龄阶段发育的稳定性和普遍性；特性则是每位学生受性别、遗传、生长环境、教育水平、认识能力等因素的影响，彼此之间存在差异，身心发展显现出很大区别，而具体到学生具备的体育运动能力的话，这种差异性就可能更加明显，如有些学生的家长喜爱运动，所以从小就培养孩子参与体育运动或参加业余体育训练，这样孩子的运动水平一定超越同年龄段的孩子的平均水平而显得格外突出。因此，体育教学中应重视不同学生及统一学生不同阶段的差异，因材施教。

2. 体育教学因材施教原则的基本要求

（1）引导学生正确对待个体上的差异。差异的存在，如果利用得当，还是一个教育和鼓励学生之间互相帮助，培养团队意识和集体精神的好方法。学生之间的运动天赋和对体育的了解各有不同，要在体育教学中贯彻个体差异性的原则，教师应在自己充分了解学生个体差异性存在的基础上，向学生讲解个体差异的存在，并引导学生正确看待差异。差异的存在是客观的，然而这却不能成为歧视天赋较差的学生的理由，同时教师也不能过分偏爱天赋较好的学生。

（2）深入细致地研究和了解学生之间的差异。一方面，教师要对学生个体的差异性进行全面的了解，这是贯彻个体差异性原则的前提条件。为此，教师可以在学期前进行一些测试或座谈交流，弄清不同学生在身体条件、兴趣爱好和运动技能等方面的差异。另一方面，教师应认识到学生个体差异并不是一成不变的，如有些学生在一开始的测评中被认为是没有很好的运动天赋，但是其本人非常热爱体育运动，在平时的课堂上也非常积极地配合教师完成各种教学内容，慢慢地他的进步就会突飞猛进，对此，教师要有长远的眼光，要能发现不同学生在运动方面的天赋。

（3）丰富教学实践，选择适当的教学方法。在体育教学中，有些项目是不能根据"等质分组"的原理来处理区别针对性教学的问题。因此，教师面对这种情况就要运用其他方法来对待个体差异性，如安排"绕杆跑""定点投篮"等教学方法。这些项目的设立是为了能够使那些在某些项目中没有任何特长的学生依旧对体育产生兴趣，而不是因为参与某项运动的成绩太差而觉得自己成为体育课堂的"局外人"。体育教师应让每一个学生都能参与到体育教学活动中来，体验运动的快乐。

（4）重视学生个体差异性与统一要求。在体育教学中，提高全体学生的综合素质是每个教师的目标，因此在制定教学目标时，都会考虑到目标的可行性，要满足大部分学生的要求。学生的个体差异是客观存在的，教师应在教学中充分重视这点，但是体育教师也要立足于整个班级的教学，对学生统一要求，以促进学生完成教学任务，达成体育教学目标。

（六）专项教学原则

1. 体育教学专项教学原则的基本依据

体育教学内容丰富，种类多样，不同内容的体育教学对学生的要求是不同的，因此，教师应结合体育教学项目的特点和规律开展体育教学，在促进学生基本身体素质提高的基础上，发展运动专项能力，提高运动水平。

2．体育教学专项教学原则的基本要求

体育教学专项教学原则要求体育教师应重视学生专门性知觉的优先发展。体育运动通常是在具体的运动环境中进行的，以篮球为例，篮球运动围绕篮球、篮球场地以及场地上的器材进行，运动过程中，学生对环境和器材的感知是专门性知觉发展的过程，其中手指、手腕对球的控制能力对篮球教学至关重要，因此，教师应重视学生对球控制能力的优先发展。

（七）终身体育原则

1．体育教学终身体育原则的基本依据

通过体育教学长久地影响学生对运动健身重要性的理解，并身体力行地参与其中是体育教学的最终目的。这也是新《体育（与健康）课程标准》对当前体育教学的基本要求。因此，培养学生终身体育思想，促进学生终身体育习惯的养成是体育教学应遵循的基本原则之一。

2．体育教学终身体育原则的基本要求

（1）培养学生的终身体育意识。教学中教师要善于发现学生的体育爱好与技术特长，并加以引导培养，以此来激发学生对体育学习的兴趣，使其树立终身体育意识，养成体育锻炼的习惯。

（2）在体育教学中充分考虑教学的长、短期效益，体育教师不仅要重视体育教材或某项运动技能的教学成果，还要考虑体育教学的长期效益，这与体育教育总体目标的要求是一致的。

（八）活动安全原则

1．体育教学活动安全原则的基本依据

体育教学不同于其他学术学科教学，在体育教学过程中，由于教学场所的变化和所需体育器材的参与，都给教学安全提出了较高的要求。体育教学既是安全的难点，又是安全教育重点，在体育教学中要保证学生的基本安全。体育运动的美或多或少都建立在一些冒险中，这也是体育的本质属性和魅力之一。然而在体育教学中，尽管这种安全隐患不能完全避免，但应尽量减少和避免意外伤害事故的发生。

2．体育教学活动安全原则的基本要求

（1）对各种隐患考虑周密并做相应预案。体育教师在长期的教学过程中积攒了足够多的经验和惨痛的教训。将这些内容加以汇总和归纳，并对可能发生的危险做出相应的预案，一旦发生意外，能冷静处理。

（2）加强对学生进行安全意识教育。体育教学的安全需要教师和学生的共同参与，因此，不仅需要体育教师的严谨和全面的考虑，还要加强学生的安全意识，对此，教师在日常的体育教学中要不断教导，让每个同学都建立起安全运动的意识。在体育课堂中严格按照教师的要求去做，注意课堂纪律，参与体育活动量力而行。

（3）建立运动安全的有关安全制度和安全设备。

第二章 体育课堂教学技能训练

第一节 体育课堂教学技能分类与形成

教学技能是教学技术或方法有目的、熟练完成的教学行为，即教学技术能够完成，并且可观测的教学行为方式。体育教学技能就是为了实现体育教学目标，在体育理论与教学理论的指导下，通过不断练习而逐渐形成的，熟练完成体育教学任务的行为方式。体育教学技能概念内涵强调技能是通过不断练习而形成的，其技能形成的标志就是能够熟练完成教学任务。

一、体育教学技能的分类

为了改进教学技能分类中的不足，顺应体育与健康课程改革对体育教师提出的新要求，完善体育教学技能分类体系，在前期研究成果基础上研究体育教学技能分类非常有必要。

科学合理地体会教学技能分类，有助于体育教师深刻认知教学技能，使科学训练有效并形成教学技能，从而提高教学质量，为教学技能更科学、更适用的分类提供参考。

（一）体育教学技能的以往分类

我国对体育教学技能的分类研究较少，学者们的现有研究中大都结合了体育教学独有的特点，对体育教学技能进行了分类。

有的学者依据体育课程教学的特殊性将教学技能分为以下几种：组织教学技能、动作演示技能、语言运用技能、活动创编技能、纠正错误技能和测量评价技能。有的根据体育课教学行为方式和教学特点将体育教学技能分为导入技能、讲解技能、动作示范技能、教学组织技能、人体语言技能、诊断纠正错误技能、结束技能和教学设计技能。有的着重介绍了从事体育教学工作所需要的实践技能——体育教学实践技能，从宏观上将体育教学实践技能分为体育教学计划编制技能、体育课堂教学实施技能、说课与模拟上课技能、体育教学反思技能。

（二）体育教学技能的重新分类

体育教学技能的重新分类遵守分类原则，在现有分类基础上，取长补短，借鉴国外教学分类注重师生互动、可观察性和可测性等特点，突出一般学科教学和体育学科特点，保证分类的科学性，避免交叉，增强实践指导作用。依据体育课教学活动即教师指导、学生练习、教学组织、观察休息、保护与帮助五大部分将体育教学技能进行重新分类，分别为：教学内容编制技能、学习指导技能、活动组织技能、帮助保护技能和负荷调整技能。体育教学这五种教学活动之间分别独立，所以据此分类的体育教学技能也不存在交叉混乱的情况。根据体育课教学活动将体育课堂教学技能分类，提高了教学技能分类对体育教学活动的指导意义，凸显了体会教学技能分类的实践价值。将教师指导和学生练习分开描述，充分体现了新课改中以"教师为主导""学生为主体"原则，避免了分类中的交叉，以教师指导确定了学习指导技能，以学生练习确定了练习内容编制技能。体育课强调互动性和安全性，保护与帮助技能非常重要，不可或缺。体育教学的特点就是使学生身体承受一定的运动负荷，这既是增强技能提高技能的必要因素，也是能给学生带来伤害的潜在因素，运动负荷调控技能熟练运用，将有效提高教学效果，也能有效预防运动负荷导致的过大伤害。

根据体育教学五项活动将教学技能分成五个教学技能类，各类还包括许多子类。内容编制技能包括内容选择、内容改编、内容安排等技能；活动组织技能包括课堂常规贯彻、活动分组实施、队列队形调动、场地器材使用等技能；学习指导技能包括内容讲解、问题导引、活动提示、身体示范、媒介展示和效果评价等技能；保护与帮助技能包括安全措施落实、技巧摆脱危险、助力完成动作、外部（信号、标志物、限制物等）手段运用等技能，负荷调控技能包括心率水平预计、练习疲劳判定、练习密度调整、练习强度调控等技能。

二、体育教学技能的形成

（一）体育教学技能形成的感知过程

1. 感知的特点与作用

感觉是人脑对直接作用于感官客观刺激物的个别属性的反映，知觉是人脑对直接作用于感官客观刺激物的整体反映，二者统称为感知。知觉的产生必须以各种形式的感觉存在为前提，通常二者是融为一体的，合称为感知觉。个体的一切心理和行为都源于感知活动。

感觉具有随环境和条件变化而变化的特点，在感觉的基础上，知觉表现出了整体性、选择性、理解性、恒常性的特征。整体性是主体在过去经验的基础上把由多种属性构成的客观刺激物知觉作为一个统一整体的特性。在这个过程中，主体利用过去经验、知识解释知觉对象的特性即为理解性。知觉是在一定的客观条件下进行的，主体会根据当前的需要选择刺激物的一部分作为知觉对象，这反映了知觉的选择性。而当客观条件在一定范围内改变时，主体的知觉映像在一定程度上仍保持着稳定，这就叫作知觉的恒常性。

感觉和知觉作为两种不同层次的心理过程，属于感性认识阶段，个体的一切心理和行为都源于感知活动。感知技能是知识和技能学习的起点，任何技能学习均缘起于主体的感知活动。主体使用多种感官去感知同一个知觉对象，将不同感官获得的信息传递到大脑，从而获得对事物的全面认识，这对于技能的学习起着至关重要的作用。如果将知识或技能的学习比作一扇门，那么感知技能就是打开这扇门的第一把钥匙。

2. 体育教学技能形成的感知阶段

（1）选择适应阶段

选择适应阶段是体育教学技能形成的开始阶段，练习者在这个阶段首先会对体育教学技能产生笼统的、不精确的综合印象。在教师讲解下或者通过一些体育教学技能训练的形式或途径，如体育教学观摩等，练习者会将各部分技能知觉整合成一个整体，即体育教学技能。经过此阶段，练习者对体育教学技能建立整体的感知映像，要深化这种认识还需要进一步的理解和加工。

（2）理解加工阶段

理解加工阶段是指根据知觉的形成过程，在个人对知觉对象理解的前提下，迅速对获取的信息进行理解加工的阶段。在这一阶段，教师通过言语的指导和提示唤起学习者过去的经验，补充知觉的内容。学习者根据以往经验、知识，进一步对体育教学技能的各个组成部分，进行比较精确的分析，如教师对于教案设计的讲解，可以加深学习者对课的类型、教学目标、教学方法等内容的理解。在此基础上，理解体育教学技能各个组成部分之间的关系和联系，如教学内容编制技能与其他各技能之间的关系，从而构成新的综合，使教师对于体育教学技能的感知更清晰、更精确。

（3）巩固恒常阶段

通过前两个阶段，练习者已对体育教学技能形成了一定的感知映像，但是这种映像是不稳定的。在巩固恒常阶段，学习者将变化的客观刺激物与经验中保持的表象结合起来，巩固前阶段对体育教学技能的感知，建立起对于体育教学技能恒常性观念。

3. 体育教学技能感知训练过程

（1）感受性变化

感受性指感觉器官对适宜刺激的感觉能力。主体的各种分析器的感受性会随外界条件和自身机体状态不同而发生相应的变化，具体表现为适应、对比和相互作用。体育教学技能形成的过程是提高知觉分化水平的过程，在这个过程中需要多种感知觉的共同作用，需要充分调动主体的视知觉、触知觉、深度知觉、肌肉知觉、节奏知觉和空间知觉等来促进其体育教学技能的形成，可以通过微格教学等多种技能训练形式，来提高学习者的感受性变化。

（2）整体理解性

整体理解性是指知觉的对象有不同的属性，由不同的部分组成，我们把它作为一个有组织的整体，并用自己过去的经验予以解释和标志。体育教学技能由教学内容编制技能、活动组织技能等多种维度的技能组成，学习者通过感知将这些技能知觉作为一个整体，即体育教学技能。这种整体理解的特性一旦形成，即使一定范围内发生变化，知觉形象并不因此发生相应的变化，这有助于学习者通过纷繁复杂的现象把握体育教学技能的本质和规律。

（二）体育教学技能形成的心智过程

1. 心智的特点与作用

心理学上将心智定义为人对已知事物的沉淀和储存，是通过学习而形成的合乎法则的心理活动方式。从心智的定义可以看出，心智决定了主体认识事物的方法和习惯，具有指导主体思考和思维方式的特性。此外，心智过程会影响主体的行为结果并不断强化，体现了心智的修正特征。

主体器官感受到外部刺激后会根据以往经验做出分析，在这个过程中心智就会发挥作用。首先，它是主体获得经验的必要条件，主体接收信息刺激后，经由个人运用或观察得到进一步的回馈，若自己主观认为是好的回馈就会保留下来，从而形成经验。其次，心智对解决问题起着直接的调节与指导作用，主体对于问题的解决必须经过判断问题性质、选择表征的形式、确定步骤、执行等一系列的心智动作才能实现。再者，心智是主体技能形成与发展的基础之一，技能是在获得知识、掌握技术的基础上，通过迁移、概括、系统化而形成的，这个过程中心智过程必不可少。

2. 体育教学技能形成的心智阶段

（1）原型定向阶段

心智活动的原型，即心智动作的"原样"，也就是外化了的实践模式或"物质化"了的心智活动方式或操作活动程序。原型定向阶段是使主体掌握操作性知识的阶段。主体通过了解心智活动的"原样"，即体育教学技能的构成要素，建立起初步的自我调节机制，从而知道该怎样做、怎样去完成，为实际操作提供内部的控制条件，明确学习的方向。在内容编制技能、活动组织技能、学习指导技能等体育教学技能的训练时，应使学习者理解各部分的构成要素，建立初步的自我调节机制。内容编制技能的训练中，原型定向阶段只是技能形成的开端，要真正形成技能，还需要进行实际操作。

（2）原型操作阶段

原型操作阶段是指依据心智技能的实践模式，把主体头脑中所建立的各种活动程序计划以外显的操作方式付诸实践。学习者在原型操作过程中，依据前一阶段形成的体育教学技能定向映像做出相应的学习或实践行为。与此同时，练习者践行体育教学技能的行为也会在头脑中形成反应，在感性上获得完备的映像，这种完备的映像是技能形成的内化基础。因此，掌握各维度的技能时，应通过模拟上课、说课等多种训练形式或途径增强练习者将技能付诸实践的能力。

（3）原型内化阶段

如果说在原型操作阶段，主体外显的操作方式是一个由内而外、巩固内化的过程，那么在原型内化阶段，主体以外的操作方式付诸的实践会进行一次由外向内的过程，即主体心智活动的实践模式（原型）向头脑内部转换，使技能离开身体的外显形式而转向头脑内部。练习者在此阶段，对体育教学技能进行加工、改造，使其发生变化，认识由感性水平上升到理性水平，逐渐定型化、简缩化。

3. 体育教学技能心智训练过程

（1）原型模拟

原型模拟首先需要确定其实践模型，即确定体育教学技能的操作原型或操作活动的顺序。因此，确立模型的过程实际上是把主体头脑中观念的、内潜的、简缩的经验外化为物质的、外显的、展开的心理模型的过程（也称为物质化过程）。为确立技能的操作原型，必须对整个体育教学技能系统进行分析：①对系统进行功能分析，分析系统对环境的作用，其中包括作用的对象、条件及结果；②对系统做结构分析，分析体育教学技能系统的组成要素及组成要素之间的相互关系；③将功能分析与结构分析有机地结合起来。在拟订假设性的操作原型后，还应通过实验来检验这种原型的有效性。在实验中如能取得预期的成效，则证明此假设原型是真实可靠的，这种经实验证实了的原型就可以在教学上应用。反之，如果在实验中假设原型不能取得预期成效，则对此原型必须予以修正或重新拟订。可以通过参与体育教学技能大赛、微课教学等多种活动，加强检验，提高练习者此阶段的能力。

（2）分阶段练习

由于体育教学技能涵盖了教学内容编制、活动组织等多种技能，且每一种技能是按一定的阶段逐步形成的，所以在训练时必须分阶段、分类别进行，才能获得良好的成效。分类别进行是指体育教学技能中的每一维度技能，往往是多种心智动作构成的，一种技能的某些部分可能在其他技能的学习中已经形成，则这些已经形成的部分就可以在心智水平上直接迁移，而不经历上述三个阶段。分阶段进行是指在某类别技能中，有些内容是主体已掌握的，有些是未曾掌握的，那就必须针对那些未掌握的进行分段练习，注意做好新旧内容间组合关系的指导。

（三）体育教学技能形成的操作过程

1．操作的特点及作用

从教育心理学角度讲，操作是指学习者能迅速、精确、流畅和娴熟地执行操作、很少或不要有意识地注意的一种学习过程。

知识与技能必须经过操作才能最终掌握，在这个过程中，操作起以下作用：首先，操作是主体变革现有知识和技能不可缺少的心理活动因素，操作过程是主体对现有经验的总结过程，是在长期学习过程中积累起来的，借助于这个过程主体才能更好地提升经验，革新现有知识。其次，操作是技能形成和发展的重要构成要素。操作过程是使主体顺利完成某种实践任务的行动方式，因此，主体对于某一技能的掌握必须经历操作过程。

2．体育教学技能的操作阶段

（1）定向阶段

操作定向也叫"行动定向"，指在了解操作活动结构的基础上，在头脑中建立起操作活动的定向映像过程。体育教学技能的操作定向是指在了解体育教学技能构成及各部分作用的基础上，在头脑中建立起的各维度教学技能结构及教学动作的映像过程。操作必须在主体的、实际的操作活动中才能进行，所以操作的主体必须在操作前了解操作的结构，在头脑中建立起操作活动的映像，然后才能知道在进行实际操作时做什么和怎么做，必须事先进行定向。此阶段的作用在于帮助练习者建立初步的自我调节机制，只有练习者在对"做什么"和"怎么做"有明确的了解之后才能进行相应的活动，才能更快更好地掌握有关的活动方式，促进体育教学技能的形成。

（2）模仿阶段

操作的模仿也叫作"行动的模仿"，指仿效特定的动作方式或行为方式，是获得间接操作经验不可缺少的一种学习方式。根据现代心理学的研究，模仿可以有多种形式，可以是有意的或无意的，也可以是再造性和创造性的。就体育教学技能而言，模仿的实质是将头脑中形成的定向映像以外显的实际动作表现出来，是在定向的基础上进行的，是技能掌握的开端。通过模仿，练习者把对技能的映像转变为实际行动，将头脑中各种认识与实际操作联系起来。具体表现在以下两个方面：一是通过模仿检验已形成的技能映像，使之更加完善和充实，有助于技能映像在技能形成过程中发挥更加有效、稳定的作用；二是可以加强个体的技能感受，从而更加清晰地了解技能结构，加强技能实施的控制。

（3）联合阶段

操作联合阶段是指把模仿阶段反复练习固定下来的各维度技能相结合，使之定型化、一体化。练习者在模仿阶段只是初步再现定向阶段所提供的行为方式，但对于复杂的体育教学技能而言，要准确地掌握并在一堂课中较好地运用各部分技能，还应掌握各维度技能的相互衔接，这在模仿阶段是难以实现的。通过联合，各部分技能之间相互协调，技能结构逐步趋于合理稳定，初步概括化得以实现。此外，在联合阶段，个体对技能的有效控制也逐步增强，保证了其联系性和有效性。因此，联合阶段是体育教学技能形成过程中的关键环节，它是从模仿到自动化的一个过渡阶段，也为自动化活动方式的形成打下良好的基础。

（4）自动化阶段

就某一技术动作的掌握而言，操作自动化是指通过练习所形成的动作方式，对各种环境变化的条件具有高度的适应性，从而使动作的执行达到高度的完善化和自动化。其内在机制是在大脑皮质中建立了动力定型，即大脑皮质概括的、巩固的暂时神经联系。就体育教学技能的掌握而言，主要是指在体育教学中教学技能的执行过程不需要意识的高度控制，执行者可以针对不同的教学内容、不同的学生以及不同的教学环境等，灵活、熟练地运用教学技能，完成教学任务。这是体育教学技能形成的高级阶段，是由于操作活动方式的概括化、系统化而实现的。

3. 体育教学技能操作训练过程

（1）操作定向

操作定向是体育教学技能掌握过程中的一个必要环节，它的作用在于初步建立起操作的自我调节机制，进而不断调整学习者已经建立的技能表象。练习任何技能都必须以表象为基础，而熟练的操作技能都包含着非常清晰、准确的动作表象。因此，在训练过程中实施者要利用精准的示范和语言讲解，帮助练习者建立起这种自我调节机制。准确的示范与讲解可以使练习者不断地调整头脑中的表象，形成准确的定向映像，进而在实际操作活动中调节技能的执行。

（2）操作模仿

大量实验都证明，模仿练习是形成各种操作技能不可缺少的关键环节，只有通过应用不同模式的模仿练习，才能使学习者原有的技能映像得以检验、校正、巩固，并为发展成为熟练的技能铺平道路。体育教学技能由多种维度的技能组成，较为复杂，在模仿阶段，要注意整体练习与分解练习相结合，如先加强学习者对活动组织、学习指导等技能练习，再通过模拟上课等方式将各部分技能联合在一起进行练习。此外，模仿练习应与实际练习相结合，并加强反馈。模仿练习是练习者增强自我体会、自我调整的一个过程，在实际练习中做出相应的调整，从而获得提高。在这个过程中要注意信息的反馈，充分而有效的反馈在操作技能学习过程中的作用是非常关键的。

（3）操作整合

操作整合即把构成整体的各要素联结成整体。操作的整合是体育教学操作技能形成的其中一个阶段，为掌握复杂的操作系列所必需。因为体育教学技能的操作不仅要求确切地把握每一个维度，同时也要掌握各操作技能间的动态联系。在操作整合阶段，条件不变时，练习者对于技能的把握较稳定，但当条件变动，会发生对自己的错误不能意识、感觉的现象，很难对动作进行有意识的调节或控制，难以维持技能的稳定性、精确性。因此，此阶段的训练主要是进行专门的训练，提高练习者技能的清晰性和稳定性。

（4）操作熟练

操作熟练是体育教学技能掌握的高级阶段，是指通过练习形成的活动方式，以增强技能对各种变化着的条件有高度的适应性。教学技能的熟练是在反复练习的基础上实现，但这种反复练习并不是机械地重复，在练习过程中要不断根据练习效果提高练习的目标与要求。通过参与体育教学技能大赛、示范评比课、集体备课等体育教学技能训练形式或途径，可以有效增强练习者对于体育教学技能的操作熟练程度。例如，能控制课堂秩序是活动组织技能的训练最基本的要求，在达到这一要求后还要力求学习气氛轻松活跃，做到活而不乱。另外，虽然练习的强度和密度都对技能的熟练起到促进作用，但要注意合理地分配练习时间，要根据各维度技能的难易程度以及练习者的掌握情况进行时间分配。

第二节　体育课堂教学技能训练过程与原则

一、体育教学技能训练的过程

体育教学技能训练的过程是指为完成体育教学技能训练的目标所进行的启动、发展、变化和结束，并在时间上连续展开的程序结构。体育教学技能训练的过程由动机激发、目标设计、训练形式途径和方法构成，明晰训练过程有助于练习者理解技能训练的基本原理，认定训练目标，履行训练计划，了解训练形式途径和方法。

（一）体育教学技能训练动机的激发

体育教学技能训练动机是指推动个体参与体育教学技能训练的内部心理动因。体育教学技能训练动机具有始动、选择、强化和维持的作用，对体育教学技能训练的效果产生重要影响。

1. 体育教学技能训练动机的重要性

（1）对训练行为具有始动作用。动机是行为的原始动力，对行为起着始动作用。动机理论认为，动机的始动作用是由诱因引起的。诱使体育教学技能训练的外部因素很多，例如新课改对教学实践的要求、教学竞赛展演的竞争、职称评定的压力等，均可促进体育教学技能训练动机的初始动能。

（2）影响训练行为的选择。在体育教学技能训练动机的作用下，训练行为指向与体育教学相关的内容编制、学习指导、活动组织、保护帮助、运动负荷调控等技能的学习过程，影响着训练行为的选择，决定着个体从事体育教学技能训练的努力程度。

（3）强化训练意识，促进教学能力的可持续发展。体育教学技能是体育教学从业人员的核心素养之一，通过技能训练，体育教学技能训练的动机得到激发，能力得到提高，强化了技能训练与自我更新的主动意识，促进了体育教学能力的可持续发展。

2. 体育教学技能训练激发动机的方法

教育心理学研究表明，激发动机需要从影响动机的两个要素即内部和外部入手。因此，体育教学技能训练动机的激发，是根据体育教学技能的学习目标，通过设置特定的教学情境，满足体育教师体育教学技能的需求的过程。具体来讲，要从以下几个方面激发体育教学技能训练的动机：第一，设置合理的具体的体育教学技能学习目标；第二，增强体育教学技能的主观感知，提高教学胜任能力；第三，开展各种形式的教学技能展演竞赛活动，增强教学活动愉悦体验；第四，及时反馈，开展建设性评价，获得满足感和成就感。

（二）体育教学技能训练的形式和途径

体育教学技能训练不仅是技术行为能力提升的过程，更是心智技能和情感体验的历程，通过了解各项体育教学技能的基本要素，分析其运用时常见的错误与问题，从而选择行之有效的训练形式和途径，使体育教学技能的提高事半功倍。体育教学技能训练的形式和途径很多，在教学实践中较常见的以个人训练自我活动为主的形式有：微格教学、教学观摩、教案设计、模拟上课和说课。以集体配合完成的训练途径有：微课教学、体育教学技能大赛、示范课评比、集体备课和跟岗培训。

（三）体育教学技能训练的方法

1．感知训练方法

人体通过感知建立与外在世界的联系，并形成直接经验。人在间接经验知识学习过程中，也常需要借助身体的感知，使知识转化成能够被感知的事物或代码，以帮助理解和吸收。所以感知是认识的基础，它为获得直接的体验以及建立抽象概念提供了实质性的内容。随着感知的经验越来越丰富，感觉越来越敏锐，认知活动也就越广泛和深入。因此，体育教学技能的形成和建立首先从体育教学技能的感知觉开始。体育教学技能的感知觉训练是指通过观察、聆听、体验等方法，获得体育教学技能的主观感知，是体育教学技能形成的基础。

2．心智技能训练方法

现代教育理念对体育教学的要求越来越高，其中心智技能的地位越来越重要，不仅要熟练掌握体育教学的操作技能，还必须从事教学内容编制、负荷调控等以脑力劳动为主的工作，并具备一定的分析问题和解决问题的能力。因此，心智技能训练主要包括分析能力训练和解决能力训练。

（1）评课法。评课法能提高分析问题的能力，它既可以通过课后自评的形式，对体育教学内容编制是否合理、活动组织是否有效、保护与帮助的方法是否正确、负荷调控是否科学等进行反思，也可以听取专家和同行的意见，对公开课或网络视频课进行分析和评价，通过多种路径提高教师分析问题的能力。

（2）设疑法。设疑法是指设置特定的教学情境和问题，让练习者拟订解决问题的方案。例如，对于体重较大和身体素质较差的学生如何设置运动负荷，不同水平的学生如何进行活动组织更加有效等。

（3）纠错法。纠错法是指找出体育教学过程中不合理的地方，并提出解决问题的方案。例如，队列队形的设计与调动是否过于烦琐，负荷安排过大或过小如何进行调整等。

3．操作技能训练方法

操作技能训练是体育教学技能训练中最重要的一个环节，根据操作技能形成的过程和规律，操作技能训练的方法包括表象训练、模拟训练和整合训练三种。

（1）表象训练。表象训练是指将与特定教学任务有关的体育教学知识或技能，在头脑中重现的训练方法。通过表象训练，能够有效建立与教学任务有关的认知结构，从而确立教学活动初步的调节机制，表象训练的基础是通过对体育教学活动的观察、体验及反思来完成的，是体育教学技能形成定向阶段最有效的训练方法。

（2）模拟训练。在表象训练的基础上，本着从实战出发的训练原则，设置具体教学情境，分别对体育教学内容编制、活动组织、学习指导、保护帮助及负荷调控进行针对性的模拟练习，增强练习者的实践能力。

（3）整合训练。整合训练是指将各项体育教学技能综合起来应用到教学实践中的训练方法。设计完整的体育课或教学单元，将不同的体育教学技能应用到实践教学中，形成前后连贯、相互协调、合乎教学法则、优质高效的教学技艺。

二、体育教学技能训练的基本原则

体育教学技能训练的基本原则是广大体育教师在长期教学实践中积累的经验概括和总结，对体育教学技能训练具有普遍的指导意义。

（一）理论研究与教学实践相结合原则

理论研究与教学实践相结合原则是指在体育教学技能训练理论的指导下，紧密结合体育教学实践，有效地进行体育教学技能训练。

体育教学过程是复杂的，课堂的教学行为也千变万化。体育教学技能训练必须要理论先行，了解并掌握体育教学技能形成的规律。形成正确的认知，在科学的理论指导前提下，才能顺利地开展。否则，技能训练的效率将难以保证，甚至走弯路。理论研究要与教学实践相结合，在教学实践中，通过教学设计、课堂教学等具体教学环节发现教学中教学技能存在的问题。因此，二者结合才能有针对性地改进强化，从而提高训练效果。

（二）单项技能训练与综合训练相结合原则

单项技能训练与综合训练相结合原则是指注重提高单项体育教学技能的同时，还要将单项技能不断融入综合训练之中，使各单项技能有机整合，实现整体优化。

一般来讲，单项技能训练是指针对一项或以一项为主的体育教学技能的训练。综合训练是指同时涉及多项体育教学技能的训练。在综合训练中，训练环境、程序、内容、目标和手段等相对于单项技能训练会更复杂，更接近体育教学的实际，难度更大，更具挑战性。单项技能训练与综合训练相结合有利于提高体育教学技能水平。

（三）个人训练与团队训练相结合原则

个人训练与团队训练相结合原则是指根据体育教学技能训练的实际需要，合理采用个人训练或团队训练的形式，整合个人训练的自主灵活及团队训练的责任、竞争意识强等特点，有效提高体育教学技能训练水平。

个人训练主要以个人自主学习、自主训练为主，强调自为、自律、独立训练。团队训练是指以团队的形式进行体育教学技能训练，强调团队整体的训练及团队整体的进步。个人训练与团队训练相结合，有利于促进个人及团队整体体育教学技能水平的提高。

（四）传统手段与现代手段相结合原则

传统手段与现代手段相结合原则是指根据体育教学技能训练的实际需要，合理采用训练手段，既要积极利用体育教学技能的现代训练手段，也要恰当采用传统训练手段，传统手段与现代手段互相补充，有效提高体育教学技能水平。

传统体育教学技能训练手段主要是指师徒传授、教学观摩等，现代体育教学技能训练手段是指微格教学、多媒体技能培训系统等。传统手段与现代手段都有各自的优势和不足，传统手段与现代手段相结合，能够实现优势互补，会极大增强体育教学技能训练实效。

以上对体育教学技能训练的四个原则进行了分析。实际上，四个原则是相互联系、相互影响的，在运用过程中，既不能夸大某一原则，也不应低估其他原则，只有综合考虑并结合实际，灵活而有创造性地运用，才能发挥原则的指导作用。

第三节　体育课堂教学技能训练模式

体育教学技能训练的模式是依据认知科学理论建构，将技能的形成提升到认识论和方法论的高度，以行为主义、认知主义、建构主义、人本主义学习理论为基础，对体育教学技能训练模式的含义、结构和要求进行了深入解析。体育教学技能训练模式起着承上启下的作用，既要将技能训练的基本原理贯彻到具体模式中，又要为训练实践活动提供理论指导、操作程序和策略分析。没有一种模式是普遍有效的、最优的，熟练掌握体育教学技能，需要应用不同的训练模式，也就是要根据自身具备的能力条件和技能本身的实际特点，选择运用不同的或多种体育教学技能训练模式，考虑训练策略，设计实施方案，掌握相应的体育教学技能。

一、程序训练模式

体育教学技能的程序训练模式以行为主义学习理论为基础，主要目的是促进体育教学技能形成的快速高效、准确规范。

（一）程序训练模式含义与特征

1. 程序训练模式含义

程序训练模式是指以按照程序排列的体育教学技能内容作为外部刺激因子，运用相应方法不断练习，进而掌握并达到技能自动化水平的训练过程范式。行为主义学习理论把人类学习归结为与外部环境相互作用的反应系统，即"刺激—反应"（S—R 联结）系统，通过控制外部刺激就能控制和预测行为，进而控制和预测学习效果。程序训练模式中体育教学技能与练习者技能习得之间，是直接的、纯粹的直线型关系，反复、明确的体育教学技能刺激，有助于学习者的技能习得，益于自动化操作规范的学习与形成。

2. 程序训练模式特征

根据体育教学技能的程序训练模式概念分析，程序训练模式具有以下特征：

（1）程序性

把体育教学技能分解成许多小的项目，按照一定的顺序排列起来，对每一项目都必须熟练掌握、操作和运用，经过审核通过，再进入下一步的学习。

（2）对应性

反复、明确的体育教学技能刺激，有助于技能习得，有益于自动化操作规范的学习与形成。体育教学技能与技能习得之间，是直接的、纯粹的、一一对应的直线型关系。

（3）渐进性

程序训练模式的训练计划编排体现了学习活动循序渐进的特点，每一个练习项目都是下一个的前提和基础，只有对前一个小项目完全理解和掌握了，才能进行下一个小项目的练习。

（4）稳定性

程序训练模式中的操作步骤与节奏安排等都是固定的，必须严格执行，不可随意变更。

（二）程序训练模式结构

1. 结构要素

在早期的学习研究者看来，人类的行为都是通过条件反射建立新的刺激反应联结而形成的，学习的实质是条件反射形成和巩固的过程。因此，程序训练模式的结构要素包括训练目标、措施手段、训练步骤和评价标准。

2. 过程

（1）设定训练目标

明确且合理的训练目标对于程序训练模式来说是极为重要的，体育教学技能操作自动化是显著的训练目标。体育教学技能必须纯熟、流畅，才能在体育教学过程中运用自如，提升教学效率和效果。

（2）确定训练的措施手段

程序训练模式多适用于体育教学技能训练的初级阶段，以及单项的、基础的技能训练，例如，口令提示、队列队形变换、讲解示范、保护帮助动作等，可以采用分解、重复、循环等练习手段进行训练；对于综合技能也可以采用观摩、评价、模拟、比赛和理论讲解指导等方式，通过教学观摩、跟岗培训、微格训练、体育教学技能大赛等途径，反复训练直至技能达到自动化。

（3）制定训练步骤

训练步骤包括训练内容、时间序列和连接形式。将体育教学技能分解成若干小项目，并按照一定顺序呈现，通过既定次序，完成一整套的训练任务。由初始到技能形成之间可划分为多个小项目（以 4 个为例），训练顺序可以是直线式（基础项目—递进项目 1—递进项目 2—高级项目），可以是分支式（基础项目—递进项目 1—小项目 1.1—小项目 1.2—递进项目 2—小项目 2.1—小项目 2.2—小项目 2.3—高级项目），也可以是跳跃式（基础项目—递进项目 2—高级项目）。例如，通过"跟岗培训一周"提高体育教学技能，步骤可以是直线式的，"看课—评课—撰写培训日志—模拟上课—示范课—专家评比"，其中模拟上课是难点，可通过"模拟课前准备、模拟学习指导、模拟教学组织"等分支式小项目形式达成。

（三）程序训练模式要求

1. 合理编排，循序渐进

将体育教学技能按照操作的难易程度分级，由低到高、由简单到复杂，进行小步子的逻辑序列编排，使每一个正在学习和掌握的项目成为后一练习项目的基础或相关部分，关注不同训练项目之间的衔接，按部就班地严格遵照程序训练模式的步骤顺序进行训练。

2. 区别对待，自定进度

训练安排必须严格履行程序设计要求，不能随意变更练习的顺序，但应注重个体差异，根据自身的掌握情况调整练习进度，使训练速度与能力保持一致。依据个体对技能形成的难易感受，可自行调控训练步调，采取分支式、直线式或跳跃式的训练步骤。

3. 反复练习，巩固强化

把体育教学技能分解成片段知识、单个技术或单元项目，遵循预定程序组织训练活动，反复训练，加深记忆，达到自动化操作水平。反复练习不是简单的重复，而是在反馈基础上，调整练习重点，攻关难点，直至熟练掌握。训练安排有既定的步骤和计划，可无限次反复练习，也只有通过检验和修正多次反复练习才能达到技能自动化的效果。

4. 适时反馈，自修为主

程序训练模式重视环境刺激对个体行为的影响，容易忽视内部心理过程，循规蹈矩地按套路训练，积极性和主动性有时难以发挥。因此，对训练的效果要适时验证和反馈，认识到自身的不足，自觉提高或降低训练强度，培养主动获取知识的方法、思维能力和创新精神，以及自学、自修的能力和习惯。

（1）研定评价标准

确定检查与考核的内容及形式，程序训练模式的评价以阶段性评价为主，每完成一个小项目的训练，都要对其进行诊断和总结。例如，是否能够熟练地调动队伍、调整队形；讲解示范是否流利自如；是否能流畅地完成课堂教学；在体育教学技能大赛中取得的名次等。

（2）反馈调节

反馈调节阶段需要及时、适时和有重点地呈现反馈信息，使体育教学技能的程序训练模式形成畅通的回路，对训练的目标、内容、计划和方式进行反思，科学调控训练的程序安排和练习次数。如果在训练过程中，发现对某个小项目的习得出现困难，可返回至前一个步骤加强练习之后，再重新进行此项目的训练。

二、探究训练模式

体育教学技能的探究训练模式以认知主义学习理论为基础，认为学习在于个体内部认知的变化，是一个比刺激—反应联结要复杂得多的过程。在既定目标的指引下，模仿、迁移，甚至创造性地应用体育教学技能，解决实际训练中的问题，培养练习者发现、分析与解决问题的能力。

（一）探究训练模式含义与特征

1. 探究训练模式含义

探究训练模式是以体育教学技能中的某项技能为目标，在技能训练的特点、实施要求等原理指导下，主动发现问题、寻找答案，进行探索和研究性活动的训练过程范式。认知主义学习理论认为，学习就是面对当前的问题情境，在内心经过积极的组织，从而形成和发展认知结构的过程，强调刺激、反应之间的联系是以意识为中介的，强调认知过程的重要性。

探究训练模式是通过有意识的练习形成"路径导航"的综合表象，"路径导航"包括训练的内容、方法、时间、环境等要素及它们之间的关系，是指在明确训练目标的前提下，将体育教学技能训练中的要素布局在特定的环境中，经过个体内心的项目识别和组织协调，"导航"训练直至目标技能达成的过程。探究训练模式必须对所要进行训练的目的、意义明确，对所需掌握的技能有清楚的认识，并能遵循一定的顺序和规律操作，直至完成目标技能的训练任务。漫无目的的探究活动，既浪费时间又无助于技能的形成。

2. 探究训练模式的特征

（1）探索性

探究训练不是简单地、机械地形成运动反应，而是在有明确目标指引下，以发现问题、分析问题、解决问题为逻辑主线，强调个体内在心理过程，激发学习者的主观能动性，按照既定路线自觉训练，清楚练习目标、步骤、环节和方法，在探寻的过程中提升心智技能和操作技能。

（2）主体性

重视在技能训练中个体的主体地位，强调认知、意义理解、独立思考等意识活动和心理动机，以及训练的亲历性、灵活性、主动性和发现性，使其在主动观察、判断、分析、归纳等基础上解决问题。

（3）基础性

重视个体训练中的准备状态，即训练效果不仅取决于外部刺激和个体的主观努力，还取决于一个人已有的知识水平、认知结构和非认知因素等，基础准备是任何有意义的探究训练赖以产生的前提。

（4）体验性

体验性是要求进行目标模式训练时亲身观察、探索和体验，提倡理解原理、独立思考、发现知识的过程。体育教学技能训练不仅可以习得体育教学基础知识和技能，更是获得生活与学习体验的过程。

（二）探究训练模式的结构

1. 结构要素

学习在于内部认知的变化，是学习者有意识、主动参与的过程，学习是一个比 S－R 联结要复杂得多的过程，注重解释学习行为的中间过程，即 S－R，认为主体意识是学习过程的中间变动。因此，体育教学技能训练认知模式的结构要素包括训练目标、训练路径、主观意识、训练方法和评价标准。

2. 过程

（1）拟定训练目标

训练目标要从训练开始阶段就清楚地锁定，才能目标明确地进行探究活动，高效完成训练任务。

（2）描绘训练路径

通过任务分析法，将目标技能分解为若干要素或"标志点"，即系列问题，再将这些要素或"标志点"整合设计成系统的训练路径。与程序训练模式不同，探究训练模式训练路径的制定没有严格的难易程度和顺序要求，路径上的标志性指示必须清晰准确、互相连接、层层推进，以便参照指引发现问题，顺利完成训练任务。

（3）主观意识参与

主观意识参与训练的过程其实就是"导航"的过程，也就是发现问题分析—问题—解决问题的过程。依据训练路径的指引，通过有意识的感知、认知、识记、分析、比较、期望、想象和思维等心理过程，完成"路径导航"，训练练习者的心智技能，培养决策能力。

（4）确定训练方法

探究训练模式多适用于体育教学技能训练的中级阶段，可以采用探究式学习法、自主学习法、小群体学习法、讨论法等方法，也可以采用专家同行交流、成果汇报、案例解析、师徒结对等方法，通过微格训练、模拟上课、跟岗实习等途径，以积极主动、自觉训练为前提，对某一方面的体育教学技能形成全面、系统的认知。

（5）研定评价标准

探究训练模式不仅重视个体对知识的理解和掌握情况，而且特别强调个体在训练中的行为表现，因此，该模式的评价应以形成性评价、相对性评价、定性评价等为主，以训练过程的努力和独立思考的程度为主要指标。由于心智提高程度和情感体验等心理学指标难以测定，因此，只能以学习者的读书笔记、教学心得和反思材料等，作为解读其心理和训练过程的重要依据。

（6）反馈调节

目标训练模式的反馈，是通过评价目标达成度和认识、理解、判断、执行等能力，对训练的难易程度、环节安排和训练时效性等进行反思，科学调控训练的目标设定、环节连接和推进过程等。

（三）探究训练模式的要求

1. 积极内化，激发动机

探究训练模式是一种积极主动的过程，因而内在的动机与训练活动本身会促进个体的内在强化作用，可有效提升心智技能。然而，此模式对非智力因素重视不够，情感、意志、兴趣、性格和需要等均会影响训练目标的达成，只有重视激发和调节训练动机，强化内部心理过程，使智力因素与非智力因素紧密结合，才能使训练达到预期效果。

2. 充分准备，独立思考

重视个体训练中的准备状态，进行体育教学技能训练之前，必须清楚自己的状态和所具备的基础，包括技能基础和认知水平，训练效果不仅取决于外部刺激和个体的主观努力，还取决于一个人已有的知识水平、认知结构、非认知因素等，基础准备是任何有意义训练赖以产生的前提。在以往的认知经验的基础上，独立思考，发现学习材料本身的内在逻辑结构，从而掌握体育教学技能。

3. 问题明确，任务具体

在体育教学技能训练开始前，就要明确提出要探究的目标问题即核心技能，明确训练的目的，因为探究训练活动是为最终达成技能、形成目标服务的。而围绕目标问题设计的相关任务，必须具体、指向清楚，有助于练习者循规而至。

4. 不断尝试，顿悟渐悟

探究训练模式注重个体技能形成的体验过程，主要是亲历发现问题、研究问题、解决问题的学习过程，在不断尝试探索和寻找答案中，提高判断和决策能力，通过技能训练过程，感悟探究的心理过程，有利于在未来的体育教学实践中合理运用探究教学法。

三、情境训练模式

体育教学技能的情境训练模式以建构主义理论为基础，练习者通过情境训练模式提高体育教学技能，更能体验知识的习得与转化过程，以亲身体会阐释练习过程，有利于对具体教学情境和自身教学行为的反思，提高及时、有效应对不断生成和变化着的、复杂多样的教学形势的能力，学习并获得处理各种教学问题的经验。

（一）情境训练模式含义与特征

1. 情境训练模式含义

情境训练模式是在创设训练情境的前提下，通过角色扮演的方式，经过主体的选择、加工和诠释，将技能知识转化为教学实践的训练过程范式。认识并非主体对于客观现实简单的、被动的反映（镜面式反应），而是一个主动的建构过程，在建构的过程中主体已有的认知结构发挥了特别重要的作用，而主体的认知结构亦处在不断发展之中。获得知识的多少，取决于个体根据自身经验去建构有关知识的意义的能力，而不取决于记忆和背诵的能力。由于每个练习者所具备的经验不同，每个人对体育教学技能的理解方向和建构方式也不尽相同，情境训练模式帮助练习者发展自主训练的意识和能力，利于其不断地自我更新和自主成长。

2. 情境训练模式特征

（1）直观性

在情境训练模式中，充实、检验、完善、反思和提炼体育教学技能，以建构和提升实践能力的过程，是在适当的情境和气氛中进行的，因此，练习者通过角色扮演，能够充分融入训练当中，直观感受训练经过。情境训练模式是个体对训练情境的改造和感受的过程，通过亲历和感知训练情境，使主体建立对目标技能整体的认识，并在已有知识的基础上，提升体育教学技能的水平。

（2）自主性

个体必然有着不同的知识背景和经验基础（或不同的认知结构），因此，即使就同一个目标技能而言，相对应的训练活动也不可能完全一致，必然存在个体的特殊性。体育教学技能的情境训练模式是一种高度自主的活动，不同的人有不同的体验和组构。练习者能够设计适合自身发展的方案，并能进行计划、选择、修正，在训练中的自主性参与是其提升思维水平和实践能力的根本性动力。

（3）社会性

情境训练模式是在一定的情境下，借助其他人的帮助即通过人际间的协作活动而实现的意义建构过程，所以，社会环境、社会共同体对于主体的认识活动有重要作用，学习者的训练活动是在一定的社会环境中得以实现的。

（4）建构性

如果说程序训练模式落脚点在结果，那么情境训练模式的侧重点就是意义和过程，主张在训练过程中学习"如何训练"。情境训练模式是个体运用自己的经验去积极地建构对自己富有意义的理解，而不是去理解那些用已经组织好的形式传递给他们的体育教学技能内容，也就是说提高某项体育教学技能并不是最终目的，提升个体的体育教学思维、组构和理解能力才是终极理想。

（二）情境训练换式结构

1. 结构要素

知识是学习者在一定的环境即社会文化背景下，借助其他人（包括教师和学习伙伴）的帮助，利用必要的学习资料，通过意义建构的方式而获得。建构主义学习理论认为"情境""协作""会话"和"意义建构"是学习环境中的四大要素或四大属性。所谓意义建构的核心内容是信息不连续性、人的主体性以及情境对信息渠道和信息内容选择的影响。因此，体育教学技能体验训练模式的结构要素包括体育教学技能训练情境、合作伙伴、同伴之间的交流、意义建构和评价标准。

2．过程

（1）创设训练情境

依据训练目标内容和要求创设情境，深挖提炼体育教学技能内容之间的内在联系和训练规律，以引导个体从具有典型代表性的器材、对话或人物等情境中，受到启发，使其能尽快、自然地掌握体育教学技能。创设情境的手段是多样的，主要有以语言描绘情境、以微训练再现情境、以模拟课堂展现情境等。

（2）确定合作伙伴

在选择合作伙伴进行体验训练时，有同质型和异质型两种组合方式，针对不同的训练目标、内容，可选择与自己知识和技能基础相同的同伴，也可选择在脾气性格、技能水平有较大差异的同伴。同质型可相互比较、促进，异质型可风格互补、互助提高。

（3）鼓励同伴之间的交流

合作伙伴之间的鼓励、协作、互动、切磋和随时随地的反馈，对于认知能力的提升意义极大，可通过同伴之间发表感想、讨论、总结、分享等方式，交流训练的心得，加深对情境训练模式的理解，培养练习者表达、沟通、反思和批判的能力。

（4）意义建构

意义建构主要是指信息的意义建构，是内部行为和外部行为共同作用的结果，要深刻理解训练内容的内涵。在练习体育教学技能的高级阶段，主要采用合作学习法、情境学习法、发现学习法和角色扮演等方法，通过教案设计、模拟上课、集体备课等途径，以积极主动建构体育教学技能应用的情境为前提，对整体的体育教学技能应用形成宏观的把握。例如，练习者作为研究者，以一课两讲或一课三讲的形式，建构同一内容的不同教学方式，有助于对体育教学技能的深刻理解和能力的提升。

（5）研定评价标准

通过对注意、组织、决策和思维等能力的评价，增强个体对情境训练模式的深入认识。情境训练模式的评价以形成性评价、定性评价、自我评价等为主，鼓励学者深入思考，尽可能撰写研究报告、论文、经验总结或参与编著校本课程教材等。

（6）反馈调节

通过学术研讨、行动研究、案例分析等方式，探析训练中的进步与失误，调整与改进情境训练模式的情境布局、合作伙伴和意义建构等关键环节。

（三）环境训练模式要求

1．创设情境，模拟真实

提倡建构训练模式，营造具体和真实的训练情境，并反对抽象和概括，而是尽可能贴近体育教学现实情况，使练习者在情境中感受体育教师形象的同时，愿意对情境持续地产生注意，从而产生或满意，或愉悦，或悲伤，或热爱的情感体验。多方面的情感体验不应都是积极的，适当消极的体验有利于练习者在面对真实的体育教学实践时，做好充足的心理准备，可以从容面对、坚韧不屈。

2．方法混搭，反思改进

在运用情境训练模式的同时，要注重多种训练方式、方法的结合使用，达到更好的训练效果。教育情境的不确定性、非线性和混沌性，决定了教学没有固定的模式和技能技巧可以套用，因此，体育教学技能训练也必须凭借自己对教学技术的理解和领悟，做出自主判断，选择适当的训练方法，不断地对训练过程进行反思、自我调整、改进训练细节。

3. 基础扎实，体验创新

体育教学技能情境训练模式的应用，要求具备良好的基础知识和基本的体育教学技能，在所创设的情境中应用自如，全情投入体验情境，把训练的重心放在提升心智方面，体验学习、挑战、交流和创造的乐趣。在应用情境训练模式进行体育教学技能训练时，重点是体验学习和思维的过程，练习者可以模仿体育教学实践，但更重要的是理解贯穿整个教学过程的原则和方法，筛选适合创设情境的内容，切勿为了应用模式而进行无效或低效的体验。

4. 合作完成，群体相容

体育教学活动由于其特殊性，许多练习需要通过师生、生生协作与配合才能完成，因此社会能力的培养渗透在体育活动的方方面面。在进行体育教学技能训练时，必须重视同伴之间的协作和竞争对手之间的尊重，感悟群体动力的重要性，使学习者在掌握技能的同时，建立融洽的人际交往关系，相容于群体之中，为今后从事体育教学奠定良好的社会适应能力基础。

四、展演训练模式

展演训练模式是以人本主义学习理论为基础，它的顺利开展建立在对体育教学技术的深入理解及较熟练掌握的基础之上。纯熟的心智技能和操作技能是一个数据库，在教学过程中选择"用什么"和"怎么用"取决于练习者的观念风格和临场发挥。只要遵循体育教学的基本规律和原则，体育教学技能可根据实践中教学要求、情境、学生的差异而灵活运用、组合、搭配，切勿被生搬硬套的教学行为习惯所束缚。

（一）展演训练模式含义与特征

1. 展演训练模式含义

体育教学技能的展演训练模式是以提升体育教学技能水平为目的，以完整展示技能训练成果或完成某项教学任务为基本方式的训练过程范式。展演训练模式不仅关注教学技能和认知能力方面的提高，还有个体情感、意志、创新能力等方面的自我肯定和实现，使练习者养成较强的感受性，便于感知自身和教学对象的情绪，有助于在未来的体育教学实践中与合作伙伴、教学对象和谐相处，调整情绪和教学方式、方法，及时有效地应对和处理突发事件，注重提升体育教学技能运用到实际教学情境下的能力，并形成独特的教学风格。

2. 展演训练模式特征

（1）灵活性

教学过程具有复杂性和变化性，即便是在规定了教学目标和方法的前提下，也会因为环境、对象、组织能力等条件的变化，产生千差万别的情况和效果。因此，展演训练模式就是训练学习者将自己的体育教学技能完整、全面地展现出来，灵活运用技能手段，合理地处理突发事件，临危不乱。

（2）主观性

主观性是鼓励从自我的角度出发，感知体育教学的魅力，对体育教学技能训练的原则、规律等基本原理的个性领悟。自我实现和为达到目的而进行创造的能力才是个体行为的决定因素，个人所处的物质、社会和文化环境只能促进或阻碍他们潜能的实现。

（3）独特性

个体对知觉方式的调节、学习能力的获得、持续学习等均存在差异，因此，展演的方式和效果不尽相同，不同的展示个体存在不同的表现。展演训练模式可以促使个体在进行技能训练活动时，深入理解训练内容，客观地审视自己，对完善练习者的价值取向与教学风格具有十分重要的意义。

（4）创造性

展演训练模式通过对规则和假设的不断创造，解释观察到的现象；而当教学技能的原有观念与新的观察之间出现不一致，原有观念失去平衡时，便产生了创造新的规则和假设的需要。展演训练模式通过对教学要素的个性解读，创造性地设计和实施教学活动，是一种创新性的理解和行动过程。

（二）展演训练模式的结构

1. 结构要素

人本主义学习理论中的关键环节是意义学习，如何为学习者创造一个良好的环境，使其从自己的角度感知世界，发展出对世界的理解，达到自我实现的最高境界。展演训练模式就是意义学习的最好诠释，不仅仅涉及事实积累的学习，而是使个体的行为、态度、个性得到充分施展的意义训练过程。因此，体育教学技能展演的训练模式包括 4 个要素：展演内容、展演方案、意义训练、评价标准。

2. 过程

（1）设计展演方案

根据展演内容，在尊重、了解与理解训练个体的前提下，激发练习者的训练积极性，充分发挥个体选择性、创造性，表现练习者对展演内容的构想和预计，将体育教学技能合理搭配、自由组合，体现展演训练模式不拘一格的特点，从而促进其成长、学习与训练。

（2）确定训练方法

展演训练模式多适用于体育教学技能训练的终极阶段，可以采用分层练习法、差别练习法、成功练习法等方法进行体育教学技能的训练；也可采用行动研究、教学评比等实战演练，通过教案设计、说课、示范课评比、微课教学等途径，完整展示技能训练成果。

（3）意义训练

在前期已形成的体育教学技能基础上，融合个体对训练内容的解读，灵活自如地呈现出展演内容，展示体育教学技能的娴熟程度，从而继续拓展知识和技术，形成新的或更纯熟的体育教学技能。

（4）自我实现

在展演训练过程中体会到的是自我满足的价值感，如成功掌握教学技能的满足感、未来可以教书育人的认同感、个性得以彰显的存在感。展演训练模式不但注重挖掘个体的创造潜能，更关注人的高级心理活动，如热情、信念、生命、尊严等，引导其结合认知和经验，肯定自我，进而自我实现，形成自己独特的教学风格。

（5）评价反馈

练习者最清楚训练是否满足自己的需要、是否有助于明确自己原来不甚清楚的某些方面，因此发展性评价、个体内差异评价、自我评价等方式，是展演训练模式的主要评价方法。并能通过评价形成正确的自我认识与反思以及敏锐的观察和感受能力，有助于个人教学技能的提升和风格的塑造。

（三）展演训练模式要求

1．彰显个性，全面发展

教学风格的形成一般要经历从模仿到独立再到创新、稳定的过程。练习者能在训练过程中感受到体育教学的乐趣、成功、满足，激起其认知与情感的相互作用，重视创造能力、认知、动机、情感等心理方面对行为的制约和促进作用，从而全身心地投入训练，逐渐形成自己的风格，并注重其行为、态度、人格等的全面发展。教授者不仅要关注体育教学技能的形成，更重视个体的内心世界，重视训练过程中学习者的认知、兴趣、动机、需要、经验、个别差异以及潜在智能等内部心理世界的全面发展。

2．自我提升，协同促进

展演训练模式注重自我评价反馈，重视自我的修炼与肯定。展示自我固然是提升自身能力品味的关键途径，但不能忽视社会、文化、学校、教师和家庭教育的协同作用。现实中的学校总是在与社会文化环境的互动中，改变着个体的教育目标、方针与办学模式，对练习者施加种种影响，指导教师和合作伙伴作为促进者、协作者，对个体成长为一个既具有社会组织特性，又具有独特个性的人意义重大。

3．气氛宽松，张弛有度

提倡在宽松、自由的训练氛围中，给练习者提供充足的空间，体现自由展示的精神，使其充分发挥所长。但是必须遵循角色规范，遵守必要的规章制度，既自由又受纪律制约，适应当前的训练与未来的生活。展演训练模式有利于练习者潜能的开发，但又不应该一味迁就其原有的水平和独特性。

4．完整展示，积极反思

展演训练模式要求练习者完整展现训练过程和结果，使体会教学的某项技能或综合技能得到充分发挥；反思是对训练行为的总结与纠错，通过对展演过程的深刻审视，使练习者再次回顾和思考技能训练的认知、行动、感悟的经过，从而整改和完善训练计划，提升训练效率，提高自我监管、解决问题的能力。

第三章 体育运动训练理论研究

伴随着体育运动水平的迅速提高，体育运动训练理论的研究日益取得明显的进展，并越来越有力地指导着体育运动训练实践的进程。清晰地认识国内外运动训练理论的研究状况，准确地掌握它的发展趋势，对我国体育运动训练理论的完善，及促进我国体育运动水平提高无疑有着重要的意义。

第一节 学校体育运动训练的基础

一、运动训练的范围

运动员通过系统、集中的训练以完成特定的目标。训练的目的是为了提高运动员的竞技能力，从而提升运动成绩。训练是一项系统工程，会涉及生理学、心理学及社会学的诸多变量。在此期间，训练要遵循循序渐进、区别对待等基本原则。整个训练过程中，运动员的生理和心理素质得以塑造，从而满足一些严格的任务要求。

不管是初学者还是职业运动员，至关重要的一点是制定切实可行的训练目标。训练目标要根据个人能力、心理特征和社会环境来设计。有些运动员是为了赢得比赛或提高成绩，有些运动员则是追求获得运动技能或进一步提高生物动作能力。不论目标如何，都应尽可能精确及可测量。不论是短期计划还是长期计划，在训练开始之前就应设定好，并且明确实现目标过程的具体细节。而完成这些目标的最终时刻，往往是一次重大的比赛。

二、运动训练的目标

训练是运动员为了达到最佳竞技状态的准备过程。通过制订系统的训练计划，可使教练员的训练工作更有效率，而设计训练计划需要借鉴各门学科的知识。

训练过程以发展专项特征为目标，这些特征与完成不同的训练任务紧密相关，包括全面身体发展、专项身体发展、技术能力、战术能力、心理素质、健康保养、伤病预防以及相关理论知识。要想获得上述能力，需要根据运动员的年龄、经验和天赋，运用个性化、适宜的方法和手段。

（一）全面身体发展

也称为一般身体素质，是所有体育运动训练的基础。一般身体素质发展的目的是改善基本的身体能力，如耐力、力量、速度、柔韧和协调。运动员全面身体发展的基础越扎实，就越能经受住专项训练，最终可能发挥出更大的运动潜力。

（二）专项身体发展

也称为专项身体素质，是为了发展专项运动所需要的生理或身体素质特征。这种训练类型是为了实现运动的一些特定需要，如力量、技能、耐力、速度和柔韧性。不过，许多运动项目需要各种关键运动能力的组合，如速度—力量、力量—耐力或速度—耐力。

（三）技术能力

这种训练强调以发展技术能力为核心，技术能力是获得体育运动项目成功所必需的条件。提高技术能力是以全面和专项身体发展为基础的，例如完成体操十字支撑动作的能力，要受到生物动作能力中力量因素的制约。发展技术能力训练的最终目的是完善技术动作，优化专项运动技能，专项运动技能是展现最佳竞技状态所必需的。发展技术能力应当始终要围绕完善运动项目所必需的专项技能来进行。

（四）战术能力

发展战术能力对于训练过程也是极为重要的。战术能力训练的目的是为了完善比赛策略，该项训练要以竞争对手的战术研究为基础。具体来讲，这种训练的目的是利用运动员的技术和身体能力来制定比赛战术，增加比赛获胜的机会。

（五）心理素质

心理准备也是确保发挥最佳体能所必需的要素。有些专家也称之为个性发展训练。不管术语如何称谓，发展心理素质（例如自制力、勇气、毅力和自信）对于成功展现运动能力是必不可少的。

（六）健康保养

运动员的整个健康状况应当引起充分重视。健康保养可以通过定期健康检查和适当的训练安排来实现，其中适当的训练安排包括将大量艰苦训练和阶段性的休息恢复搭配进行。必须特别注意伤病和疾病，在训练过程中应给予重点考虑。

（七）伤病预防

预防损伤的最佳方式是确保运动员已经提高了身体能力，形成了参加严格训练和比赛所必需的生理特性，并确保进行适量训练。安排不当的训练比如负荷过大，将会增加受伤的风险。对于年轻运动员来说，以全面发展身体为目标是极为重要的，因为这样可以提高生物动作能力从而有助于降低受伤的可能性。此外，疲劳控制也尤为重要，越是疲劳，受伤的概率就越大。因此，应当充分重视制订一个有效控制疲劳的训练计划。

（八）理论知识

应当在训练过程中充实运动员有关训练、计划、营养和能量再生等方面的生理学和心理学知识。运动员理解进行某种训练活动的原因非常重要，教练员可以针对各项训练计划的目标进行讨论或要求运动员参加关于训练的座谈会议来达到这一目的。让运动员具备关于训练过程和运动项目理论的知识可以提高运动员的决策能力以及增加其对训练过程的关注，这样可以让教练员和运动员更好地制定出训练目标。

三、运动训练系统

系统是指将某些观点、理论或假说采用正确的方法和手段加以组合的组织方式。一个系统的发展应该基于科学成果及实践经验的积累。虽然一个系统在自身独立前会依附于其他的系统，但该系统不应被一成不变地移植，而且创造或完善一个更好的系统必须考虑到实际的社会和文化背景。

（一）揭示系统的构成要素

构成要素是训练系统发展的核心，这可以从训练理论和方法的有关基本知识、科学成果、本国优秀教练员的经验积累以及其他国家的前车之鉴中提炼和总结。

（二）明确系统的组织结构

确定了决定训练系统成功与否的核心要素后，就可以建立现实的训练系统了，而短期的和长期的训练模式也应当随之建立。该系统应当能为所有教练员共享，但也应当保持足够的灵活性，以便教练员能够根据他们自身的经验进行下一步的丰富与完善。

体育科研工作者对于建立训练系统起着十分重要的作用。体育科学研究，尤其是应用领域的研究所提供的成果，丰富了训练系统赖以不断发展和完善的知识基础。此外，体育科研工作者的工作还能有益于完善运动员的监测计划和选材计划、建立训练理论以及完善疲劳和压力处理方法等。尽管体育科学对于训练系统的重要性是显而易见的，但这门分支科学并未在全世界受到足够的重视。例如，斯通（Stone）认为体育科学在美国的应用呈现下降趋势，这在某种程度上解释了近些年奥林匹克运动会上美国运动员的运动成绩下降的原因。

（三）验证系统的效能或作用

一旦启动训练系统，就应当经常对其进行评估。训练系统有效性的评估可通过多种方式进行。验证训练系统效果的最简单的评估方法是该系统带来了实际运动成绩的提高，也可使用更为复杂的评估方法，包括对生理适应的直接测量，例如荷尔蒙或细胞信号传导的适应。此外，力学评估方法可用于定量地测定训练系统的工作效率，例如最大无氧功率、最大有氧功率、最大力量以及力量增长率峰值的评估。体育科研工作者在此领域中起着极为重要的作用，他们运用自己的专业知识来评价运动员，并对训练系统效率的提升提出独到的见解。如果训练系统并非最佳，那么训练团队可以重新进行评价并进一步改进系统。

总体来说，训练系统的质量依赖于直接因素和支持因素。直接因素包括那些与训练和评价相关的因素，而支持因素与管理水平、经济条件、专业化能力和生活方式相关。每一个因素对于整个训练系统的成功都发挥着重要作用，但直接因素的作用更为重要。直接因素的重要性进一步强调了这一观点：体育科研工作者为高质量训练系统的发展和完善做出了重大贡献。

高质量训练系统对于达到最佳竞技状态是必不可少的。训练的质量不仅取决于教练员，还取决于许多因素的相互作用，这些因素会影响到运动员的训练成绩。因此，所有会影响训练质量的因素都需要进行有效的落实和不断的评估，必要时进行调整，以满足当代体育运动不断变化发展的需求。

四、运动训练的适应

训练是一个有组织的过程，它使身体和心理都在不断地接受各种负荷量和强度的刺激。运动员适应和调整训练与比赛负荷的能力，同生物物种适应其所生存的环境一样重要——适者生存。对于运动员来说，如果无法适应不断变化的训练负荷与训练及比赛带来的刺激，将会导致疲劳、训练过量甚至过度训练。在这种情况下，运动员无法完成既定的训练目标。高水平竞技能力是多年精心筹划、系统而富于挑战性的训练结果。在此期间，运动员不断调整自身的生理机能以适应专项运动的特殊要求。运动员对训练过程的适应程度越高，就越能发挥出高水平的运动潜力。因此，任何组织严密的训练计划，其目标都是为了促进适应，从而提高运动成绩。只有运动员遵循以下顺序，才有可能提高运动成绩：增加刺激（负荷）—适应—训练成绩提高。

如果负荷总是处于同一水平，那么适应在训练的早期就会出现，随之而来的是一个再没有任何进步的高原期（停滞期）。

刺激不足—稳定平台—训练效果提高不明显，如果刺激过度或刺激过于繁杂，运动员将无法适应，发生适应不良现象过度刺激—不适应—运动成绩降低。

因此，训练的目标是逐步地、系统地增加训练刺激（训练强度、训练负荷量和训练频率）以得到较高的适应，从而提高运动成绩。这些训练刺激的变化是指训练要素的改变，以使运动员对训练计划的适应最大化。

第二节　学校体育运动训练的内容

一、身体训练

（一）身体训练的意义

1. 身体训练

身体训练是指在运动训练中动用各种有效手段和方法，增进运动员身体健康，提高机能能力，改善体型，全面提高身体素质和身体活动能力。

2. 身体训练的意义

身体训练的意义表现在：身体训练是技术、战术训练的基础。只有具备良好的身体素质，才可能掌握复杂的、先进的技术，承担大负荷的训练和激烈的竞赛；身体训练水平的提高，还可以提高竞技状态的稳定性；同时，良好的身体素质基础也对预防运动损伤、延长运动寿命有积极作用。

（二）身体训练的内容

身体训练的内容包括一般身体训练和专项身体训练。

1. 一般身体训练

一般身体训练是指采用多种多样的手段和方法，增进运动员的健康，促进其正常生长发育，改善身体形态，提高各器官系统的功能，全面发展身体素质，为专项身体训练打下基础。

2. 专项身体训练

专项身体训练是指采用专门性的身体练习，进一步提高运动员的机能能力，发展专项身体素质，改善体型，以保证运动员掌握专项技术、战术。

3. 两者的关系

一般身体训练是专项身体训练的基础，专项身体训练是专项技战术训练和比赛的需要。两者既有联系又有区别。它们都是为实现身体训练任务、提高运动技术水平服务，所以，二者必须密切结合进行。

（三）身体训练的要求

1. 提高对身体训练重要意义的认识

由于身体训练单调、枯燥、艰苦，所以，要加强思想教育，不断提高对身体训练意义的认识。只有从理论上弄清了身体训练的重要性，才能在行动上自觉参加身体训练。

2．身体训练的全面化

身体训练必须全面发展。因为，有机体对环境的适应能力是以一个统一的整体来实现的，机体某一部位、某一器官系统机能的提高是建立在各个部位、各个器官系统活动机能全面提高基础之上的。

3．身体训练的系统化

身体训练要在训练过程中有计划地系统安排。运动员从开始训练到退役前，都要有计划地系统安排身体训练。身体训练的内容和手段要符合专项训练的特点，一般身体训练要同专项身体训练、技术训练和战术训练紧密结合起来，使身体训练促进技术、战术的学习与提高。

4．身体训练的差异化

在全年训练中，身体训练的比重要因人、因时、因项而异。在准备期身体训练的比重要大些，在竞赛期应当小些，休整期又要大些。准备期的前期应侧重一般身体训练，准备期的后期和竞赛期要侧重专项身体训练，休整期又侧重一般身体训练。田径项目身体训练的比重一般比球类、体操项目要大些。运动员年龄小、训练水平低的，其一般身体训练比重要大些；年龄大、训练水平高的运动员相对地专项身体训练比重要大些。

（四）身体素质训练

身体素质训练是身体训练的重要内容。运动员的身体素质是充分发挥身体能力、创造优异运动成绩的基础。身体素质的发展水平越高，越有利于运动成绩的提高。

身体素质的发展取决于运动员的身体形态、机体能力水平、能量物质的储备，以及神经系统的功能能力等因素。训练工作中，应根据运动员的生理、心理特征和训练任务，采取适当的训练手段和方法来发展运动员的身体素质。

身体素质训练的内容主要包括力量、速度、耐力、灵敏和柔韧等素质训练。

1．力量素质训练

力量素质是指人体肌肉工作时克服阻力的能力。人体运动时，会受到身体重力、空气或水的阻力、重物负荷、竞技对手的对抗等各种外力，以及肌肉的黏滞性、对抗肌的牵引等内力的阻碍，这就需要依靠人体的肌肉收缩产生力量，克服各种阻力，完成预定的体育活动。

力量为运动之源。人体的运动，无论是向前、向后、向上、向下、向左、向右任何一个方向，无论是直线运动，还是曲线运动，都必须依靠力的作用才能实现。

运动员力量素质水平的高低对其速度、耐力等运动素质的水平都有着重要的影响。力量素质又是运动员学会和掌握各个项目运动技术的必要条件。

根据完成不同体育项目所需力量不同的特点，通常把力量素质划分为最大力量、快速力量和力量耐力三种不同的类型。无论哪一种类型的力量素质，其水平均取决于保证肌肉收缩的物质基础，以及肌肉收缩时的工作条件和特征两个方面。

（1）发展最大力量的途径和方法

最大力量是指人体肌肉在随意收缩中所能表现出来的最大力值的能力。其力值只有在抵抗超过肌肉最大能力的阻力过程中才能准确地测到。

①发展最大力量的主要途径

a．加大肌肉横断面；

b. 增加肌肉中磷酸肌酸（CP）的储备量，以加快肌肉工作中 ATP 的合成速度；

c. 提高肌肉间及肌纤维之间的协调性；

d. 改进和完善运动技巧。

②发展最大力量的具体手段和方法

a. 重复练习法负荷强度为 75%—90%。每项训练中完成的组数为 6—8 组，每组重复 3—6 次，组间间歇 3 分钟。

b. 阶梯式极限用力法，又称金字塔负荷体系。一次课的练习从较低的负荷开始，逐渐加大负荷而减少练习次数。保加利亚举重教练阿巴杰耶夫将这种方法发展为负荷加到 100%，即要求达到当天最高水平。

c. 静力练习法

通过大强度的静力性练习来发展最大力量。负荷强度为 90% 以上，每次持续时间为 3—6 秒，练习 4 次，次间间歇 3—4 分钟。

（2）发展快速力量的途径与方法

①发展快速力量的途径

发展快速力量的途径包括提高最大力量和缩短表现出最大力量所需的时间两个方面。

②发展快速力量的综合性练习方法

a. 减负荷练习

减负荷练习包括减轻外界阻力（负重重量）以及给以助力进行练习。

b. 先增加后减轻负荷练习

先增加后减轻负荷练习，是指在平时训练时，先增加负荷的重量，使之超过比赛时需要克服的阻力，当运动员能够适应此负荷时，再逐步减少负荷至正常水平，从而可以有效地提高运动员在标准阻力下完成动作的速度。

（3）发展力量耐力的途径和练习方法

①发展力量耐力的途径

发展力量耐力首先要根据专项特点认真分析研究需要什么样的力量耐力，进而选择训练方法，确定训练负荷的基本要求。

②发展力量耐力的练习方法

a. 持续训练法；

b. 间歇训练法；

c. 循环训练法。

2. 速度素质训练

速度素质是指人体快速运动的能力，是运动员重要的运动素质之一。

（1）速度素质的意义

在竞技体育中，速度素质的发展水平对运动员总体竞技能力的高低有着重要意义。

①对其他运动的积极影响

良好的速度素质对其他运动素质的发展有着积极的影响。肌肉快速收缩能够产生更大的力量，高度发展的速度素质又能为耐力的发展提供更大的空间。

②易于掌握运动技巧

竞技体育技术动作大多要求快速完成，良好的速度素质有助于运动员更好地掌握合理而有效的运动技巧。

③在不同运动项目中的重要作用

对体能主导类速度性的竞技项目，速度素质水平直接决定着运动成绩的好坏；对耐力性的项目，高度发展的速度素质有助于运动员以更多的平均速度通过全程；对技能主导类项目，时间上的优势可以转化为空间上的优势，使体操、跳水等项目的运动员有更大的可能性完成难度更高的复杂技巧；使球类选手在比赛中获得更多得分的机会；而击剑、摔跤选手动作速度的细微差别，往往便会决定比赛的胜负。

（2）速度素质的训练方法

运动中的速度素质包含着反应速度、动作速度和移动速度三种基本表现形式。

①反应速度

反应速度是指机体对外界刺激反应的快慢，通常以施与刺激到肌肉系统做出应答性收缩时间的长短来表示反应速度的快慢。反应速度的快慢取决于运动员的感知能力、对信号的选择性分析、信号沿反射弧传递的速度以及肌肉应答性收缩的速度和能力这四个方面。

发展反应速度，可利用突出信号、移动目标等方法，让运动员做出快速反应做和发展灵活性的游戏来实现。

②动作速度

动作速度是指机体某一部分完成特定动作的快慢。这里所指的特定动作通常都是完整动作的组成部分。因此，动作速度既可以相对于身体外部的参考体而言，也可以相对于身体其他部位而言。运动员机体任何部位动作速度的快慢，主要取决于中枢神经系统的功能以及引起该部位运动的肌肉力量大小，在训练中则需要相应地采用不同手段来提高运动员的动作速度。

发展动作速度可以用跟着快速信号有节奏地做单个动作来提高。大强度的重复训练法是提高运动员动作速度最主要的训练方法。动作速度训练的要点是：

a. 必须快速地完成练习。

b. 应选择专项动作或与专项动作结构、用力形式相似的练习。

c. 应选择能熟练完成的、最好是自动化的练习。

d. 可采用助力法。

e. 预先加难法进行练习。

f. 练习的次数或持续时间应以能保持最大动作速度为标准。

g. 重复练习时，每两次练习间的时间间隔应以保证肌肉工作中消耗的 ATP 得到重新合成补充，同时神经系统仍保持必要的兴奋程度为标准。

h. 练习前肌肉需做好准备活动。

③移动速度

移动速度是指运动员在特定的方向上快速移动的能力，以单位时间里位移的距离作为衡量的标准。

发展移动速度的训练方法：

a. 短距离跑练习。

b. 发展灵活性及协调性。

c. 高强度的重复训练。

d. 逐步发展力量，提高肌肉快速收缩力量的多种练习。

e. 逐步改进及完善技术动作。

3. 耐力素质训练

耐力素质是指身体在长时间活动中克服疲劳的能力。耐力是衡量身体健康水平的一个重要标志，它对于其他素质的发展和运动成绩的提高具有极其重要的作用。

少年儿童可以进行耐力训练，但不宜过多，必须严格控制时间、数量和强度。少年儿童的耐力训练主要是发展有氧耐力，改进氧气输送系统和肌肉代谢的功能，而不宜过多地进行无氧耐力训练。8岁起可以进行有氧耐力训练；13—18岁应继续提高有氧耐力；15岁起可以开始进行无氧耐力训练，但强度不宜大；16岁以后，可以逐步进行较大或大强度无氧耐力训练。发展耐力素质，要求机体供氧充分，为此，耐力训练宜在空气新鲜、氧气充足的场所进行。

发展耐力的基本手段包括一般耐力的训练方法和专项耐力的训练方法。

（1）一般耐力的训练方法

①长时间的单一练习，如跑步、游泳、骑自行车等。

②长时间变换内容的练习。

③发展一般耐力常用的训练方法主要是持续训练法和间歇训练法。

（2）专项耐力的训练方法

不同专项运动员的专项耐力有着不同的表现和特征，也就必然地要求运动员在训练中采用不同的方法和手段。

①体能主导类快速力量性项群运动的专项耐力，主要表现为以最大强度重复完成完整比赛动作的能力，因此，发展其专项耐力的训练内容与手段则应以多次重复完成比赛动作或接近比赛要求的专项练习为主。实践中多采用极限或极限下强度完成负荷。

②体能主导类周期竞赛的项目有耐力性和速度性两个项群，耐力性项目运动员专项耐力的要求是用尽可能高的平均速度通过全程。除超长距离之外，专项耐力的重要供能形式为糖酵解无氧代谢供能。其主要训练方法为大强度的间歇训练法、重复训练法及比赛训练法。

③技能主导类表现性项群运动员的专项耐力在赛前训练中须多次完成成套练习或1/2套以上的练习。

④技能主导类对抗性项目比赛时间较长，训练中要注意安排长时间的专项对抗练习或专项练习，有时甚至安排超过正式比赛时间或局数的训练。

4. 灵敏素质训练

灵敏素质是指人体在各种复杂条件下，快速、协调、准确、灵活地完成动作的能力。灵敏素质是正确而迅速地掌握和运用各种运动技术、战术的重要素质之一。发展灵敏素质有利于速度素质的提高，能充分发挥肌体的力量和耐力，促进运动成绩的提高。

发展灵敏素质可采用专项练习复杂化的方法，以及反复练习各种与专项技术结构相似的动作，这是发展灵敏素质最有效的方法。

灵敏素质与运动员的运动能力，尤其是协调能力有关。少年儿童进行各种运动动作的练习，如各种技巧、跳跃、活动性游戏等，对提高灵敏素质有较好的效果。从某种意义上讲，这也是发展灵敏素质的基本练习。

进行灵敏素质训练，应注意培养运动员对时间、空间判断的准确性。在教学训练中，对动作的时间和空间的指标，应有严格的要求。如对方向、幅度、速度、节奏等的要求要明确，才能提高对时间、空间的判断能力和反应能力，从而提高灵敏素质。

灵敏素质取决于大脑皮层神经过程的灵敏性，所以，一般应在大脑皮层处于兴奋状态，注意力高度集中时进行灵敏素质训练，但时间不宜过长。不同性质的练习应交替进行，以免大脑皮层产生疲劳，从而降低训练效果。

5. 柔韧素质训练

柔韧素质是指人体关节在不同方向上的运动能力，以及肌肉、韧带的伸展能力。作为人体基本运动素质之一，柔韧素质的好坏，亦即关节运动幅度的大小，以及肌肉韧带伸展幅度的大小对于运动员竞技能力的高低有着不容忽视的影响。

发展柔韧素质训练的方法有主动拉伸练习法和被动拉伸练习法两种，应以主动拉伸练习为主，同时注意以下几点：

（1）主动性练习与被动性练习相结合。

（2）动力性练习与静力性练习相结合。

（3）发展柔韧素质的练习应安排在一堂训练课的前半部进行。此时运动员尚未感到明显疲劳，一般不容易受伤。但练习前必须做好准备活动。提高肌肉温度，并进行肌肉预伸展的练习，逐步提高肌肉、韧带及其他软组织对大幅度伸展的承受力，然后再做超过习惯的运动幅度的柔韧性练习，这样既易于取得良好的训练效果，又不易造成运动损伤。

（4）发展柔韧素质的训练一定要注意循序渐进，不可操之过急，一次练习不可过多。

二、技术训练

（一）技术训练概述

运动技术是指完成特定体育活动的方法，是运动员竞技能力水平的重要决定因素。技术训练是指对运动员所从事的运动项目的动作技术，进行学习、巩固、提高的训练过程。

技术训练是提高运动成绩的一个极为重要的因素，只有熟练地掌握了专项运动技术，才能充分发挥运动员的身体能力，创造出优异的运动成绩。技术不好，成绩就上不去，这在一些动作复杂、协调性要求高的运动项目中更为明显。同时，技术还是战术的基础，没有全面、熟练的技术，就无法运用战术。技术训练的主要任务就是使运动员学习、掌握专项运动技术和提高运用技术的能力。所以，它是运动训练一项十分重要的内容。任何项目任何水平的运动员都应重视加强技术训练，以不断学习新技术，改进与提高技术质量。

（二）技术训练分类

技术训练分基本技术训练和高难技术训练。基本技术是专项运动技术的主要结构部分的动作，是完成技术、进行比赛不可缺少的技术。高难技术是与基本技术相对而言的，是指专项技术中难度较大、比较复杂、要求较高的一些动作。两者既有联系，又有区别。没有良好的基本技术为基础，要想掌握高难技术是不可能的。

（三）技术训练的基本要求

1. 重视建立正确的技术概念

正确的技术概念是掌握技术的前提，只有掌握了正确的技术概念，才有可能掌握正确的技术。技术概念不清，就很难形成正确的技术定型，错误的技术定型形成之后，纠正起来就十分困难。因此，在学习技术开始时，就要建立正确的技术概念。

2．针对少年儿童的训练

如果训练对象是少年儿童，应根据少年儿童生理、心理特点进行技术训练。

3．抓好基本技术训练

基本技术是学习高难技术和创造新技术的基础。因此，训练的全过程都要狠抓基本技术训练。

4．技术训练要全面、实用、准确、熟练

技术训练要全面，是使运动员全面掌握专项运动技术，成为专项运动的"多面手"。技术训练要实用，是指运动员掌握的技术要符合比赛要求，在比赛中能用得上。技术的准确，是要求运动员学习的技术要规范，既掌握技术的基础环节，又掌握细节，在比赛中能准确地表现出来。技术的熟练，是指运动员掌握技术要达到动力定型，在多变的环境条件下，都能正确地完成。

5．技术训练与身体训练相结合

在训练过程中，既要注意技术训练，又要重视身体训练，二者要协调地进行，使身体训练为技术训练服务，在技术训练中增强身体素质。

（四）技术训练的方法

运动技术训练的方法很多，实践中可根据实际情况设计或选择训练方法，在此仅就常用的基本方法进行简要的介绍。

1．直观法

直观法是指在技术训练中，借助运动员的各种感觉器官，建立起对练习动作的一个清晰、直观、深刻的表象，从而获得对练习动作技术的感性认识，使运动员在练习动作时能够正确思维、掌握和提高运动技术水平的一种常用的训练方法。教练员的示范动作就是很好的直观法。

2．语言法

语言法是指在技术训练中，运用各种形式的语言，指导运动员学习和掌握技术动作的训练方法。其主要作用在于帮助运动员借助语言明确技术动作概念，纠正错误动作，提高技术水平。

3．分解法

分解法是指把完整技术动作按其基本环节，分成若干个相对独立的部分，使运动员分别进行练习的训练方法。其优点在于能减少运动员开始学习的困难，在掌握了完整技术动作中相对独立的几个部分后，再进行完整练习，从而提高学习的效率，增强掌握动作的信心。此方法主要用于较复杂的技术，在改进动作、提高动作质量时亦可使用。

4．完整法

完整法是指运动员从技术动作的开始姿势到结束姿势，完整地进行练习，从而掌握技术的训练方法。其优点在于一开始就使运动员建立完整的技术动作概念，不致影响动作的结构和各部分之间的联系。此方法多用于学习简单的技术动作或不能分解练习的较复杂的技术动作。

5．减难法与加难法

减难法指在训练中，以低于专项要求的难度进行训练的方法。此种方法常用于学习新

动作或改正动作阶段。

加难法指在训练中，以高于专项要求的难度进行训练的方法。如在排球扣球技术训练中加高隔网，从而增加训练难度。此种方法常在优秀运动员的训练中使用。

6．预防与纠正错误法

预防与纠正错误法的关键是找出造成错误的原因，然后再采用各种有针对性的方法和手段预防与纠正错误动作。

三、战术训练

（一）战术

在体育学中关于战术的定义有多种。

田麦久对战术的解释是，运动员或运动队在比赛中为表现出高超的竞技水平，或战胜对手而采取的计谋和行动。

徐本力对战术的定义是，为战胜对手而在赛前制订并在比赛中灵活运用的比赛计谋、行动与方法，也就是根据双方的情况正确地分配力量，充分发挥己方特长、限制对方特长，为战胜对手而采取的合理有效的计谋、行动与方法。

战术的形成是在运动员具有一定的身体训练和技术训练基础上，根据比赛需要通过训练而形成的。战术发展对运动员身体和技术不断提出新要求，并在一定程度上影响身体素质、技术、心理的发挥与运用。同时，在集体性、对抗性项目中，战术往往是夺取胜利的关键；在双方实力接近的情况下，谁的战术水平发挥得好，谁就能夺取胜利；在一定情况下，战术运用成功，还可能以弱胜强，反败为胜。战术对一些非对抗性项目也有一定的作用，如中长跑的体力分配及抢先或跟跑战术、跳高的免跳高度等。

（二）战术训练

战术训练是指在教练员指导下，运动员学习掌握集体或个人正确地分配力量，发挥我方特长、限制对方特长的发挥，所采用的在比赛中争取优胜的计策与行动的训练过程。

1．战术训练的要求

（1）重视运动员战术意识的培养

战术意识是指运动员在比赛的复杂多变和困难的环境下，及时准确地观察到场上情况，迅速而准确地决定自己的行动及与同伴配合的能力。战术意识的培养，是战术训练的中心环节。通过战术训练，要提高运动员对战术行动的影响和认识，理解战术意义、战术实质，提高研究运用战术的自觉性。

（2）基本战术训练与多种战术训练相结合

首先是熟练掌握一两套反映本队独特风格的基本战术，其次是在此基础上逐步建立起多种成套战术体系，使基本战术训练和多种战术训练相结合。课余运动训练，应以基本战术训练为主，并在较熟练地掌握基本技术的基础上进行战术训练。

（3）战术训练要有实战性

根据临场比赛的要求，战术训练应在比赛的条件下进行，使战术训练同比赛一致起来，还应在困难条件下进行训练。例如，可采用以少防多、以少攻多，增加进攻或防守的难度和对抗性；要求攻防遇阻时灵活变换战术，以及在不良的场地设备、气候条件下进行训练等方法，以培养和提高实战能力。

（4）战术训练要循序渐进

初学战术时，条件要简单些，难度低些，在运动员理解战术意图、战术结构之后，再提高学习的难度，增加对抗因素。

总之，战术训练应建立在身体训练、技术训练基础上，从运动员的身体和技术特点出发，同身体训练和技术训练结合起来，使战术训练更切合实际。

2．战术训练方法

（1）表象法

表象法是指运动员在头脑中对过去完成的正确技术动作的回忆与再现，唤起临场感觉的训练方法。通过多次动作表象，提高运动员表象再现及表象记忆能力，可以使运动员的注意力集中于正确的技术要求，有利于提高心理稳定性，从而促进技术的掌握。

（2）限制性实践训练法

根据训练需要，进行有目的、有条件限制的实践练习，以专门性限制条件的训练强化其技术，使运动员有目的地掌握运用各项攻防技术动作，同时，运动员在近似实战状况下，经过技术训练和运用，积累实战经验，为实战做技术、战术和心理上的准备。

（3）实战训练法

通过实战比赛，使运动员的技术技能向更高质量方面变化，同时，在高度紧张激烈和瞬息万变的情况下，有效地运用技术和战术，可增强练习者的自信心，丰富其临场经验，为真正进入高水平比赛创造条件。

（4）模拟训练法

在对比赛的环境、条件和对方实力做详细了解和分析的基础上，通过与模仿重大比赛中主要对手的主要特征的陪练人员的练习，以及在与比赛条件相似的环境中练习，使运动员逐渐适应于比赛特殊条件的过程。

四、智能训练

（一）运动智能

作为一种重要的能力，人的智能是以其智力水平为基础，运用所掌握的理论知识从事工作或劳动的能力。

运动智能是人类智能中的一种特定类型，专指运动员以其智力水平为基础，运用所掌握的全面知识，特别是体育专业理论知识参加运动训练和运动竞赛活动的能力。

运动智能是运动员总体竞技能力的重要组成部分。运动员专项运动智能的高低与其一般智力水平有着密切的关系。心理学家们把智力归属为人类心理能力的重要内容，包括观察力、注意力、记忆力、思考力及想象力。而专项运动智能涉及专业理论知识的学习与掌握，更与专项运动训练实践密切联系。

（二）智能训练

智能训练是指通过训练提高运动员的某些智力因素与某些能力因素，并实现其有机的结合。

1. 智能训练的内容

智能训练的内容包括理论知识教育和能力培养两个方面。理论知识教育主要是学习文化科学知识，体育卫生基础知识，体育教学和训练的一般原理，专项运动理论与技术、战术知识。智力能力培养包括培养观察能力、接收信息能力、思维能力、想象能力、分析问题与解决问题的能力。

2. 智能训练的要求

（1）智能训练应列入训练计划，并占有一定比例，保证有目的、有系统地进行。

（2）提高运动员对智能训练的认识，自觉地参与智能训练，提高智能训练的实效性。

（3）智能训练可采用多种方法进行，如讲授有关的理论知识、技术分析、写训练日记、组织讨论、赛后小结等。如有条件，还可利用幻灯、电影、录音、录像等现代化手段，以提高智能训练的效果。

（4）逐步建立智能测试评定的制度和方法，如理论知识水平的考核，采用专门措施测定运动员的感觉、观察、综合分析、记忆、判断能力，并制定相应的评价标准等。

五、心理训练与恢复训练

（一）心理训练

心理训练是指通过各种手段有意识地对运动员的心理过程和个性特征加以影响，并使运动员学会调节自己心理状态的练习过程。

人的心理是客观现实与人脑相互作用的产物，是人脑反映客观现实的最高级形式。人的心理对人的多种社会行为产生一定的影响。当然，也会影响运动员在运动竞赛中的表现。与体能、技能、战术能力一样，心理能力也是运动员竞技能力的重要组成部分。

人的心理现象包括个性心理特征（兴趣、性格、智力、气质）与心理过程（认知过程、情感过程及意志过程），人在运动竞技中的心理能力，同样也由这两个方面组成。

1. 心理训练的任务

培养运动员具有适应专项需要的心理过程和个性特征；形成运动员对训练的良好态度，创造适宜的心理状态，提高适应比赛的能力；促进运动员疲劳的恢复；克服各种心理障碍，保证训练与比赛的顺利进行。

2. 心理训练的类型

（1）依据训练内容与专项需要的关系，可将心理训练划分为一般心理训练和专项心理训练两大类。通过一般心理训练发现运动员普遍需要的心理品质，即适应于参加运动训练和竞技比赛的心理特征，以及健康、稳定的心理过程。而通过专项心理训练，则集中发展从事艰苦的专项训练和成功地参加专项竞赛，特别是高水平竞赛所需要的个性心理特征以及稳定的心理过程。

（2）依据训练目标与比赛的关系，可将心理训练分为赛期心理训练和日常心理训练（或称训期心理训练）两大类。通常，赛期心理训练集中于调整运动员的心理过程，而日常心理训练则相对偏重于改善运动员的个性心理特征。

（3）依据特定比赛的需要，所进行的有针对性的心理训练叫作赛期心理训练，包括赛前的心理准备、赛中的心理控制以及赛后的心理调整。

3. 心理训练的方法

近年来，随着人们对心理训练重要性认识的不断加深，心理训练方法问题也日益引起人们的高度重视。文献中涉及的心理训练方法多达十余种，但由于缺乏简明的科学概括与系统归纳，使得这些方法远未得到普及和应用。通常被广泛采用的心理训练方法有意念训练法、诱导训练法和模拟训练法三大类。

（1）意念训练法

意念训练是纯意识性的训练，由运动员独立进行。训练时运动员进行积极的思维活动，或发出明确的指令，或做出间接的暗示，影响、指挥或控制自身的心理活动，以使其个性心理特征和心理过程得到改善。运动员常常借助于想象或表象进行意念训练。

（2）诱导训练法

由教练员或心理学专家采取特定的手段导引运动员的思维过程，从而进行心理训练的方法叫作诱导训练法。与意念训练法的自我诱导相比较，进行诱导训练时，诱导的主体与客体不是同一的。诱导行为的主体，即诱导者通常是教练员或心理学专家，但也可以是同伴、亲友，甚至不相识的陌生人。

（3）模拟训练法

在模拟未来比赛的条件下进行心理训练（或包括心理训练在内的综合训练），即模拟心理训练。通过模拟训练，可使训练与比赛的实际尽可能地接近，使运动员在近似比赛的条件下，锻炼和提高对未来比赛的适应能力，以及情绪控制能力等。

在模拟训练中，组织训练的主体，即教练员或心理学专家，主要通过所制造的模拟条件对训练的客体，即运动员，实施心理训练和控制。模拟训练包括实景模拟训练和想象模拟训练。

（二）恢复训练

恢复训练是指在训练和比赛之后，采用科学的手段和方法，消除运动员体力和精神的疲劳，使运动员机体活动能力得到恢复与提高。

1. 恢复训练的意义

恢复训练是提高运动员训练水平和竞技能力的重要因素，没有负荷就没有疲劳，没有疲劳就没有训练。在现代运动训练和竞技中，运动员要承受相当高的生理和心理负荷，如果不及时而迅速地消除疲劳、恢复体力，就会影响以后的训练与竞赛。没有恢复就没有提高。通过恢复训练，运动员的运动能力更好地得到恢复和超量恢复，才能在形态、机能、素质、技术、战术和心理过程发生需要的变化（即适应性变化）。目前世界各国非常重视恢复训练，并作为训练内容之一而列入训练计划。同时，恢复训练还有助于防止过度疲劳和伤害事故的发生。

2. 恢复训练的手段

恢复训练的手段从实际操作来看共分为三大类：

（1）一般教育学手段

一般教育学手段包括放松活动，训练次数与时间的安排，调整运动员负荷与间歇时间，安排好睡眠、休息环境及其他事项。

（2）医学生物学恢复手段

医学生物学恢复手段包括伙食营养、按摩、热敷、淋浴、紫外线照射等。

（3）心理学手段

心理学手段包括放松训练、呼吸调节、催眠暗示、心理调节等。

第三节 体育运动训练的基本原则

运动训练原则是运动训练实践经验的总结和概括，是运动训练客观规律的反映，是组织和进行训练工作必须遵循的基本准则。

现代运动训练实践证明，是否按照训练的客观规律科学地进行训练，是保证训练效果、提高运动技术水平的关键。贯彻并运用训练原则，可以使训练工作更符合客观规律，保证训练的科学性，提高训练质量。反之，则会严重影响训练的效果，甚至损害运动员的身体健康。因此，在制定训练任务，编制训练计划，选择与安排训练内容，运用各种训练方法，确定与安排运动负荷，组织与进行各种训练作业时，都应根据专项运动特点和运动员实际情况，灵活地贯彻运动训练原则。

运动训练的原则有：一般训练与专项训练相结合的原则、不间断性原则、周期性原则、合理安排运动负荷的原则和区别对待的原则。这些原则对运动训练具有普遍指导意义。

一、一般训练与专项训练相结合的原则

（一）一般训练原则

一般训练原则是指根据专项运动的需要，选用多种多样的内容和方法进行的训练。目的是增进运动员的健康、提高身体各器官系统的机能、全面发展身体素质和改善体型，以及掌握体育的基本知识和技术，为进行专项训练、提高专项运动成绩打好基础。

专项训练是指采用专项运动及与专项运动技术结构相似的内容、手段进行的训练。其目的是提高专项运动所必需的身体机能，发展专项身体素质，掌握专项运动理论、技术和战术，以保证专项运动成绩的不断提高。

（二）一般训练和专项训练的关系

一般训练和专项训练的内容、手段及所起的作用是不同的：前者较为广泛，对身体的影响全面而一般；后者专门化的性质强。二者都是为了发展专项运动能力，提高专项运动成绩。二者对提高运动员训练水平都有一定的作用，又各有不足之处，若密切结合，则可起到互补不足、互相促进的作用，有利于运动员运动成绩的提高。

注重一般训练，在多年和全年训练中要合理地安排一般训练内容，在初级训练阶段，优秀运动员的恢复性训练尤为重要。在初级训练阶段，重视一般训练，是为了使运动员神经系统形成较丰富的暂时性神经联系，使运动员掌握较多的动作方法，从而获得较全面的动作储备。这是专项运动成绩赖以提高的基础。

一般训练与专项训练相结合的原则，对少年儿童来说有着特殊的重要性。国内外的运动训练经验表明：许多高水平的优秀运动员，在少年时期，都进行了多项训练，全面发展了身体素质，掌握了多项运动机能；然后在专项训练中，又重视一般训练，所以才创造了优异的运动成绩。少年儿童的运动训练，既要重视专项训练，更应重视一般训练，打好基础，这才是不断提高运动成绩的战略措施。

（三）提出原则的主要理论依据

1．有机体的统一性

有机体各器官系统之间是互相联系、互相影响的。任何一项运动对运动员各器官系统的影响，在不同程度上都有一定的局限性。只有进行一般训练，采用多种多样的训练内容、手段，才能弥补专项训练的不足和保证专项训练的顺利进行及成绩的不断提高。

2．运动机能的转移

动作机能是后天建立和形成的复杂的条件反射。动作机能储备得越多，建立得越巩固，就越有利于运动员学习和掌握新的动作技能。因此，进行一般训练，有选择地让运动员学习掌握一些非专项技术，更有利于运动员学习、掌握专项运动技术和战术。

3．运动素质的转移

运动员的一般运动素质获得全面发展，就更有利于其专项运动素质的提高。

4．能积极地调整训练过程，防止伤病

只进行专项训练，容易造成机体的局部负担过重和中枢神经系统的疲劳，运动员会感到训练枯燥乏味。配合专项训练，进行一般训练，能起到良好的作用，以提高专项训练的效果，并有利于防止伤病，延长训练年限。

（四）贯彻原则应注意的问题

（1）要重视一般训练。

（2）一般训练内容要反映专项化的特点，适应专项训练的需要。

（3）一般训练内容既要全面多样，又要结合专项的需要。

（4）一般训练和专项训练在多年和全年训练中都要进行。

（5）一般训练和专项训练组织的方法应多样化，符合少年儿童的特点。

二、不间断性原则

（一）不间断性原则

不间断性原则是指运动员从开始训练直至运动寿命终结，始终坚持系统地、不间断地、循序渐进地组织训练过程的原则。该原则始终贯彻：从训练初期，到出现优异运动成绩，直至运动寿命的终结，都应根据训练结构中各因素间的内在联系，以及人体运动能力发展规律，有序且持续地进行训练。

（二）提出原则的主要理论依据

1．系统论基础

各运动项目的知识、技术、战术以及各运动素质发展都有其本身的内在联系和体系。只有按照这种内在联系和体系，循序渐进地进行训练，并逐步提高要求，才能取得良好的

训练效果。

2．机体适应性的积累

运动水平的提高是一个长期的训练适应性变化的积累过程。通过训练，运动员的机体在形态、生理、生化方面所产生的一系列适应性变化是一个由少到多、由低到高的渐进性的积累过程，只有不间断地进行训练，才能获得这一理想的适应性的积累。

3．神经联系的建立对技战术的作用

运动员掌握运动技术、战术，实质上是暂时性的神经联系的建立，是条件反射的形成。训练中断就会使建立起来的暂时性神经联系减弱，条件反射就会消退，已掌握的技术、战术就会生疏，或者出现各种错误。这就是说已形成的条件反射就会消退。

（三）贯彻原则应注意的问题

（1）坚持训练的连续性。运动训练要坚持常年不间断，保证训练的长期性和连续性，坚持训练的连续性，科学地安排训练和休息，以获得适应的积累效果。为此，在全年、多年训练中，我们必须要使整个运动训练过程的每次课、每个训练周、每个阶段、每个周期有机地联系起来，在运动员逐渐产生明显适应的基础上，不断提高竞技能力，直至创造优异成绩。

（2）遵循系统训练规律。训练内容的选择和安排，训练手段的采用，以及运动负荷的增加，除必须考虑项目特点、对象条件外，还应按照它们本身的内在联系和本身的系统性，循序渐进地逐步提高训练要求。要根据训练内容的层次性、时序性，运动员训练程度的离差性、训练条的变化性来全面考虑运动训练安排。

（3）在训练过程中要采取有力措施，防止运动员的伤病。

三、周期性原则

（一）周期性原则

周期性原则是指整个训练过程按照一定的周期循序往复、周而复始的方式进行。每一个循环往复（也就是周期）并不是简单重复，而是一个由量变到质变的过程。它们之间既有联系又有区别。所谓联系，是指后一个循环是在前一个循环的基础上进行的，否则后一个循环就成了无源之水、无本之木；所谓区别，是指后一个循环高于前一个循环，前后两个循环之间存在着明显的质的差别，否则就谈不上提高。

（二）提出原则的主要理论依据

周期性原则主要是由竞技状态形成发展的规律确定的。

1．竞技状态的概念

竞技状态是指运动员达到优异成绩所处的最适宜的准备状态。最适宜的准备状态是相对的，是对运动员自己成绩水平而言的。

2．竞技状态的特征

（1）运动员机体各器官系统的机能达到最高水平，能最大限度地适应大负荷训练和比赛，机能活动更加节省化，恢复过程较快。

（2）运动员的运动素质和专项运动技术有机地结合起来了，通过专项技术能把运动素质最大限度地发挥出来，中枢神经系统有高度调节各器官系统的能力，完成动作准确、熟练、协调。

（3）运动员精力旺盛，情绪高涨，渴望训练和比赛，具有完成任务、夺取胜利的信心。

3．竞技状态的形成和发展

竞技状态是通过训练而形成的。它的发展过程可分为三个阶段。

（1）获得阶段

它又可分为形成竞技状态的前提条件阶段和竞技状态形成阶段。

①形成竞技状态的前提条件阶段

在这个阶段中，运动员的机体能力不断提高，运动素质全面发展，专项运动技术、战术逐步改善，专项运动所需要的心理素质初步形成，但它们彼此还不能有机地结合起来，在比赛中还不能充分发挥。

②竞技状态的形成阶段

在形成竞技状态的前提条件阶段之后，通过训练，竞技状态各因素得到进一步的发展和提高，并且具有专项化特点，彼此有机地结合起来，形成了一个统一的整体，能在比赛中充分发挥出来，这时，就基本上形成了竞技状态。

（2）相对稳定阶段

此阶段又称保持阶段，在这个阶段中，竞技状态所有特征都能较好地表现出来，能够创造优异成绩。但是它们还具有一定的波动性，有起有伏，下降是暂时现象，只要适当调整训练，即能恢复，甚至可能超过原有的水平。

（3）暂时消失阶段

竞技状态特征逐步失去，训练水平逐渐消退。这种消失是暂时的、相对的，只要训练安排适当，运动员的机体能力、技术、战术均能保持一定水平。

4．竞技状态与训练周期

竞技状态发展的获得、相对稳定和暂时消失三个阶段成为一个周期。人们根据竞技状态发展这一规律，把竞技状态发展的一个周期作为一个训练周期，根据它的三个发展阶段划分为三个训练时期：即准备期（竞技状态的获得和形成阶段）、竞赛期（竞技状态的相对稳定阶段）、休整期（竞技状态的暂时消失阶段）。运动训练的计划与安排，其实质是控制竞技状态发展的过程。

人们习惯把这样一个训练周期叫大周期，时间一般为一年或半年。在大周期基础上建立多年训练周期。多年训练周期常以国内外大型体育比赛年限为依据。如奥运会、亚运会、全运会、大运会等为四年一次，四年就成为多年训练的周期。中小学常以小学、初中、高中阶段为年限，来确定多年训练周期。

在大周期基础上，根据训练的需要又分为中周期、小周期和训练课。

（三）贯彻原则应注意的问题

（1）根据对象、项目特点和参加的重大比赛确定（全年）周期的划分，即确定全年为单周期或双周期。

（2）根据运动员训练水平，适当确定各个训练时期的时间。

（3）要科学地安排每一训练周期的内容、比重和运动负荷，并使各个周期之间互相衔接。

（4）结束一个周期的训练要做好总结，以便为制订下一周期的训练计划提供依据。

四、合理安排运动负荷原则

（一）合理安排运动负荷原则

合理安排运动负荷原则是指在训练过程中，根据训练任务和对象的特点，适宜安排训练的负荷与休息，逐步地、有节奏地加大运动负荷，直至最大限度。

现代运动训练实践证明，数量多、强度大的负荷训练，是提高运动成绩的关键问题。因此合理安排运动负荷作为一个原则在国内外运动训练中得到普遍运用。

（二）提出原则的主要理论依据

1．超量恢复的原理

运动员的有机体在承担了一定的负荷以后，将经历疲劳—恢复—超量恢复过程。要使有机体产生的疲劳得到恢复和超量恢复，必须在有机体承担一定的负荷后，安排一定的休息时间，使负荷和休息交替进行，对负荷也要做到科学合理的安排。现代运动训练的实践和科学研究表明，运动员机体形态机能的改善和提高，以及技术的掌握，必须在一定负荷量和负荷强度的刺激下才能实现。而且，在一定范围内负荷越大，刺激越深刻，产生超量负荷的水平越高，因此，还要有极限负荷的刺激。

2．训练适应的规律

有机体在训练中承担运动负荷后，有一个适应过程。当机体适应了这一负荷后，就会出现机能"节省化"现象。如果运动员的机体适应以后，负荷停止在一个水平上，不再提高运动负荷，则机体的机能能力就不能进一步提高，运动成绩也将难以提高。只有施加更加强烈的刺激，使有机体产生新的适应，才能提高机能水平，提高运动成绩。但是，训练中运动负荷如果不是逐步提高，而是提高过快、过猛并超出了运动员机体所能承受的最大限度，同样也不能产生新的适应。这不但提高不了运动成绩，而且还有损运动员的健康。

（三）贯彻原则应注意的问题

（1）根据运动员的负荷能力和具体情况，正确规定运动负荷。

（2）运动负荷的增加要由小到大、循序渐进、逐步提高，形成一个"加大、适应、再加大、再适应"的过程。

（3）安排负荷要考虑运动项目特点，不同的训练时期和训练任务，处理好负荷量和负荷强度的关系。

（4）根据超量负荷、超量恢复的规律，科学地安排训练和休息。

（5）加强医务监督，对运动员进行有关生理卫生知识的教育。

五、区别对待原则

（一）区别对待原则

区别对待原则是指在训练中要根据运动员的年龄、性别、身体条件、训练水平、思想状况和个性特征等特点，科学地确定训练任务、内容、手段、方法和运动负荷。

（二）提出原则的主要理论依据

1. 运动员的个体差异性

运动训练基本上是一个个人训练过程。运动员的条件千差万别，他们的起点不同，发展也不一样，只有区别对待，有针对性地进行训练，才能收到良好的效果。

2. 一些球类集体项目的分工不同

球类等集体项目有位置和任务的不同，因此，对运动员的运动素质、技术、战术、心理品质的要求也不同，只有在集体协同训练的同时注意区别对待，才能训练出一支各具特色又协同一致的队伍。

（三）贯彻原则应注意的问题

1. 因人制宜，因材施教

深入了解和分析运动员的情况后，根据不同情况在训练中采用不同措施，因人制宜，因材施教。

2. 训练计划要反映全队和个人特点

训练计划既要有全队要求，也要有个人不同的安排，同时，对重点队员还可以制订专门的训练计划，这样训练中的任务、指标、内容、方法和措施就能更加切合实际。

3. 原则应贯彻到训练的各个环节中

在集体训练时，教练员既要照顾全队，促进运动员之间的竞争，又要根据实际情况有针对性地进行个人训练。在进行个人训练时，教练员除加强个别指导外，还要注意照顾全队的训练。

上述训练原则是相互紧密联系的，训练中必须全面贯彻。现代运动训练是一个非常复杂的系统工程，其中有许多规律尚未被人们发现或尚未被人们完全认识。因此在训练过程中，一方面要结合实际，灵活地、创造性地贯彻这些原则，同时在运用这些原则时不断探索新的客观规律，不断丰富、发展和完善运动训练原则。

第四节　学校体育运动训练的要素

一、训练量

训练量是训练的主要组成部分之一，因为它是实现高水平技术、战术和身体的先决条件。训练量有时被错误地认为仅仅是指训练的持续时间，但实际上它包含以下部分：

（1）训练时间或持续训练的时间。

（2）行进的总距离或抗阻训练的总重量（即：训练负荷＝组数×重复次数×重量）。

（3）运动员在规定时间内完成一项练习或技术动作的重复次数。

训练量的定义可以简单理解为：训练中完成活动的总量。训练量也可以被看作是一次训练课或一个训练阶段完成训练的总量。训练总量必须是量化的指标，具有可监控性。

训练量的准确计算依运动项目或活动类型而异。在耐力运动项目中（如跑步、自行车、皮划艇、越野滑雪及赛艇运动）确定训练量的单位是训练经过的距离；在举重或抗阻训练中，采用公斤或吨位制（训练负荷＝组数×重复次数×重量）衡量训练量，这是因为仅考虑重复次数不能合理地评价运动员完成的训练任务。重复次数也可以用来推算运动中的训练量，如：快速伸缩复合式训练或棒球、田径等运动中的投掷动作。几乎所有的运动都会包含时间要素，但训练量的正确表达形式应该囊括时间和距离两个要素（如 60 分钟跑 12 千米）。

训练量的计算方法按照时间要素可以划分为以下两种：第一种是相对训练量，指一次训练课或训练阶段中一组运动员或运动队训练时间的总数。相对训练量不适用于计算单个运动员的训练量，因为无法得知单位时间内某一位运动员的训练量；另一种更好的衡量单个运动员训练量的方式是绝对训练量，它是指运动员个体在单位时间内完成训练任务的总量。

在运动员的职业生涯中，要不断增加训练量。运动员训练时间的增多，训练量的增加是运动员产生生理适应并提高运动成绩的前提。将初学者与高水平运动员进行比较后明显发现，高水平运动员能承受更大的训练量。随着时间的推移，训练量的增加对从事有氧运动、力量与功率项目、团队项目的运动员的发展具有重要的作用。同样，还需要增加技术和战术技能的训练，因为提高运动成绩需要进行大量的重复练习。

增加运动员训练量的方法有许多，以下是三种常见的有效方法：

（1）增加训练的密度（即训练的频率）。

（2）增加训练课中的负荷。

（3）同时增加训练的密度和负荷。

研究人员表明，只要不引起过度训练，在训练中尽可能多地增加训练次数非常重要。另一些研究人员明确表示，训练频率越高，越能产生更大的训练适应效果。增加每天训练课的次数同样有益于运动员的生理性适应。对于优秀运动员来说，每周进行 6—12 节训练课，每个训练日又包含多节训练小课是常见的。运动员的恢复能力是制订训练计划中运动量大小的主要决定因素，决定了在训练计划中制定多少训练量。高水平运动员之所以能承受大的运动量，是因为他们能够更快地从训练负荷中恢复过来。

二、训练强度

训练强度是运动员完成高质量训练的另一个重要训练因素。可米（Komi）将训练强度定义为与功率输出（即能量消耗或单位时间做的功）、对抗力量或发展速度有关的训练要素。根据这个定义，运动员在单位时间内做功越多，训练强度则越大。强度是神经肌肉激活的函数，训练强度越大（如更大的功率输出、更大的外部负荷）越需要更多的神经肌肉被激活。神经肌肉激活模式取决于以下四个要素：外部负荷、运动速度、疲劳程度及所从事的训练类型。另一个要考虑的因素是训练时的心理紧张程度，就训练的心理方面而言，哪怕是出现低水平的身体紧张，也会造成训练强度的极大提高，从而导致注意力的分散和心理压力的产生。

训练强度的量化方式根据训练类型和运动项目而定。速度训练通常用米/秒、次/分或功率输出（瓦特）来进行量化评定。在抗阻训练中，训练强度一般以公斤为单位、克服重力每米举起的重量（千克/米）或功率输出（瓦特）来量化。在团队项目中，训练强度通常用平均心率、无氧阈心率或最大心率的百分比来进行量化评定。

在年度训练计划的各个不同阶段中应包括不同的训练强度，特别是在小周期阶段，可以采用多种方法来量化和确定训练强度。例如，抗阻练习或高速度练习的训练强度可用最佳运动成绩的百分比来量化。这种方法认为最佳成绩意味着最大运动强度。再比如，一名运动员在 10 秒内完成 100 米冲刺，其速度则是 10 米/秒。如果这名运动员能以更快的速度跑完更短的距离（如 10.2 米/秒），其训练强度则被认为是超最大强度，因为它已经超越了 100% 的最快速度。

高强度训练虽然能取得很大的进步，但产生的适应较不稳定。稳定性越低，越容易产生过度训练和运动成绩的稳定平台现象。相反，低强度的训练负荷会使进步缓慢且生理适应的刺激较小，但整个过程却更稳定。训练计划应该系统地改变训练量及训练强度以达到最佳生理适应。

训练强度可划分为两种类型：绝对训练强度，是指完成训练所需的最大百分比；相对训练强度，是用来量化一节训练课或一个小周期的训练强度，即训练期完成的训练量总和及绝对训练强度。

三、训练密度

训练密度是单位时间内运动员接受训练课的频率。训练密度可表现出单位时间内训练与恢复的关系。因此训练密度越大，训练阶段间的恢复时间就越少。随着训练密度的增加，运动员和教练员必须建立训练与休息的平衡，从而避免引起过度疲劳或力竭，因为这些都会导致过度训练。

量化多次训练课（例如，在一个训练日或小周期）所需的最佳时间量是非常困难的，因为许多因素会影响运动员的恢复速度。在下一次训练课开始之前，本次训练课的训练强度和训练量对确定所需的时间量起主要作用。训练课的负荷（即训练强度和训练量）越大，所需的恢复时间就越长。此外，运动员的训练状况、实际年龄、使用的营养干预及恢复干预都会影响到运动员的恢复能力。在下一次训练开始之前，不需要从上一次中完全恢复，一般通过增加训练密度，并在训练日或小周期中运用不同负荷的训练课来促进恢复。

在耐力训练或间隔训练中，通常有两种安排"训练—休息"间隔的适宜方法：一种是固定的训练——恢复比率；另一种是恢复的持续时间，能使心率恢复到预设的最大心率百分比。

（一）固定的训练——恢复比率

部分研究人员在研究间隔训练时运用了这一方法，通过控制训练—休息的间隔，教练员和运动员能够制订出发展特定生物能量适应的训练计划。用 1∶1 或 2∶1 的训练—休息比率来发展耐力项目的特征，而用 1∶12 或 1∶20 的训练—休息比率来发展力量和功率性项目的特征。

（二）预设心率

决定恢复期时间长短的另一种方法是，在下一次训练开始前确定必须达到的心率。方法一，为下一次训练的开始设定心率范围（120—130 次/分）；方法二，设定恢复时间，即运动员的心率恢复到最大值的 65% 所需的时间。

可以通过量化相对训练密度来算出一次训练课的训练密度，公式如下：

$$相对密度 = \frac{绝对训练量}{相对训练量} \times 100\%$$

绝对训练量是运动员个体的做功总量，而相对训练量是一次训练课的做功总时间（持续时间）。假设绝对训练量是 102 分钟，相对训练量是 120 分钟，训练课的相对密度为：

$$相对密度 = \frac{102}{120} \times 100\% = 85\%$$

计算出的百分比表示运动员有 85% 的时间在训练。相对密度虽然对运动员与教练员有一定的价值，但训练的绝对密度更加重要。绝对密度是运动员完成的有效训练与绝对训练量的比。绝对密度或有效训练可以用绝对训练量减去休息时间量来计算。具体计算公式如下：

$$绝对密度 = \frac{（绝对训练量-休息时间量）}{绝对训练量} \times 100\%$$

假设休息时间量是 26 分钟，绝对训练量是 102 分钟，则绝对密度可计算如下：

$$绝对密度 = \frac{102-26}{102} \times 100\% = 74.5\%$$

上述计算表明训练的绝对密度是 74.5%。因为训练密度是强度的要素之一，所以这个绝对密度属于中等训练强度。确定训练的相对密度与绝对密度有助于建立高效的训练课。

四、复杂性

复杂性指一项技能的完善程度及生物力学难度。在训练时，技术越复杂就越会增加训练强度。与掌握基本技能相比，学习一项复杂的技能可能需要更多的训练，尤其当运动员神经肌肉协调性差或在学习技能的过程中精力不完全集中时。让之前没有复杂技术训练经历的一群人参加该项训练，可以迅速地分辨出哪些运动员表现好，哪些运动员表现差。因此，运动或技能越复杂，运动员的个体差异与力学效率差别就越大。

即使以前已经学会了的复杂技术，也会产生生理上的压力，例如，艾尼赛尔（Eniseler）对足球运动员的研究表明，完成战术训练比完成技术训练的心率和乳酸堆积要高。在该项研究中，训练课的技术部分集中在没有对手的情况下进行技术练习。而在战术训练中，对手的存在显著地增加了训练的复杂性，因此心率和乳酸堆积也会增加。此外，在进行模拟比赛时，也会出现上述反应，但只有在实际的比赛中才会产生最大心率及达到最高乳酸水平。鉴于此，教练员在技术复杂性较高的训练或活动中应考虑到不同训练课的生理压力。

五、总体需求指数

训练量、训练强度、训练密度及复杂性都会影响训练中运动员的总需求。虽然这些因素相辅相成，但加强其中任何一种因素而其他因素不进行相应的调整，都可能增加运动员的需求。比如，在发展高强度耐力时，如果教练员想保持同样的运动强度，则应增加训练量。在增加训练量时，教练员必须考虑怎样增加训练量才会影响训练强度及训练强度必须要减少多少。

训练的计划和指导主要依赖于训练量、训练强度和训练密度三者的合理安排。教练员必须着重分析这些要素的变化曲线，尤其是训练量和训练强度。还应考虑到运动员的适应反应、训练阶段以及比赛的时间安排（赛程表）。训练要素的科学搭配可以让运动员在预计的时间达到最佳的训练效果，并获得最佳竞技能力。一项训练计划的总需求可以用训练的总需求指数（IOD）来计算，IOD可以通过伊柳策和杜米特雷斯库提出的公式来计算：

$$总需求指数 = \frac{OI \times AD \times AV}{10000}$$

OI：总强调，AD：绝对密度，AV：绝对训练量。

例如，假设OI（总训练强调）是63.8％，AD（绝对训练密度）是74.5％，AV（绝对训练量）是102分钟，代入方程即得出IOD：

$$总需求指数 = \frac{63.8\% \times 74.5\% \times 102}{10000} = 48.48162$$

在这个例子中，训练的总需求指数很低，略低于50％。

训练量是实施训练计划成功与否的一个关键要素。身体、技术与战术训练的整合要进行大量的工作，这些工作是刺激生理性适应、提高运动能力所必需的。教练员必须针对运动员的特点设置个性化的训练负荷，因为每一位运动员对训练量、训练强度和训练密度的承受能力都不尽相同。

在运动员的运动生涯中，必须渐进地增加训练量、训练强度和训练密度。如果这些要素急剧增加将可能导致过度训练。因此，必须要遵循区别对待原则和循序渐进原则。

为了确定训练计划的有效性，教练员一定要监测训练负荷和运动成绩测试的结果。教练员还要计算出训练课的密度或战术和技术训练中要练习的技术的复杂性在训练负荷中所占的比例。在许多运动项目中（如足球、英式橄榄球）监测心率是逐渐被普遍采用的有效方法，用监测到的心率来计算训练和比赛的强度。教练员要对增加训练量和训练强度的因素进行监测，并将它们与休息及恢复有机协调起来。教练员还应考虑促进身体恢复的方法和能量再生所需要的时间。

第四章 体育运动训练的方法

训练方法是教练员和运动员为完成训练任务，提高专项运动成绩，达到训练目的而选择的途径和采用的方法。

在当今，运动训练高速发展，训练条件日趋相近的情况下，运动训练的效果在很大程度上取决于训练方法的优劣和运用的正确与否。所以，教练员必须熟练地掌握、正确地运用各种训练方法，以保证训练达到预期效果，如期完成训练任务。

由于运动训练实践的不断发展，运动训练方法颇多，但常用的训练方法有以下几种：重复训练法、持续训练法、间歇训练法、变换训练法、竞赛训练法和综合训练法。

第一节 重复训练法

一、重复训练法

重复训练法是指在不改变动作结构和负荷数据的情况下，按照一定的要求，反复地练习同一动作的方法。重复训练法在两次练习之间的间歇时间，并无严格规定，但是，原则上应使运动员的机体能够得到基本恢复。构成重复训练法的因素有：重复练习的距离、时间、次数、强度和间歇时间等。

二、重复训练法的特点

每次练习的动作结构和负荷数据不变；每次练习的强度较大，可用极限或次极限强度；间歇时间要充分，使机体得到基本恢复。重复训练法主要应用于周期性和非周期性的项目训练，以及身体训练、技术和战术训练。

三、重复训练法的类型

依单次练习时间的长短，可将重复训练法分为：短时间重复训练方法、中时间重复训练方法和长时间重复训练方法三种类型。

（一）短时间重复训练方法的应用

短时间重复训练方法普遍适用于磷酸原系统供能条件下的爆发力强、速度快的运动技术和运动素质的训练。所有体能主导类速度性或力量性运动项群的技术、素质训练，所有技能主导类对抗性和表现性运动项群的高、难技术的训练和有关的速度素质和力量素质的发展，都以此为主要的训练方法。

（二）中时间重复训练方法的应用

中时间重复训练方法普遍适用于糖酵解供能条件下的运动技术、战术和素质的训练。中时间重复训练方法还普遍适用于运动员学习、形成和巩固动作强度较低的运动技术，适用于运动员掌握局部配合的运动战术。同时，该方法同样普遍适用于比赛成绩为 30 秒—20 分钟的体能主导类运动项群的技术和素质的训练。当然，对该类项群的训练，还应辅以短时间和长时间的重复训练方法。

（三）长时间重复训练方法的应用

长时间重复训练方法主要适用于无氧、有氧混合供能系统条件下的运动技术、战术、素质的训练工作。该法还适用于体能主导类（2分钟～5分钟）耐力性运动项群的技术、素质的训练。当然，该法辅以中时间重复训练方法或持续训练法时，更具有独特效果。

四、运用重复训练法应注意的问题

（1）明确目的，正确规定练习的数量、距离、时间、重量、重复次数、负荷强度等。

（2）根据训练任务确定重复训练法的要求。

（3）根据运动员身体的实际情况确定运动负荷。

（4）重复练习时，应根据训练实际情况加强技术指导，不断提出新的要求，逐步提高练习的质量。

（5）间歇时间要充分，第一次练习后，当心率降到110次/分以下时，再进行第二次训练。

（6）加强思想教育。重复训练法比较单调、枯燥，对于少年儿童要采取教育手段，培养他们的兴趣，调动他们的积极性。

第二节　持续训练法

一、持续训练法

持续训练法是指在相对较长的时间里，用较稳定的措施，以强度不太大的要求，连续进行练习的方法。

二、持续训练法特点

持续训练法的主要特点是练习时间相对较长，一次连续练习的量比较大，但强度不太高，一般应在60%左右。由于这一特点，持续训练法对机体刺激所产生的影响比较缓和，训练效果产生得慢，但效果比较稳定。

持续训练法多用于周期性项目，也可用于非周期性项目的单个动作或成套动作，另外多用于发展耐力素质和学习、掌握动作技术、战术以及巩固、提高的训练中。

三、持续训练法类型

根据训练持续时间的长短，持续训练法可分为三种基本类型，即短时间持续训练方法、中时间持续训练方法和长时间持续训练方法。

四、持续训练法的应用

（一）短时间持续训练方法的应用

短时间持续训练方法广泛应用于体能主导类项目的运动素质训练之中，也适用于技能主导类运动项群中动作强度较高的素质、技术和战术的训练工作。

（二）中时间持续训练方法的应用

中时间持续训练方法普遍适用于技能主导类运动项群各个项目中多种技术的串联、攻防技术的局部对抗、整体配合战术或技术编排成套的技术或战术训练以及体能主导类耐力性运动项群训练。

（三）长时间持续训练方法的应用

长时间持续训练方法对于体能主导类耐力性运动项群具有直接训练的价值。

实践中，长时间持续训练方法具有三种典型的变化形式，即匀速持续训练、变速持续训练和法特莱克训练。其中，长时间持续训练方法中的匀速持续训练、变速持续训练形式与中时间持续训练方法的主要不同之处是：负荷强度相对更低，负荷时间相对更长，训练场所变更较多。

五、持续训练法应注意的问题

（1）对于少年儿童运动员，运用持续训练法时，其负荷量与强度要加以控制，不要太大。

（2）运用学习提高技术、战术、发展耐力时，一般以延长练习时间为主，其次是有控制地提高强度。

（3）要根据不同训练水平运动员的具体情况以及训练所完成的具体任务，确定不同的练习程度和练习时间。

第三节　间歇训练法

一、间歇训练法

间歇训练法是指在一次或一组练习方法之后，按照严格规定的间歇时间进行休息，在运动员机体尚未完全恢复的情况下进行下一次或下一组练习的方法。间歇训练法广泛地运用在周期性项目和球类项目中，主要用来发展心血管系统的功能和运动素质。

二、间歇训练法的构成因素

（1）每次练习的距离或时间。
（2）每次练习重复的次数和组数。
（3）每次练习的负荷强度。
（4）每次或每组练习的间隔时间。
（5）间歇时的休息方式。

三、间歇训练法的主要特点

（1）负荷与休息交替进行，而休息有严格的时间规定，在机体尚未完全恢复的情况下就给予第二次负荷。

（2）每次负荷的时间不长，而负荷的强度可以根据训练所需要解决的问题进行安排和调整。

（3）间歇时，主要采用积极性的休息方式。

四、间歇训练法应注意的问题

（一）儿童训练不宜用此法

间歇训练法一般来说强度较大，儿童训练要少用或不用。对少年运动员进行间歇训练时，要正确确定每次练习的距离、重复次数、负荷强度、间歇时间与休息方式。最好是加强医务监督工作，以便取得理想的训练效果。

（二）间歇训练后的休息方式

最好是积极的走、慢跑等，以加速血液的回流，防止出现重力休克。

（三）不同的训练方案交替使用

运动员对某一间歇训练方案适应之后，应变化各因素的参数，采用新的间歇训练方案，以不断提高训练水平。

第四节　变换训练法

一、变换训练法

变换训练法是指在练习过程中，有目的地变化练习的负荷、动作组合以及变换练习的环境、条件而进行训练的方法。

二、变换训练法的构成因素

（1）练习的量和强度。

（2）动作组合。

（3）训练环境。

（4）训练条件。

三、变换训练法的特点

通过负荷、动作组合、环境、条件等因素的变化，对运动员有机体产生多种作用，达到多种训练目的。

变换训练法应用范围广泛，周期性、非周期性运动项目均可以采用。发展素质，学习技术、战术也可以采用。

四、变换训练法应注意的问题

（1）要根据训练的具体任务和训练中运动员存在的主要问题，有目的地变换练习的负荷、动作组合和环境条件。

（2）变换训练因素，应有利于技术、技能的学习、巩固与提高，以及身体素质的发展。

（3）在运用变换训练法学习、掌握和矫正动作技术时，要掌握好训练时间，当达到训练目的后，要及时恢复到正常情况下进行练习，避免由于训练因素的改变，形成与比赛要求不同的动力定型。

（4）变换训练法能提高练习兴趣，在训练中，教练员要防止运动员分散注意力，应牢牢地集中到练习的目的上来。

第五节　竞赛训练法

一、竞赛训练法

竞赛训练法是指在比赛的条件和要求下进行训练的方法。竞赛训练法能有效地提高运动员创造性地运用知识、技术和战术的能力以及身体训练水平，而且对培养运动员适应比赛的复杂环境，提高训练的实战性都具有重要意义。

二、竞赛训练法的种类

根据训练的目的与任务的不同，被广泛采用的竞赛训练法有：游戏性竞赛、训练性竞赛、身体素质比赛、技术和战术比赛、非专项性比赛、与高水平运动员进行练习的比赛、测验性比赛和适应性比赛等类型的竞赛。

三、竞赛训练法应注意的问题

（一）竞赛训练法的选择

根据训练和比赛的任务，选用不同类型的竞赛训练法。巩固技术、战术可采用技术、战术比赛法；检查身体训练效果可采用身体素质比赛法；为参加好比赛就采用适应性比赛法。

（二）运动员的思想、品德和作风的培养

在竞赛训练中，运动员的各种问题最容易暴露出来，教练员要不失时机地进行教育。

（三）防止伤害事故及产生过度疲劳

采用竞赛训练法，运动员情绪高涨，比赛激烈。因此，要注意防止伤害事故。竞赛训练法的运动负荷过大，因此，要控制好比赛次数和时间，避免产生过度疲劳。

第六节　综合训练法

各种训练方法在训练实践中的综合运用，叫作综合训练法。综合训练法能更灵活地调节运动负荷与休息，使之符合练习内容的要求，从而有效地提高身体素质和提高运动技术水平，使训练取得良好的效果。

综合训练法的主要组织形式有三种：循环练习法、组合练习法、模式训练法。

（一）循环练习法

1. 概念

循环练习法是指根据训练的具体任务，有目的地建立几个或多个练习"站"，每"站"

由一个或几个练习组成，练习时按规定的顺序、路线，每个"站"所规定的练习数量、要求与方法一"站"一"站"地进行练习，如此循环一周或几周的方法。运用循环训练法，能有效地发展各项身体素质，提高心脏、血管和呼吸系统的机能，同时可使身体各部位的肌肉得到锻炼，又能使局部肌肉负荷与休息得到交替，并能提高少年儿童的练习兴趣，有助于推迟疲劳的产生。

2．循环训练法应注意的问题

（1）要根据训练任务，安排各人"站"的练习，并突出重点。

（2）选择的内容，一般是运动员已经掌握了动作，这样才有利于提高训练效果。

（3）选择的内容要注意全面性，使之有利于运动员素质的全面提高和发展。

（4）要科学地安排运动负荷。根据训练任务、对象的实际和练习特点来确定运动负荷。一般一个练习点练习量为本人极限负荷的 1/2 或 1/3，高水平运动员可以是 2/3，练习周数不宜过多。

（5）运用循环练习法，应严格要求动作的规格和质量。

（二）组合练习法

1．概念

组合练习法是指根据各种训练方法的特点，组合两个以上的训练方法而成的一个新的训练方法。

2．组合方式

（1）持续训练法与变换训练法的组合。

（2）重复训练法与变换训练法的组合。

（3）间歇训练法与变换训练法的组合。

（4）持续训练法与间歇训练法的组合。

（5）重复训练法、变换训练法、持续训练法的组合等。

（6）持续训练法、间歇训练法、变换训练法的组合等。

3．组合训练法应注意的问题

（1）教练员要透彻了解各种训练方法的特点、作用及组合后的基本特性，使之符合要解决的具体任务。

（2）运用这种训练方法的运动员，要具有一定的训练水平。因为，这种训练方法不容易控制练习的量与强度。

（3）组合训练的设计，要符合比赛对机能、技术运用的要求。各个运动项目对素质、技术的要求不同，不针对专项比赛特点的需要来组合训练方法，组合训练法就失去了意义。

（三）模式训练法

1．概念

模式训练法是以优秀运动员创造优异运动成绩所起作用的各种因素为模式，对运动员进行定向训练的方法。这些因素包括从事运动的年龄、身体条件、开始专项训练的年龄、各项身体素质的指标，训练过程中各个阶段的身体素质、技术、战术，以及与某一专项有密切关系的其他因素的指标等。事先进行收集或测定，然后将所得到的数据进行处理，从而得出各因素的具体指标及各个因素在某专项训练中应占的地位和所起的作用，制定出优秀运动员的模式，再根据模式要求，来选拔和训练运动员。

模式训练是把控制论引入体育领域，结合训练实践创造出来的。这种训练方法，可以使教练员定期将运动员在训练中所表现的各种状态、数据与"模式"标准进行比较，以便早日发现问题，及时采取措施进行修正，使训练向既定的方向发展。这比单纯靠经验训练、指导要更科学，训练的成功率也较高。

2. 模式训练的做法

可以分为制定模式和实施训练计划两步。

（1）制定模式

制定模式指标：

分析优秀运动员成绩中的各个因素及其地位、作用，定出各项因素的总指标，再定出各年龄阶段的各因素指标。

制定模式训练计划：

测定训练运动员的各因素指标，与模式各因素指标进行分析比较，找出优势与差距，制订出训练计划。

（2）实施训练计划

依据训练计划进行训练。在训练过程中，要定期对运动员的各因素进行测定与分析，若发现问题，即发现与模式有偏差，应立即查找原因，修订训练计划，保证运动员各因素及成绩向模式方向发展，达到最终实现模式成绩的目的。

在运动训练实践中，训练方法是十分丰富的。教练员应从运动训练的特点出发，深入研究训练内容，从有效地完成训练任务出发，创造性地运用各种训练方法，并在训练实践中创造和发展新的训练方法。随着世界体育运动向新的层次发展，世界各国都非常重视训练方法的研究。愿我国广大的体育教练员勇于探索，不断进取，创造出更多的适合我国国情的训练新方法。

第五章 专项身体素质理论及训练方法

第一节 专项特征基础认知

一、专项特征定义与构成

专项特征是指一个运动项目在比赛规则的允许下，以获得最大的运动效率为目标，在力学、生物学等方面表现出的主要运动特点。

通常专项特征可以分为技战术、体能、心理和环境等方面，每一个方面又由不同的因素构成。从训练学的角度分析，竞技运动项目的特征包括三个不同的层次：一般特征、项群特征和专项特征。三个不同层次的项目特征在范围上并没有质的区别，其主要差别在于对项目特征解释和描述的程度上。

项目间的差异，并不是总能体现在所有的项目特征上，如技战术、体能及心理等，尤其是对于同一属性的运动项目来说，它们的差异可能更多地集中于某一个项目特征中。

二、专项特征的确定

由于各运动项目的性质可以从各个不同的方面和角度去确定，而且一个项目的性质以不同的标准确定可以有多重性。但其特征的确定则要找出区别于其他项目的特别显著的标志。训练中确定运动项目特征通常有四个方面：

（一）各运动项目比赛规则规定取胜的主要因素

以竞技体操为例，我国体操界广大教练员、科研人员、运动员通过多年的探索，多数认为竞技体操项目的显著特征是"难、新、美、稳"，这是竞技体操比赛规则规定的取胜的主要因素。

（二）运动项目的主要供能系统

在体能类项目中，经常以主要供能系统确定项目的特征。例如田径 100 米跑主要特征是 ATP 供能，因此训练中提高运动员的无氧代谢能力。发展速度是最为重要的。

（三）运动项目的技术结构和主要环节

任何一个运动项目的动作技术都有其特殊性。具有不同的技术结构和主要环节。动作技术的结构主要指动作是由哪些部分构成的，动作技术的主要环节是在构成动作技术的若干部分中对完成动作决定成绩最具影响的部分。

（四）运动项目对运动素质的特殊要求

在举重项目中，若仅仅依照运动素质的特殊要求就确定其是力量性项目，这并非十分严谨。因为从比赛动作抓举和挺举两项来说，它需要的力虽是全身协调用力的速度性力量或称爆发力量，而不是单纯的最大力量，这也是该项目比赛动作技术对运动素质的特殊要求。因此准确地说，举重项目的特征，其实是全身协调用力的速度力量性项目。

三、专项特征研究的发展趋势

对专项特征的认识是一个逐步深入的过程，它不仅取决于教练员自身的认识能力，而且，在相当大的程度上依赖着科学技术和研究方法的发展。新理论的出现可以为项目特征的认识开辟新的视角，新技术和新方法的问世能够促进认识程度更加深入。当前，在专项特征的认识上出现了以下几方面的发展动向和趋势：

（一）由宏观向微观的发展

从运动训练的角度分析。任何一个运动项目的特征都有一般与专项、宏观与微观之分。宏观的项目特征是从一般或项群共性的角度把握训练的方向，微观的项目特征则是从一个专项的角度指导运动员的训练。如果错误地将一般或项群的项目特征视为本项目的专项运动特征，就不能准确地给运动项目定位，对项目的了解始终处于模糊的水平，甚至会失去训练的方向。

诚然，任何一个事物的发展都需要宏观和微观的指导。宏观的理论可以透过复杂多变的因素把握发展的方向；微观的认识可以对具体的方法和措施进行调整和操作。从竞技训练的角度分析，运动训练的整体发展或某一类项目的发展确实需要宏观理论的指导，但是，对于一个具体运动项目的训练来说，迫切需要的，是对项目的运动特征和训练规律进行微观、具体和有针对性地了解和认识，从众多细节中提取出专项的特征，只有这样才能够真正为专项的训练提供有价值的信息，促进专项运动水平的迅速提高。

专项特征绝不能只停留在宏观的认识程度，而应该深入到专项之中，从多个角度和层面解析专项的特点，提炼出能够反映专项运动本质的规律，这样才可以准确把握专项训练的脉络，提高训练效率。

（二）由外在到内在的发展

对项目特征的认识不能仅停留在专项运动的外在形式上，而必须深入到神经与肌肉的内在运动水平。运动项目的表面外在特征只能反映运动的结果，而造成这种结果的原因主要在于机体的运动系统和能量供应系统。肌肉在神经支配下的收缩以及在收缩过程中对能量的需求在运动训练中，只有深入了解神经肌肉系统的工作情况，才可能选择正确和有效的训练方法，只有充分掌握运动过程中能量代谢系统的运转规律，才能够制定出符合专项特点的训练负荷。

对内在专项特征细节的了解和掌握，有助于提高运动训练的针对性和有效性。了解不同肌肉在专项运动中的参与程度和工作方式，可以帮助人们制订出有针对性的力量训练计划；掌握不同供能系统对专项运动的不同支持作用以及它们之间的关系，可以提高耐力训练的效率；对不同供能系统恢复特点的了解，能够帮助教练员把握和控制训练的负荷。

对专项内在特征的深入认识，是提高专项训练效率的重要条件。与外在运动形式不同，内在专项特征的把握是从神经—肌肉的工作方式和用力程度的层面上解决训练的专项化问题。因此，对专项内在特征的认识程度在很大程度上代表着竞技运动训练的科学化水平。

（三）由静态到动态的发展

专项运动的时间或距离是专项的一个重要特征。它从总体上反映了专项的运动特点，是运动员和教练员制订训练计划的主要依据。但是，时间和距离等指标是对专项特征的总体描述，是专项运动的结果。从运动分析的角度来看，结果并不等同于过程。结果是过程的集合和终点，过程是结果的内容和原因；结果是静止固化的，过程是动态可变的。在运动的过程中，无论是外在的速度、角度和节奏，还是内在的肌肉收缩和能量供应，都随着运动时间的持续而变化，所以，与结果相比运动过程包含的信息量更加全面，反映的问题更加深入。因此，对专项特征的理解和认识，应该更加重视运动的过程，从过程的动态变化中深入和详细地了解项目的"运动"特征。

专项特征动态描述的另一个作用，体现在对专项运动技术过程的全面了解。以往对专项技术特征的描述往往忽视了体能的存在，主要是对专项主要技术环节的运动学或动力学标准特征的分析。然而，这种标准的"最佳技术模式"并不能全面和真实地涵盖整个专项运动过程中技术的变化。对于几乎所有的运动项目来说，运动员都不可能始终以同样的技术动作完成比赛，随着运动员体力的消耗运动技术必然发生改变，这种改变在很大程度上反映了专项能力的水平。

从整体上来看，负荷时间和强度是各个竞技运动项目都具有的共性，在比赛距离或时间相对固定的情况下，取胜的关键主要集中在速度和速度的保持能力上。在这个过程中，运动员的机能能力势必影响到专项技术的发挥，体能与技术之间的相互影响和作用始终贯穿于整个专项比赛的过程之中，技术与体能的这一互动关系在很大程度上同样应归属于专项技术特征的范畴。

第二节　体能与专项能力

一、体能

体能是运动员竞技能力的重要组成部分，也是运动技能表现的必要条件。科学合理的体能训练，能够提高运动员的竞技能力和改善运动员的身体形态，使之更加适应专项运动和技术的需要，从而达到提高运动水平的效果。同时，对提高运动员预防伤病的能力和恢复能力也有积极意义。毫无疑问，体能训练越来越得到各级运动队教练员的高度重视。体能训练研究也成为目前国内体育科研的热点研究领域，成为众多运动训练学专家所关注的焦点。

（一）体能相关概念辨析

目前，经常见到一些和体能相似的词汇。比如体能、体力、运动能力、体质、运动素质等。其实，这些词汇的概念与体能概念有很大的不同，如果不清楚它们之间的区别，就无法对相关的理论问题进行深入的研究。

1.体能与体力的区别

体力，是人体活动时所付出的力量。一般理解为机体整体的抗疲劳能力，它是体能的重要组成部分之一。体力是与耐力有密切联系的概念，但它又不能完全等同于耐力。人们经常谈到的体力，一般是指身体整体的耐力。

体能与体力的主要区别在于，体能不仅内涵上（与体力有所不同，它指的是运动员运动能力与对环境适应能力的结合体），而且，外延要大于体力，体力涉及的身体抗疲劳能力仅是其适应运动需要的一个方面的能力。

2．体能和运动能力的区别

运动能力是身体在运动中表现的活动能力，包括一般活动能力和竞技运动能力。

体能与运动能力的区别，主要表现在概念的层次关系上，体能是运动能力的上位概念，也就是说，体能包括运动能力，它比运动能力涉及的内容要多，如体能还包括运动员对比赛环境的适应能力。

3．体能与体质的区别

体质是指人体的健康水平和对外界的适应能力，是在遗传性和获得性基础上表现出来的人体形态结构、生理功能和心理素质的综合的、相对稳定的特征。其包含的范畴综合起来有：①身体的发育水平，包括体格、体型、身姿、营养状况和身体成分等方面；②身体的功能水平，包括机体的新陈代谢状况和各器官系统的效能等；③身体的素质及运动能力水平，包括速度、力量、耐力、灵敏度、协调性，还有走、跑、跳、投、攀登等身体基本活动能力；④心理的发育水平，包括智力、情感、行为、感知觉、个性、性格、意志等；⑤适应能力，包括对自然环境、社会环境及应激原的抵抗能力等。体质侧重点在于先天遗传表现出来的基础的生理和形态结构，是一种比较稳定的、先天性的基本的身体素质和内在心理的倾向，在静态中表现出来的一种机能的特质。

体能是体质的下位概念，即体质包含体能，是体质的一个主要方面，是体质的前提和基础，是体质在一定范围的延伸。体能侧重于运动员的运动能力和运动适应能力，是有机体各器官、系统的机能在肌肉活动中的反映，是人体机能在动态中表现出来的特质。在评价方式方面，体质好坏，用一个精确的"标准"是不可能完成的，而体能是生理机能的外在表现，是身体物质做功的能力，体能水平的高低可以有速度、力量、耐力、灵敏度等身体素质等计量指标。在运用方面，体能主要应用于运动训练研究实践中，而体质则侧重应用于遗传和医学等方面。

4．体能与运动素质的区别

运动素质是体能的外在表现，是体能的构成因素之一，属体能的下位概念，也是运动实践中评价和检查体能水平的常用指标。体能与运动素质既有联系，又有区别。运动素质是指运动员具备的力量、耐力、柔韧性等。

体能概念涵盖的内容更广，既有运动素质，又有运动员对比赛环境的适应能力。所以，专项训练中，体能训练是从整体、全局的角度，运用各种有效的训练手段和方法，提高运动员的专项运动能力和对比赛环境的适应能力，使运动员的身体形态、机能水平和运动素质在同一个体中实现最优配置，达到提高竞技能力的目的。而运动素质训练主要偏重于速度、力量、耐力、柔韧性等能力的提高。

（二）体能特点

至今，体能训练已成为各个运动项目竞技能力训练的主要内容，但由于教练员对体能本质特征的认识存在差异，因而，体能训练效果也不尽相同，所以，揭示体能训练特点很有必要。归纳起来为特异性、时间局限性和不均衡性。

1．体能的特异性

体能的特异性，又称为其专项性。从不同运动项目中挑选相同年龄阶段的运动员进行最大吸氧量和最大氧债值实验室测定，所得数据较为一致，但若再用专项负荷进行测验就可发现，其结果与实验室资料比较差异很大，说明体能存在着特异性，即专项性的特点。

体能的获得是通过采用专项特有的手段训练的结果，即使用非专项的手段来获得，也必须符合该项目的要求。其生物学机制在于适应过程的专项特异性，这是现代竞技运动中保证运动技术水平的一个特征。适应性反应的专项特异性不仅表现于身体素质和神经系统能力的发挥方面，而且表现于心理素质的发挥方面，特别是在完成紧张肌肉活动，又必须用意志来加强工作能力这一方面。

2. 体能的时间局限性

某一种体能水平只能保持相应的时间，这就是体能的时间局限性。体能的产生过程即是运动员有机体的适应过程，任何适应过程都存在着两种适应性反应：一是急性但不稳定的，二是长久的相对稳定的。急性适应性反应产生的体能，取决于刺激的大小、训练水平及其机能系统的恢复能力。由专项强化训练所获得的体能虽然目的很明确，但并不表示有极大的稳定性。因为这种适应性反应是通过高强度的专项负荷产生的，是以超量恢复为其表现特征的，并不建立在各种器官和系统的肥大、变异的基础上，即生物学的形态改造上。这就导致体能存在着时间局限性。

虽然相对稳定的适应性反应是建立在各器官、系统的形态改变基础上，但是各运动专项的特点是随着专项成绩水平的提高而变化的。即使在某一时期已形成较为稳定的体能，但随着专项特点的改变，原有的体能将不再能满足未来专项特点的需要，因此也表现出时间局限性。

3. 体能的不均衡性

体能的不均衡性表现为已获得的体能不可能在较长时间的工作过程中维持同水平。这是因为，任何肌肉活动都是依靠有机体的能量供应系统的工作保证的。能量供应系统存在着无氧系统和有氧系统。无氧与有氧系统工作时，机制迥异，动员的器官系统也不相同。虽然这一工作过程发生在同一机体上，但相互之间有着一定的独立性。在维持较长时间的工作时，虽然有着主导供能系统支撑工作，但还是要依靠互相的交替和补充。这时，各供能系统之间存在着"衔接"的问题。由于每个供能系统的发展并不完全一致，并不整齐划一，因此必然会产生总能量供给的波动状态。

（三）影响体能发展水平的主要因素

体能发展水平的高低，受运动素质、形态结构、机能水平、心理品质和适应能力等多种因素的影响。

1. 形态结构对体能的影响

人体的形态结构影响体能发展水平的高低。

通过发展肌肉的力量练习，肌肉的横断面增大了，肌肉的重量体积增加，运动员的体重增加了，形体发生了变化，在投掷运动中，增加了运动员动作过程中的动量。在动作速度、动作技术等基本不变的条件下，人体动量的增加，器械出手时的速度就增加，从而器械就能飞行更长的距离。足球、篮球等项目中运动员肌肉体重的增加，就增加了在同等动作速度条件下的动量，提高了在短兵相接时的对抗能力，包括合理冲撞能力。

关节、韧带包括形体等形态结构通过训练发生了有利于支撑能力的变化和提高，就能直接提高支撑能力，如举重运动员肩关节、肘关节通过训练在额状面和矢状面内发生了能够充分伸直的变化，就能减少直臂支撑杠铃时的水平分力，增加向上支撑杠铃时的垂直分力，提高运动员支撑杠铃时的力量。同样的道理，运动员的"O"形或"X"形腿通过训练有所改变，也能提高人体由下蹲状态向上起立时的负重能力。

通过训练运动员心脏的心室或心房的肌肉出现运动性增厚，肺脏呼吸作用增加，等等，这些形态结构的变化，导致心脏血液输出量增加，尤其是承担最大运动负荷时，心脏血液最大输出量增加，这就直接有利于人体承受最大运动负荷时氧气和营养物质的供应，代谢物质的还原和消除等机能能力的提高，从而有利于体能的提高。

2. 人体的机能能力对体能的影响

人体的机能能力包括承担负荷量的能力、承担负荷强度的能力、承担总负荷的能力、恢复能力、免疫能力、可塑性、体能动员发挥能力等，这些能力的大小直接影响体能的大小。

承担负荷量、强度、总负荷能力的高低是衡量和评定体能高低的主要指标和标准，其中任何一项能力指标的上升或下降都是体能提高或下降的标志，其中任何一项指标提高了，即标志着体能相应提高了。

恢复能力，尤其是以大强度为主的大负荷训练后的恢复能力是近代运动训练中越来越重视的主要训练指标之一，提高恢复能力是最重要的研究课题之一。这是因为恢复能力大小或高低直接决定体能能力、竞技能力提高的幅度、速度及最终达到的高度。大负荷刺激后，身体产生不适应反应，恢复能力强的运动员产生新的训练适应的能力就强，可塑性就大，包括体能在内的各项竞技能力因素提高就快。

适应能力、免疫能力也是对体能的高低起决定性影响的因素之一。该能力的稳定提高对体能的提高和发挥都起着保证和促进作用。对训练负荷，对训练比赛等体内外环境适应性差的，对流行疾病免疫力低的运动员体能的稳定性必然差，训练的系统性必然缺乏必要的保证。体能的动员发挥能力也是体能的重要组成部分之一。体能水平基本相同的两名运动员，谁的动员发挥能力强，谁就能获胜，这也是比赛中最普遍的现象。

3. 心理能力、技能等竞技能力因素对体能的影响

在运动训练和比赛中，运动员的体能不但与形态结构、机能能力、运动素质等因素或与这些因素的潜力直接相关，而且与能否把这些可能性和潜力充分协调组合、充分发挥表现出来的心理能力、技能，甚至是战术能力等竞技能力的组成因素的能力大小密切相关。

在各个运动项目中，尤其是在体能类运动项目中，经常能见到一些运动能力，甚至形态结构较好的运动员，由于承受心理压力和抗外部干扰能力较低，或动作技术不尽合理，不够稳定巩固，造成体能能力或其潜力得不到应有的发挥，运动成绩往往还不如一些体能能力及其潜力与自己基本相同、基本相近，甚至稍低而心理素质和技术水平发挥较好的对手。

4. 比赛环境对体能的影响

体能就身体本身而言，具有贮备性和潜在性。如主观不情愿或客观受限制，则体能不能得以展现和发挥。其一，主观能动性如何。主观上可以调控自身能力释放的总量和强度，因此思维指令是决定体育发挥的关键因素；其二，神经中枢的兴奋状态怎样。精神振奋与萎靡不振势必有截然相反的体能表现；其三，意志品质等心理特征怎样。体能的施展是一种体力的耗费，在许多情况下是一种艰难甚至是痛苦的生理过程，其中意志品质的作用是相当重要的；其四，对变化的外界环境的适应能力如何。外界环境的变化，势必引起机体的应答反应。体内的这些变化，就会连锁地影响体能的发挥，适应能力强，机体调节

快，则能应答自如，宛若平常。

综上所述，一定的体能水平或潜力，必须具有相应的心理能力和技能等做保证才能相应或充分地发挥出来，才能构成竞技能力中的体能优势，才有实际意义。因此，在体能训练中，不但要切实抓好体能三大组成部分的训练提高，而且还要认真抓好心理能力、技能水平的改善和提高。

5. 形态结构、机能能力和运动素质的相互关系

形态结构制约机能能力的发展和提高，机能能力制约运动素质的发展和提高。因此，体能训练内容和训练安排，不仅要最终落实到运动素质的发展和提高上，还要相应兼顾到形态结构、机能能力的提高和发展，这样才能使体能训练收到事半功倍的效果。例如，肌肉的肌腹长，肌腱短而粗壮，去脂体重大，肌肉的放松紧张能力强等。肌肉的形态结构条件好，这就预示着肌肉的收缩能力强，发展潜力大；机能能力的发展提高快，潜力大；力量、速度等运动素质发展潜力大，最终体能提高快、水平高。

形态结构制约机能能力，机能能力制约运动素质的发展，形态结构、机能能力等体能因素水平的高低必须通过运动素质的高低表现出来才有实际意义，才能促进体能，进而促进竞技能力的提高。

在运动实践中，一些运动员的形态结构、机能能力均不错，而运动素质水平相对不高，导致体能上不去，或水平不高，最终导致竞技能力和运动成绩的水平受到限制。而有些运动员的形态结构或机能能力并非很好，而运动素质却能上得去，表现出很高的体能水平和竞技能力。

二、专项能力

专项能力与运动员专项运动紧密相关，它是能直接促进专项成绩提高的一种特殊能力。对运动员而言，其竞技能力的充分发挥，主要依靠对运动成绩具有决定性作用的专项能力的强化训练，挖掘其体能和技术的潜力，这样才能有效促进运动成绩的快速提高。专项能力训练的目的是根据运动员现有条件，将个人身体素质转化为专项竞技所需的能力。不但练习内容要依运动员训练水平、技术状况、训练时期、年龄及生理、心理特点而定，而且其动作时机、速度、顺序、路线、幅度及身体姿势等时间和空间特征也应尽量接近于比赛技术动作，或尽可能满足专项竞技和比赛的需要。因此，专项能力训练是将运动员身体机能和身体素质转化为专项实战能力的重要桥梁，在实践中往往是取得高水平运动成绩进一步突破的关键环节。

（一）专项能力的定义

一个未受过竞技运动专业系统训练的人也许同样具备很好的肌肉力量，但是他在任何一个运动项目的比赛中都不可能达到高水平，其原因就在于他拥有的力量不是专项所需的力量，专项能力达不到专项运动员的水平。

专项能力指运动员在特定专项领域所具备的竞技能力，是提高专项训练水平和专项运动成绩所具备的最直接的竞技能力。专项能力主要包括专项运动素质、专项运动技术、专项战术意识和战术能力、专项心理品质及专项运动智能。专项能力的高低直接决定着专项训练水平和专项运动成绩的好坏，专项能力的提高必须通过长期系统的训练才能实现。

（二）专项能力的训练

在各个项目的训练过程中，都必须处理好专项能力与一般能力的发展关系，合理安排好两种能力训练的内容和训练时间的比重。在多年训练过程中，随着训练水平的提高，专项能力的训练应逐渐占主导地位。

1. 强化"专项"在训练中的核心位置

在运动员多年训练过程中，一般能力和专项能力的发展在比例上并不是等同和不变的，而是随着年龄和专项成绩的提高不断地发生变化。一般来说，在基础和初级训练阶段，一般能力的训练占有重要位置，而随着年龄和运动成绩的提高，专项能力的训练比例逐渐增加，甚至在进入高水平训练阶段后成为训练的核心。

在过去的训练过程中，人们过于强调训练的"多样化原则"，在运动员进入高水平训练阶段后仍然采用大量分解和局部的训练手段和负荷发展运动员的专项能力。在这一训练思想的指导下，恰恰忽视了专项本身作为一种专项训练手段对专项能力发展的作用，没有认识到完整的专项练习是集机体各种不同能力于一身，从生理、心理到技战术等多方面对机体构成最全面和最适宜刺激的训练手段，从而致使以突出整体和综合性为主要特征的专项能力得不到有效的发展。

这一专项训练旨在强化"专项"在训练中的核心位置，以提高专项成绩作为训练的最终目标，从运动训练的生物适应理论出发，最大限度调动和发挥机体的专项潜能，在科学训练思想的指导下强调和突出不同运动能力的协作和整体发展。完整和高强度的专项训练对于高水平运动员尤其重要。运动员进入高水平训练阶段后，各项身体素质及它们之间的协作已经达到很高水平，某一局部运动能力的改善不仅很难使专项成绩得到提高，而且有时还会影响整体的发展。

此时，只有运用完整和高强度的专项练习手段才能在更加接近实际比赛的环境下，充分挖掘那些与专项密切相关的器官和系统的潜力，从整体上促使不同素质之间，各种素质与技术之间以及心理、环境等因素与技战术的发挥之间的协作更加均衡和稳定。另一方面，体能类项目的特点也决定了"专项"在训练中的核心作用。当运动员进入高水平训练阶段之后，运动成绩的进一步提高很大程度上依靠"体能"的改善得以实现。分解和局部的训练在训练负荷上难以达到"专项"的训练效果，显然无法有效地提高专项能力。但是，我国部分体能类项目的训练表明，至今完整的专项练习手段作为专项训练的核心内容无论是在理论认识上，还是在训练实际中均处于滞后状态。它导致我国相当一部分高水平运动员尽管拥有出色的身体素质条件，却无法在专项技术中得到充分展现。

2. 进行接近完整技术和完整技术的分项练习

完整和高强度专项练习的训练，体力与神经精神消耗大、恢复慢，训练中反复次数不能多，课次也不能密集，在整个训练过程中所占比例要恰当。所以在训练中还应采用接近完整技术和完整技术的分项练习。

在将专项作为发展训练能力的重要手段的同时，还必须注意到训练的负荷，尤其是强度。强调完整的专项训练并不意味着盲目增加训练的强度，过高的训练强度并不能解决专项训练水平问题，甚至还可能妨碍专项能力的发展。运动员在长期大且低强度的训练中很难获得突出的、接近比赛强度的刺激。

3. 提高训练强度

传统的周期训练理论曾对运动训练产生过较大的影响，但已不能完全适用于现代高水平竞技体育研究。在旧的训练模式的指导下，一些教练员片面地理解训练"量"与"质"的关系，机械地认为数量的堆积是获得训练质量的前提，简单地将由训练量引起的机体疲劳作为衡量训练效果的指标。这种以"量"为主构成的训练，即使是运用了非常"专项化"的训练手段，也不可能提高训练的"强度"。运动成绩的提高，取决于多方面的因素，其中训练质量对训练的效果起着至关重要的作用；而训练的质量取决于训练的强度，完成专项技术和练习动作的正确性及练习的密度和数量等。训练目标不明确，重点不突出、针对性不强的低强度训练，运动员的专项能力也就难以提高。运动训练实践已经证明，随着运动员竞技水平的提高，机体各器官、系统的功能及其它们之间的协作不仅达到了相当高的水平，而且日趋逼近生理机能的极限。运动员进入高水平训练阶段的一个主要特征为竞技能力的"可塑空间"逐渐减小，专项成绩的提高速度日趋缓慢，它导致运动员对训练手段和负荷的要求显著增强。在这种情况下，低强度大负荷训练不利于专项水平的提高，有一定强度要求的训练才能有助于运动员保持稳定状态，在比赛中发挥水平。

4. 根据"从实战出发原则"安排训练

"从实战出发"，就是要将比赛场的残酷性、对抗强度、比赛压力体现在训练中。

（1）掌握项目特点和规律

运动项目特点是建立科学指导思想的根本，是科学设计训练方法的源泉，是制订科学训练计划的指南。因此在实践中，只有切实了解和掌握了运动项目的特点，才能做好优秀运动员的专项能力训练，否则一切都是空谈。对运动项目的规律和特点有了本质的认识，专项运动能力训练的方向才不会出现偏差，运动成绩才会大幅提高。项目的特点不是一成不变的，随着比赛规则的变化，运动水平的提高，在训练中对专项的理解也应随之变化，专项训练的方法和手段也应发生相应的变化。

（2）重视训练与比赛的一致性

从实战出发就是从比赛的实际需要出发，是专项训练与比赛一致性的具体体现和要求。从实战出发要求在训练中使用比赛时完整且高强度的专项训练手段，这对于体能类项目可能十分重要，比如田径中的跳高和跳远等。完整和高强度的专项训练对于高水平运动员尤其重要。运动员进入高水平训练阶段后，各项身体素质以及它们之间的协作已经达到很高水平，某一局部运动能力的改善不仅很难使专项成绩得到提高，而且有时还会影响到整体的发展。此时只有运用完整且高强度的专项练习手段才能在更加接近实际比赛的环境下，充分挖掘那些与专项密切相关的器官和系统的潜力，从整体上促使不同素质之间、各种素质与技术之间以及心理、环境等因素与技、战术的发挥之间的协作更加均衡和稳定。

（3）坚持从难、从严要求

从实战出发，在进行专项能力训练时要从难、从严进行。从实战出发的"难"就是强调专项能力训练的针对性和高质量；从实战出发的"严"，最根本的就是要突出专项的特点。从难和从严的训练要求训练必须有针对性，根据实战需要从实际出发，结合运动员的个体特点，进行有针对性的训练。

（4）注重心理和智力的培养

对优秀运动员的培养，不仅包括加强对其体能和技术的训练，更重要的是加强对其心理和智力的训练。例如，根据运动员的心理与智力特征，坚持从实战出发，塑造其优秀的心理素质在实践训练中要打破以"体力投入为主"的单一训练模式。使之向身心并重、技能合一的方向转化和发展。在实践中，有些运动员在大赛中因心理失衡而导致失败，其实这就是平时训练中不注重内在质量的结果。

第三节　专项身体素质训练方法

一、专项力量

（一）专项力量概念的界定

1. 不同项目对力量的不同要求

在对"专项力量"进行界定时，必须弄清不同项目对力量的不同要求，通过分析几个典型项目的用力特点后发现，这些要求主要体现在以下方面：

第一，在不同的运动项目中，由于专项动作用力时刻的起始速度要求不同，最终将导致不同专项运动员的力量产生差异。

第二，由于不同的项目对肌肉用力的持续时间要求不同，导致对运动员的肌纤维成分、用力时的供能系统，以及最大力量和快速力量的要求不同。

第三，在肌肉用力的目的相似时，用力收缩方式稍有不同，会对力的效果产生重大的影响。

第四，在动作结构相似的条件下，如果用力方向的要求不同，对运动员的用力要求也是不同的。

第五，即使在动作结构相似的条件下，如果克服的恒定外界阻力不同，对肌肉力量的要求会不同。

第六，不同的项目，产生反作用力的物质材料的性能不同，对肌肉用力的要求不同。

第七，即使动作的结构相近，但由于不同项目的战术要求不同，会造成肌肉力量特点的不同。

不同项目对力量的不同要求中，上述第一至第四点都指明了不同专项的运动员其肌肉收缩用力在时间和空间上的区别，这些区别又是由于运动员在比赛规则的要求下，为了最大限度地挖掘力量潜力所采用的技术造成的。第五点和第六点的恒定外界阻力以及产生反作用力的物质材料，虽然是由规则规定，但这种规则上的限制，决定了运动员采用哪种技术。第七点则指明了战术对力量特点的影响。

总之，不同项目运动员的力量特点，主要是由该运动员比赛动作的技术和战术在时间和空间上对肌肉用力的要求来决定的。

2. 对专项力量的认识

对"专项力量"较为准确的解释是，在运动员比赛动作技术和战术所要求的时空条件下，参与运动的肌肉或肌群收缩克服阻力的能力。由于这种肌肉的能力最终表现为运动员在该项目的比赛中，为了获得比赛的优胜，在符合规则的条件下，对人的整体或某一部分或器械进行最大限度的加速或减速，或使它们保持在一个特定的位置上，因此，运动员所克服的阻力，以及运动员或其控制的器械的速度大小或速度变化大小，以及位移大小和姿势的准确与否，都可用来考查运动员在专项力量上的水平。特别注意，"时空条件"应该包括肌肉收缩时的速度大小、收缩开始前所需改变状态的物体的初速度、肌肉用力的持续时间和肌肉收缩形式。另外，技术是一种理想的"模式"，反映的是一般规律，具有共性；但又必须考虑运动员个人的特点，具有个性。同时技术具有相对性，它随实践的发展而发展，始终处于一个动态的过程中。在理解战术要求时，要特别注意，由于要贯彻战术意图，运动员的心理定向将导致对比赛动作要求的影响。

（二）专项力量训练机理

专项力量是指在运动员比赛动作技术和战术所要求的时空条件下，人体参与运动的肌肉或肌群收缩克服阻力的能力。专项力量训练的目的就是通过专门的肌肉力量训练，使运动员相关的神经肌肉系统引起专项化的适应和提高。

神经肌肉系统可以通过神经和肌肉两条途径来适应训练。根据训练计划的特征，发展肌肉力量时，爆发力将会因去适应其他力量的特征而导致下降。比如，用完成很慢的大负荷抗阻力练习来提高运动员的最大力量时，就可能导致肌肉快速力量和快速收缩能力的下降。因此，首先要确定目标运动的专项化神经肌肉特征，再去安排用以提高专项力量的各种抗阻力练习。

神经肌肉系统引起的适应，以及由此在运动中产生的提高，与所运用的抗阻力练习类型密切相关。这种训练的专项性涉及练习的各个特征。它们包括：练习所动用的肌肉群、动作的结构、关节运动的范围、肌肉收缩的类型与速度。力量训练的专项适应性，要求必须确定目标活动的专项需求。对专项需求的完整分析应该包括：参与工作的肌群、收缩类型、动作速度、"拉长—缩短周期"运动的要求、克服或移动的负荷、动作的持续时间、保持高能量输出方面的要求、能够提供的间歇周期和受伤的可能性等方面。

（三）专项力量训练

1. 体能主导类快速力量性项群

体能主导类快速力量性项群包括跳跃、投掷和举重项目。快速力量的训练在本项群训练中有着特别突出的地位。跳跃项目中快速起跳能力的培养，投掷项目中器械出手速度的训练，举重项目迅速发力上挺能力的训练，都在本项群训练中日益引起高度重视。

2. 体能主导类速度性项群

体能主导类速度性项群包括短跑、短距离游泳等项目。例如：100 米跑、200 米跑、50 米自由泳、100 米自由泳与 100 米跨栏等。

短跑运动员专项力量训练。该项目的力量是一种动力性力量，根据用力的性质，动力性力量又可分为重量性力量和速度性力量。短跑运动中的肌肉活动，既表现为重量性力量又表现为速度性力量，只不过在短跑运动中，肌肉的收缩速度更明显、更重要。因此，把短跑运动员的用力称之为速度性力量。

短跑运动员的力量训练必须和技术相结合，才能使力量训练达到最佳的效果，因为力量训练的最终目的是为了学习技术、提高运动成绩而服务的。可是怎样使二者结合起来呢？简言之，围绕着技术结构的特点进行力量训练。例如，先进的短跑技术要求落地时小腿和踝关节要做积极后扒动作。假若小腿和踝关节的力量差，就不容易做出此动作。为此在训练中就要加强对小腿和踝关节的力量训练。

练习方法有以下几种：①负重做快速的小步跑。要求：落地时小腿和脚做积极的后扒动作，并保持高重心。②负重做高摆扒地的技术。要求：大腿高抬，而后并积极下压踝膝放松，小腿自然前伸，落地时积极后扒。③弹性踮步走和弹性踮步跳。要求：脚掌着地过渡到足尖有弹性地走或跳。④沙坑或木屑跑道上做各种弹性跳。要求：踝关节充分用力落地要有弹性（单足跳、跨步跳和原地双脚跳）。⑤负重（杠铃或沙袋）的原地双脚跳起。要求：脚跟不落地、落地后立即反弹跳起。⑥跳深（40厘米高）。要求：足尖着地，落地后立即反弹跳起。

游泳的专项力量训练。进行游泳运动员力量训练，力量练习手段选用必须与游泳技术动作结构和完成动作的主要工作肌肉群用力形式相似，才能获得最佳的训练效果。游泳运动员的陆上和水上力量练习应该结合起来，陆上练习的持续时间应与水上比赛项目所需时间相同，这样才有利于将陆上发展的力量转化为水中的力量。

采用陆上力量练习器进行专项力量练习时，必须考虑到水上训练的练习特点，水上和陆上练习的负荷方向一致才是合理的，可进行的陆上专项力量练习器为：橡皮拉力、滑轮拉力和等动拉力。这三种练习器各有不同的特点，相对来说，等动拉力更适合专项，它充分考虑到了水上阻力的性质，在练习的安排上如果水上主要进行速度训练，那么进行力量练习器的训练时，应做力量或速度力量类型的练习。

3．技能主导类对抗性项群

隔网对抗性项群包括乒乓球、羽毛球、网球、排球等项目。专项力量素质是该项群运动员对抗能力、速度，以及运动技术动作的掌握与完善的基础和保证。所以，要求运动员必须进行全面的专项力量训练。

（1）发展上肢专项力量素质训练

发展上肢专项力量素质训练可进行各种徒手的挥拍动作训练；持铁制球拍进行各种挥拍动作的训练；持轻哑铃进行各种挥拍动作的训练；用执拍手进行掷远训练；进行扣杀、扣球击远的训练。

乒乓球上肢专项力量训练还可采用借力强行训练法，这是一种极限训练法。主要用于发展乒乓球运动员的相对力量。训练方法是：乒乓球运动员在完成极限负荷，训练到每组的最后阶段，单靠运动员本身的力量已无法完成动作，这时教练或同伴及时给予恰当的助力和保护，使其重新再进行挥拍2～3次。这个动作的关键是给的助力要恰到好处。这种训练方法可使肌肉得到最高强度的刺激，能有效地提高肌肉收缩的速度和力量。

（2）发展下肢专项力量素质训练

乒乓球运动员下肢的专项力量训练也至关重要。训练方法有负重半蹲后跳起训练；负重半蹲侧滑步训练；负重交叉步移动训练；负重单、双脚跳训练；负砂背心或者绑砂护腿进行各种步法移动训练。做杠铃半蹲，首先适当放松关节肌肉，选择用尽全力最多做15次左右的重量来做，8～10个一组，做4组，每组间休息1～2分钟，每周做3次。注意动作中速度要由慢到快，再由快到稍慢。乒乓球要求爆发力，更要求速度，所以不能像健美运动那样的方式来训练，每周不要超过3次，超过3次效果反而不好。

二、专项速度

（一）专项速度训练机理

专项速度训练的目的，就是针对不同的专项，通过专门的反应速度训练、动作速度训练、位移速度训练，使运动员相关的神经肌肉系统引起专项化的适应和提高。专项速度的生理、生化基础表现为以下几点：

1. 专项反应速度

反应速度的快慢取决于兴奋通过反射弧所需要的时间即反应时的长短。在构成反射弧的五个环节中，传入和传出神经的传导速度基本上是固定的。所以，反应时的长短主要取决于感受器的敏感程度、中枢延搁和效应器的兴奋性。其中中枢延搁优势最重要的，反射活动越复杂，经历的突触越多，反应时越长。

2. 专项动作速度

（1）肌纤维类型的百分组成及其面积

肌肉中快肌纤维百分比越高、快肌纤维越粗，肌肉收缩速度则越快。

（2）肌组织的兴奋性

肌组织兴奋性高时，强度较低且时间短的刺激强度就可以引起组织的兴奋。

（3）条件反射的巩固程度

在完成动作的过程中，动作技术越熟练，动作速度也就越快。

3. 专项位移速度

以跑为例，位移速度主要取决于步长和步频两个因素及其协调关系。步长主要取决于肌力的大小、肢体的长度以及髋关节灵活性和韧带的柔韧性；而步频主要取决于大脑皮质运动中枢的灵活性、各中枢间的协调性、快肌纤维的百分比以及其肥大程度。神经过程的灵活性好，兴奋与抑制转换速度快，是肢体动作迅速交替的前提，各肌群间协调关系的改善，可以减少因对抗肌群紧张而产生的阻力，有利于更好地发挥速度。所以在周期性的项目中，肌肉的放松能力的改善，也是提高速度的一个重要因素。

（二）专项速度的特点

区别于一般速度的专项速度，按不同的表现形式，可分为专项反应速度、专项动作速度及专项位移速度。运动员在大多数运动项目中所表现出来的专项速度，都是这三种表现形式的综合体现，但在不同项目中，专项速度的三种类型各自占的比重有所不同，通常不会单独出现，而是在不同的专项中，表现出各自不同的需求。

运动员专项速度的发展水平对其总体竞技能力的高低有着重要影响。竞技技术动作大多要求快速完成，良好的专项速度有助于运动员更好地掌握合理而有效的运动技巧，肌肉快速的收缩能够产生更大的力量，高度发展的专项速度又为速度耐力、专项耐力的发展提供了更大的空间。在不同的运动项目中，专项速度有着重要的作用。对体能主导类速度性的竞技项目，专项速度水平直接决定着运动成绩的好坏；对耐力性项目，高度发展的专项速度有助于运动员以更高的平均速度通过全程；对技能主导类项目，时间上的优势可以转化为空间上的优势，使体操、跳水等项目选手有更大的可能完成难度更高的复杂技巧，使球类及格斗项目选手获得更多得分的机会。

（三）专项速度训练

依据项群理论，以运动项目所需运动能力的主导因素为基准，对竞技项目首先分为体能主导类、技能主导类、技战能主导类三大类。继而以各项体能或技能的主要表现形式或特征作为二级分类标准，把体能主导类项目分为快速力量性、速度性及耐力性三个亚类；把技能主导类项目分为表现难美性；技战能主导类则分成同场对抗性、隔网对抗性、格斗对抗性及轮换攻防对抗性四个亚类。发展不同类项群专项速度的要求是不同的。

1. 体能主导类

（1）体能主导类快速力量性项群专项速度训练

如跳跃、投掷、举重。该类项目对专项速度的要求主要表现为专项动作速度和专项位移速度。以跳高为例，对其专项速度的训练，主要围绕提高运动员动作速度和位移速度进行。由于大脑皮质神经过程的灵活性是实现高频率动作的重要因素，因此，做高频率的动作的重复练习有助于其发展。例如，跳深、连续跨步跳、原地跳、沙坑跳、跳绳、短距离极限跳、立定三级跳、连续单足跳等。每天训练课跳150～300次，每组重复1～5次、训练负荷采用本人最大速度的90％～95％。在专项速度练习之后，进行放松训练，提高肌肉的放松能力。

（2）体能主导类速度性项群专项速度训练

如100米跑、100米游泳、500米自行车等。这类项目对专项速度的要求主要表现为专项反应速度、专项动作速度、专项位移速度三种速度的有机整合。以100米跑为例，提高反应时的练习。通过反复发出各种信号刺激让练习者迅速做出反应的信号刺激法练习，是实现缩短反应时的重要手段。如，反复进行听起跑口令或枪声起跑练习。此外，还应完善起跑技术，提高动作速率的训练。高频率的动作的重复练习有助于其发展肌组织的兴奋性。如，快速小步跑、快速高抬腿；还可以借助牵引跑、跑台、顺风跑等借助外力提高动作频率的练习。发展磷酸原系统供能的能力，多次重复20～60米的快跑、行进间20～60米快跑、追逐跑等。提高肌肉的放松能力，用最大速度跑，来避免肌肉过分紧张。发展力量和柔韧性，如持哑铃重复摆臂练习、负重跑、阻力跑等。

（3）体能主导类耐力项群专项速度训练

包括中长距离及超长距离的走、跑、骑、游、滑、划等所有的项目。这类项目是以速度耐力为主导的项目，对专项速度的要求主要表现为专项位移速度。以1500米跑为例，在借助牵引跑、跑台、顺风跑等外力提高动作频率的练习的基础上进行持续训练，即在一定的速度基础上进行持续1分钟左右的练习。以通过提高乳酸能供能能力来解决位移速度尤其是最后400米冲刺的能力，提高肌肉的放松能力。在长距离的跑动过程中，注意脚步与呼吸的节奏，摆臂放松，以避免过分紧张。肌肉的放松能力好坏对保持高速度起着重要作用。

2. 技能主导类专项速度训练

例如，体操、艺术体操、技巧、跳水等。这类项目对专项速度的要求主要表现为专项动作速度。以跳水为例，主要采用高频率动作的重复练习，有助于其专项速度的发展。快速练习：如计时俯卧撑；纵跳转体练习：原地跳起转360°或720°练习，连续进行10～20次，要求转体要快速，连续2～3组；快速翻转练习：连续蹴子接小翻、连续快速侧手翻；快速哑铃练习：持1千克重轻哑铃，做快速头上双臂屈伸；减少阻力法，可以利用一些增加助力的方法来减轻运动员体重，提高运动员的动作速度，目的是提高运动员高速运动的感觉能力，以帮助运动员提高完成某一技术环节的动作速度。提高速度力量是提高动作速度的重要基础。如，计时快速推倒立、臂屈、俯卧撑；计时快速完成两头起、背屈伸；计时快速引体向上练习；规定距离的快速爬倒立练习，等等。

3. 技战能主导类

（1）隔网对抗类专项速度训练

如乒乓球、羽毛球、网球、排球等。这类项目对专项速度的要求主要表现为专项反应速度、专项动作速度、专项位移速度三种速度的有机整合。以乒乓球为例，提高反应时的练习可采用信号刺激法，如多球快速练习、视觉反应练习。提高动作速率的训练可进行多球练习，加快供球的节奏和增大回球的难度等。提高灵敏度训练可进行正确的、反复的练习技术动作，尤其是结合性技术动作，提高各种技术动作之间的衔接和转换的协调性和节奏感。提高 ATP−CP 系统和乳酸能供能系统的机能水平可利用"重复训练法"。把时间控制在 1 分半钟以内，两人连续的快速对拉等方法提高 ATP−CP 系统和乳酸能供能系统的机能水平，提高肌肉的放松能力。

（2）同场对抗类专项速度训练

如足球、手球、冰球、篮球等。这类项目对专项速度的要求主要表现为专项反应速度、专项动作速度、专项位移速度三种速度的有机整合。以足球为例，训练方法：

①提高反应时的练习

信号刺激法。如轻跳，听（看）教练员击掌，快速转体 180°；队员站成四路纵队，人与人之间距离 3～5 米，教练员站在队伍前面，按照教练员口令和各种手势，全队做向前、向后、向左、向右快速度起动 2～3 米或原地转体 180°等各种动作的变换练习。

②提高动作速率的训练

重复训练法。通过反复地在快速运动中完成两个或两个以上技术动作结合的练习，逐步提高运动员无球和有球技术动作的熟练程度，建立巩固的动力定型。大量采用田径运动中训练短跑运动员的训练方法来提高足球运动员的跑速。多采用 15～30 米各种不同开始姿势的快速冲刺跑。如，后退四五步后立即向前冲刺 10 米；连续向前冲三步，再转身后退两三步，再向前冲三四步等方法。

（3）格斗对抗类专项速度训练

如摔跤、柔道、散打、拳击等。这类项目对专项速度的要求主要表现为专项反应速度、专项动作速度、专项位移速度三种速度的有机整合。以拳击为例，训练方法：

①提高反应时的练习

信号刺激法。如"相互摸肩练习"，即两人相对分开站立，伺机拍击、触摸对方的肩部，且可相互躲避对方的拍击，看谁反应快，拍击次数多。

②提高动作速率的训练

如"最高速度完成单个动作或组合拳法的练习"，在 15～20 秒内，尽最大速度，尽可能多次快速地完成单个动作或组合拳法。"负重快速完成动作法"，以最大力量水平的 15％～20％为宜。

③提高 ATP−CP 系统和乳酸能供能系统的机能水平

"最高速度完成单个动作或组合拳法的练习"，是在较短的时间内，大强度、大密度的练习，能较好地发展提高 ATP−CP 系统和乳酸能供能系统的机能水平。

④提高肌肉的放松能力

通过短距离的变速跑、变向跑、单脚跳、双脚跳、收腹跳、跨步跳等各种跑跳动作，重点发展踝关节和小腿三头肌的爆发力及弹性。

（4）轮换攻防对抗类专项速度训练

如棒球、垒球、板球等。这类项目对专项速度的要求主要表现为专项反应速度、专项动作速度、专项位移速度三种速度的有机整合。以棒球为例，训练方法：

①提高反应时的练习

采用信号刺激法，如投球手以不同的速度、不同的角度反复投向击球手，让其挥棒击球。

②提高动作速率的训练

在无球状态下，重复进行挥棒技术的练习。

③发展磷酸原系统供能的能力

利用重复训练法，在对以上练习进行多次重复的同时，也很好地发展了磷酸原系统供能的能力。

④提高肌肉的放松能力

尤其是在挥棒前的等待期，过度的紧张会加速能量的消耗。挥棒的瞬间，拮抗肌的主动放松能提高挥棒的有效力量，从而提高专项动作速度。"负荷交替法"，可以用较重的棒球棒进行挥棒练习，之后换正常棒球棒接着再做若干次挥棒练习。

三、专项耐力

（一）专项耐力的概念

"耐力"的定义是人体在尽可能长的时间内进行肌肉活动的能力。耐力是人体抵抗疲劳并持续活动的能力。

专项耐力概念虽然已被提出很多年，但是直到现在仍未对此概念的内涵和外延达成一个统一的共识，例如在《体育科学词典》中，把专项耐力的概念定义为运动员长时间持续地或多次地重复地完成专项运动的能力。

（二）专项耐力的训练机理

人体的运动能力不可避免会受到自身形态结构、心理素质以及环境条件的限制。要想在比赛中取得优异的运动成绩，运动员就必须在生理机能、技术水平和心理素质几个方面获得最大的发展。在探讨训练机理之前，首先要明确影响专项耐力成绩的关键因素，在此基础上才能更好地探索合适而有效的训练方法。

影响耐力素质的因素有多种，这里主要讨论生物学、心理学和遗传学的影响因素，主要从外周性限力因素、中枢性限力因素、心理限力因素以及遗传限力因素四个方面对耐力成绩的影响因素进行研究。

1. 外周限力因素

与中枢限力因素相对应，把心肺功能、内环境的稳定性、肌纤维的类型以及肌肉的横断面积称为外周限力因素。根据物质转运理论，引入"转运系数"的概念来描述物质从一处运往另一处的能力。物质运输中某一环节的转运系数等于该环节中运输阻力的倒数。氧气的转运系数越大，则受到的阻力越小，氧气转运系数的大小主要取决于心肺功能的强弱；二氧化碳、乳酸及物质代谢的转运系数的大小决定了人体内环境稳态的维持，而内环境的稳定性是有机体正常运行的基础保障；同时人体体温的平衡也影响着内环境的稳定，机体总是通过调节产热率和散热率，使机体的产热量等于散热量，从而保持机体的平衡。

耐力训练中归根到底还是肌肉的运动，肌纤维的类型、肌纤维类型的百分比及肌肉的横断面积等都是影响耐力成绩的重要因素。由此可见，能量的供应、内环境的稳态、肌纤维类型及肌肉的横断面积都是影响耐力成绩的决定性因素。从项群的特点角度出发，外周限力因素对于体能类项群的影响占有较大比重，例如体能类项群中的中长跑项目，拥有强大的心肺功能和良好的内环境调节机制是获得优秀运动成绩的基本保障。

2. 中枢限力因素

神经系统的专项性特征决定运动单位参与数量与类型，而神经发放冲动的强度和发放模式决定了肌肉力量大小、递增率和持续时间。各中枢间兴奋和抑制的协调，使肌肉活动节律化、能量消耗节省化及吸氧量和需要量相对平衡化，从而能长时间保持运动。神经过程的相对稳定及各中枢之间的协调性是提高有氧能力的重要前提。提高脑细胞对酸性环境的耐受力是耐力训练过程中一个很重要的部分，只有保证信息处理中心和命令下达中心的正常工作，人体的其他功能才得以正常地运行，才能保证机体持续地运动下去。战能类项群和技能类项群中的运动项目需要大强度的神经发放冲动和高频率的兴奋与抑制的相互转换，中枢限力因素对于此类项目影响较大一些，同时中枢机制的耐酸性对于无氧运动项目同样非常重要，而对于一些射击类项目又需要神经的高度集中。

3. 心理限力因素

影响成绩的除了身体的、技术的因素之外，心理限力因素也起到决定性的作用，然而，心理训练往往没有被放在重要的位置上，这是目前运动训练过程中的一大缺憾。在高水平运动员的角逐中，最后决定胜负的关键因素往往是心理素质，所以心理训练应引起教练的高度重视。在长期艰苦的耐力训练过程中，个体的心理特征是运动员通过自觉的努力获得最佳身体训练效果的主要决定因素。坚强的意志品质还会促使运动员在面对肉体痛苦和精神挫折时，竭尽全力地拼搏。

4. 遗传限力因素

从人类遗传学上看，耐力性项目的运动成绩与其他运动项目的成绩一样，是复杂的多因素的集合。研究发现，人的生理、心理以及神经等的特性受遗传的影响较大，遗传因素在很大程度上决定着运动员的发展方向与发展潜能的大小，例如白肌纤维含量多的运动员适合于快速运动的项目，而红肌纤维多或血红蛋白含量高的运动员则适合于耐力性运动项目。

基于以上分析，从专项耐力影响因素的角度去分析耐力训练的训练机理，得出专项耐力的训练机理主要由以下几部分构成：提高心肺功能及能源储备、提高机体的耐受力、提高神经—肌肉系统的协调整合的能力及其培养运动员坚强的意志品质和完备的心理素质。

(三) 专项耐力训练

1. 体能主导类快速力量性项群

此类项目对于专项耐力的要求主要表现为以最大强度重复完成完整比赛动作的能力。例如田赛项目、举重等。

训练方法：重复训练法。这是以多次重复完成比赛动作或接近比赛要求的专项练习为主的训练方法。例如在举重项目中，可以规定某一运动负荷，然后让运动员在此负荷下以标准动作尽可能多地重复完成，直至力竭。跳高耐力训练中，要求运动员在某一高度持续地完整完成跳跃练习。

2. 体能主导类速度性项群

此类项目对于专项耐力的要求是运动员尽可能地在最短的时间内通过全程。例如 100 米跑、200 米跑、50 米自由泳、100 米自由泳与 100 米栏等项目。

训练方法：①间歇训练法。根据项目的特点以及时间的要求，安排在一定的时间内重复若干组，组间有间歇休息时间，放慢节奏和速度；②变速训练法。长短段落变速跑，分为多种训练方式，例如，快慢结合跑，200 米快＋200 米慢＋150 米快＋150 米慢＋100 米快＋100 米慢＋100 米冲刺跑，这样可以增强对比赛中速度和耐力结合的意识，体会如何在疲劳状态下进行高速运动；③追逐性训练。例如，让运动员排成一路纵队快跑前进，队尾最后一人急速追赶跑向队首，然后队尾的队员再连续地跑向队首；④上下坡往返跑，下坡时候快跑，上坡时候慢跑等。

3. 体能主导类耐力性项群

此类项目对于专项耐力的要求是用尽可能快的平均速度通过全程。例如 800 米以上径赛项目、公路自行车、铁人三项等项目。训练方法如下：

（1）持续训练法

这是一种负荷强度较低、负荷时间较长、练习过程并不中断的练习方法。持续训练法是为重点发展有氧代谢水平而提出的。该法强调一次负荷运动的持续时间较长，强度适中，心率负荷指标应在每分钟 130～160 次之间。例如在铁人三项运动中，为了发展运动员的有氧耐力，如果运动员要在 10.5 小时内完成铁人三项比赛，每周至少要进行 11 千米的游泳、320 千米的自行车和 65 千米的跑步训练来加强体能。

（2）高原训练法

此方法是在高原上进行耐力训练的一种训练手段。我国在云南海埂、青海多巴和宁夏西吉等多地建立了中度高原训练基地，并把高原训练作为大赛前的重要训练手段，取得了显著的训练效果。中度高原空气密度只有海拔平面的 77％，氧含量只有平原地区的 3/4 左右，氧分压大于平原地区的 20％～25％。当运动员在这样的环境下进行训练时，由于"调节适应期"产生应激，呼吸频率和心率加快，溶解在血管里的部分氧气受低气压的影响不易被身体吸收，使得血管体积增大、血管扩张、血管壁增厚、血管变粗、通过的血量增多，从而更好地锻炼了心血管系统，提高了最大摄氧量和血色素浓度，增强了耐受乳酸的能力。

4. 技能主导类表现难美性项群

此类项目对于专项耐力的要求是以最佳技术重复完成完整比赛动作的能力。例如体操、艺术体操、跳水、花样滑冰、花样游泳等项目。训练方法如下：

（1）完整练习重复法

包括规定练习动作套数的重复法和规定练习时间的重复法。规定练习动作套数的方法是指让运动员尽量以比赛规格的动作质量完成某一数量的动作套数。而规定练习时间的重复法是指让运动员在规定的时间内尽量以比赛规格的动作质量进行专项动作的练习。例如在体操的训练中可规定运动员一次性完成 5～15 遍整套动作练习或规定在一定的时间内持续地进行某一套专项动作的练习。

（2）分段练习重复法

是指对有整套动作中的某一技术环节的多次重复练习，例如体操训练中原地连续侧空翻、前空翻、连续趋步踺子、踺子小翻等。

（3）间歇训练法

间歇训练理论认为，训练时心率达 170～180 次/分钟，间歇后心率达 100～125 次/分钟时再进行训练，此种训练方法主要发展的是磷酸原供能系统。

四、专项柔韧

（一）概念界定和分类

从物理学的角度来看，柔韧素质是指物体在受力变形后，不易折断的性质。从解剖学的角度来分析，柔韧素质是指人体关节活动幅度的大小以及跨过关节的韧带、肌腱、肉、皮肤以及其他组织的弹性和伸展能力。它包括两个方面的含义：一个是关节活动幅度的大小，另一个是跨过关节的肌肉、肌腱、韧带等软组织的伸展性。关节的活动幅度主要取决于关节本身的解剖结构，跨过关节的肌肉、肌腱、韧带等软组织的伸展性，则主要通过先天遗传和后天训练获得。因此，柔韧素质，就是人体通过先天遗传和后天训练获得的关节活动幅度的大小，以及关节周围软组织的伸展能力。

柔韧素质可以分为一般性柔韧和专门性柔韧两种。一般性柔韧通常指运动员在进行一般训练时，为适应和保证一般训练顺利进行所需要的柔韧素质。例如，球类运动员在速度练习时加大步幅所需要的腿部柔韧性；田径运动员负杠铃进行深蹲练习时需要的大腿后群肌肉所表现出来的柔韧性等。专门性柔韧即是专项运动技术所特需的柔韧性。

（二）专项柔韧的训练机理

影响柔韧素质的因素有很多，包括人体解剖特征、神经活动过程特点、心理素质及身体状况等。大致有以下几个方面：

1. 肌肉、韧带组织的弹性

肌肉、韧带组织的弹性是影响柔韧素质的最主要因素。遗传对它们有着一定的影响，但也取决于男女性别、年龄特征及中枢神经系统的兴奋性。在中枢神经系统的影响下，肌肉的弹性会产生显著的变化，如比赛中情绪高涨，柔韧性会有很大程度的提高。

2. 关节的骨结构

关节的骨结构是影响柔韧性诸因素中最不易改变的因素，基本上完全由遗传所决定。虽然训练可以使骨结构产生部分的变化，但也仅表现在关节内软骨形态的变化方面。而且这种变化只能局限在关节骨结构许可的范围内。

3. 关节周围组织的体积大小

关节周围组织体积的大小对关节活动起着限制作用。它一方面受先天遗传的影响，另一方面也受后天训练的影响。往往由于这些关节周围组织体积的增大而影响柔韧素质的发展，如有些肌肉体积增大就影响其周围关节的活动幅度。

4. 神经活动过程特点

神经活动表现为兴奋与抑制的转换。这一转换过程的灵活性与运动活动中肌肉的基本张力有着密切的关系，特别表现在中枢神经系统调节对抗肌之间的协调，以及对肌肉紧张和放松的调节。由于神经活动过程分化抑制的发展程度对运动员随意放松能力起重要的作用，因此与柔韧素质有着密切的关系。神经系统能很好地改善对抗肌之间的对抗程度，这将使肌肉放松与紧张的调节能力得到提高使柔韧性得到良好的表现。

5．心理紧张度

运动员表现出来的心理变化可以通过中枢神经系统、体液调节等影响到有机体各部位的工作状况。心理紧张度过强、过长会使神经过程由兴奋转为抑制，严重影响各部位的协调能力，从而影响柔韧性；反之，如心理紧张度适度，则有助于柔韧性的表现。

6．外部环境的温度和表现柔韧性的时间

18℃以上的外界温度是表现柔韧性的最适宜温度，18℃以下则对柔韧性的表现不利。在一天的不同时间内，运动员的柔韧性也不相同。虽然这与一天内外界温度的变化有关，但更重要的是一天内有机体的机能状态存在着一定的变化。例如，刚睡醒时柔韧性较差，早晨明显下降，中午比早晨好。

许多人以为早晨人的柔韧性好，其实是一种误解。利用早晨进行柔韧性练习主要是因为肌肉内的张力通过一夜睡眠已得到调节，多余的肌紧张已得到消除，肌肉处于松弛状态，韧带易于拉开。

7．主动柔韧性与肌肉的力量有关

有机体某部位的力量大，有助于增大这个部位的活动幅度，显而易见，这个部位的主动柔韧性就必然好。但是力量训练使这部位周围的肌肉组织、韧带等软组织体积增大，那也将影响到关节的灵活程度。因此，在练习时可采用力量练习和柔韧性练习合理结合的方法，克服因力量训练带来的不良影响，从而使这两种素质的发展都达到很高的水平。

8．有机体疲劳的程度

在有机体疲劳的情况下，柔韧性会产生很大的变化，这时主动柔韧性指标下降，而被动柔韧性指标则会提高。在运动活动的实践中，准备活动做得充分与否、训练时间的长短等非本质性因素对柔韧性也有相当明显的影响。

9．年龄与性别

（1）年龄

根据人的自然生长规律来看，初生的婴儿柔韧性最好。随着年龄的递增、骨的骨化、肌肉的增长，人的柔韧性逐渐加强。柔韧性的增长在 10 岁以前自然获得发展，10 岁以后随年龄的增长，柔韧性相对降低。特别是髋关节，由于腿的前后活动多，加之肌肉组织增大，使左右开胯幅度明显下降。因此，在 10 岁以前就应进行柔韧练习，使自然增长的柔韧性得到提高。

在 10～13 岁这个年龄应充分发展柔韧练习，因为这个年龄段是性成熟前期，骨的弹性增强，肌肉韧带的弹性、伸展性仍有较大的可塑性，进行充分柔韧练习，使各关节幅度达到最大的解剖限度，充分提高肌肉韧带的伸展性，不仅能提高各关节的柔韧性，而且对身高增长也是有利的。

13～15 岁为生长期。在这个时期骨骼生长速度超过肌肉的生长，因此柔韧性有所下降。在这个时期要特别注意身体发育的匀称性，多做全身性的伸展练习，巩固已获得的柔韧效果。

在 16～20 岁这个年龄，整个身体发育趋向成熟，可加大柔韧负荷、难度，从而在已获得的柔韧基础上，进一步获得专项所需要的柔韧素质。

（2）性别

根据生理解剖特点，男子的肌纤维长，横断面积大于女子，伸缩度较大，全部肌纤维的 3/4 强而有力；女子的肌纤维细长，横断面积小于男子，伸展性好，对关节活动限制小，全身仅有 1/2 的肌纤维强而有力。因此，女子关节的灵活性好于男子。

（三）专项柔韧训练

专项柔韧的训练，不同的项目有其不同的训练方法，但在同一运动项群中，柔韧素质的训练方法有值得借鉴的地方，现按不同运动项群介绍其中每一运动项目专项柔韧训练方法。

1. 技能主导类表现难美性项群

此类项目对于专项柔韧的要求是，运动员以最佳的技术富有美感地完成完整的比赛动作并减少损伤可能的能力。例如：体操、花样滑冰、艺术体操、跳水、花样游泳等项目。以体操为例。发展运动员柔韧素质的方法有两种：即被动和主动，也称消极和积极。被动柔韧练习是指依靠外力的作用促使关节灵活性增大，这一方法可使柔韧指标迅速提高，但与实际应用有一定的距离，运动员承受的痛苦较大。主动柔韧练习是指通过与某关节有关肌肉收缩来增加关节灵活性的方法。这一方法与专项动作的表现形式相一致，易于体现在体操动作之中，但要想在原有的基础上进一步提高比较困难。由于这两种方法各有利弊，在体操训练中多结合使用。

（1）体操运动员柔韧素质训练方法

单人或双人的各关节伸展练习；采用各种方式、方法拉长肌肉、韧带、肌腱等结缔组织，如甩腰、吊腰、劈叉、压腿、踢腿等多种训练方法；专项动作模仿练习，如大幅度振摆、后软翻、吊环后转肩等。

（2）体操运动员柔韧素质训练负荷

①练习强度：开始以中等强度为宜，最后可达 80％以上。

②练习时间：每次可控制在 10～20 秒，时间不宜太长。

③间歇：完全恢复，可做积极性放松活动。

④重复次数：5～10 次。

⑤练习次数：3～5 组为宜。

2. 技能主导类隔网对抗性项群

此类项目对于专项柔韧的要求是，能在整个比赛过程中完整地完成每个技术动作，增加动作的幅度，避免受伤。如羽毛球、乒乓球、网球等以个人为主的运动项目。

现以乒乓球为例，试做说明。乒乓球运动的柔韧素质主要表现为动力柔韧性，即肌肉、肌腱、韧带根据动力性技术的需要，拉伸到解剖学允许的最大限度能力，随即利用强有力的弹性回缩力来完成所要完成的动作。所有爆发力拉伸都属于动力柔韧。静力柔韧性是肌肉、肌腱、韧带根据静力性技术动作的需要，拉伸到动作所需要的位置角度，控制其停留一定时间所表现出来的能力。

柔韧素质的训练方法有两种，即主动或被动形式的静力拉伸法和主动或被动形式的动力拉伸法。这两种训练方法的特点都是在拉伸作用下，有节奏地逐渐加大动作幅度或多次重复同一动作，使软组织逐渐地或持续地受到被拉长的刺激。

（1）主动或被动的静力拉伸

主动或被动的静力拉伸是指缓慢地将肌肉、肌腱、韧带拉伸到酸、胀、痛的感觉位置，并略微超过，然后停留一定时间的练习方法。这种方法可以减少或消除超过关节伸展能力的危险，防止拉伤。由于拉伸缓慢不会激发牵张反射，一般要求在酸、胀、痛的位置停留 8～10 秒，重复 3～5 次。

（2）主动或被动的动力性拉伸

主动的动力性拉伸方法是靠自己的力量拉伸，被动的动力性拉伸方法是靠同伴的帮助或负重借助外力的拉伸，但外力应与运动员被拉伸的可能伸展能力相适应。

采用有节奏的、速度较快的、幅度逐渐加大的、多次重复一个动作的拉伸方法时，用力不宜过猛，幅度一定要由小到大，先做几次小幅度的预备拉长，然后再加大幅度，以免拉伤。

3. 体能主导类快速力量性项群

此类项目对于专项柔韧要求主要是，增加肌肉的弹性，加大关节活动幅度，保证在完成技术时进行大幅度的动作，有利于提高节奏控制能力、动作的高度协调性，以及防止受伤，起保护作用。如投掷、跳跃类运动。

以投掷类为例，投掷类项目的柔韧性训练基本上采用拉伸法，分为拉伸法和静力拉伸法。在这两种方法中都有主动、被动拉伸两种不同的训练方式。身体的各个环节肌肉、关节的主动和被动的大幅度伸展和牵引练习通常安排在准备活动和主要练习之间。具体训练内容根据运动员个体情况而定。一般采用肩关节柔韧练习、徒手和带重物做两肩向前或后的绕环的练习、徒手压肩等。

腰部和髋部练习采用站立前屈、俯卧背伸、转体、甩腰及绕环、交叉步跑、正面大步转髋、负重弓箭步走等。不仅要加强柔韧性，还要注意发展各个环节的伸展性和肌肉的弹性，根据专项特点，优先发展肩部和躯干部位的柔韧性。柔韧性练习必须经常进行。

4. 体能主导类耐力性项群

此类项目对于专项柔韧要求主要是可以增加关键关节的柔韧性和灵活性，有利于提高专项要求的运动步幅和技术，配合耐力提高竞技能力。如竞走、中长跑、长跑等运动项目。现以竞走运动员的柔韧性训练为例。

竞走运动员的柔韧素质直接影响竞走运动员的步幅和技术，尤其是髋关节的柔韧性和灵活性。采用身体各个环节肌肉、关节的主动和被动的大幅度伸展和牵引练习，通常安排在准备活动和主要练习之间。根据竞走运动员的特点，在练习时提高运动员的肩、髋、膝、踝等关节的柔韧性和灵活性，适当增加身体围绕垂直周转动的幅度，提高肌肉紧张和放松能力，以改善动作的协调均衡性，协调能力。

5. 体能主导类速度性项群

此类项目主要是更有利于运动技术的掌握和肌力的发挥，如游泳、短距离跑等项目。以游泳为例，其练习方法：

（1）动力牵拉

动力牵拉是指有节奏地、速度较快地、幅度逐渐加大地多次重复一个动作的拉伸方法。在运用该方法时，用力不宜过猛，幅度要由大到小，从而避免拉伤。每个练习重复 5～10 次。

（2）静力牵拉

静力牵拉与动力牵拉正好相反，是轻柔、缓慢地将关节移到最大活动范围内，将肌肉、肌腱、韧带拉伸到一定的酸、胀、痛的感觉位置并略有超过，然后停留一定时间的练习方法。这种方法可以减少或消除超过关节伸展能力的危险性，防止拉伤。由于拉伸缓慢不会激发牵张反射，一般要求在酸、胀、痛的位置停留 5～60 秒，重复 6～8 次。

（3）被动牵拉

被动牵拉是静力牵拉的一种，由他人施加的一个压力，即在同伴的帮助下或负重借外力的拉伸使活动幅度增大，但外力应与运动员被拉伸的程度相适应。

（4）慢速动力拉伸

慢速动力拉伸是用比较慢的速度进行动力拉伸，可与静力牵拉结合进行，当关节移到最大幅度时静止 5 秒或更长的时间。

（5）收缩—放松法

收缩髋放松法是根据神经肌肉的本体感受特征发展起来的。其根据是当肌肉先收缩时，可以更充分地放松，使活动幅度增大。

牵拉的程度比牵拉的方式更为重要，但有两种方式潜在的危险性比较大，应尽量避免。动力牵拉是最危险的，因为正在快速运动的肢体很难被控制，因此容易造成过度拉长。被动牵拉也比较危险，一个强壮而热心的同伴很可能将被牵拉者的肌肉和肌腱拉伤。不过，被动牵拉比较适合于踝关节的牵拉练习，因为这个关节不容易被过度牵拉，而且被动牵拉的效果很好。

每次训练前后应安排 10～20 分钟的牵拉练习，这样有利于运动员在游泳专项训练时增大动作幅度，同时改进技术。建议静力牵拉和收缩—放松牵拉持续 6～60 秒，因为训练效果可能达到活动范围极限在开始数秒时就已经产生，过长的牵拉可能是浪费时间。每次练习可进行 3～6 组，每组 10～15 次。进行任何素质训练的同时，也伴随着调节器、结构代谢方面的改变。然而，适应改变的过程取决于负重力量、肌肉收缩的方式、速度及练习的持续时间、肌肉组织的个体结构。

第六章 球类运动项目的训练

第一节 球类运动基本知识

一、什么是球类运动

球类运动是体育运动的一类，它是篮球、排球、足球、乒乓球、羽毛球、网球等运动项目的总称。球类运动是一项综合性体育运动，要求参加者不仅要具有良好的跑、跳、投等基本运动能力，而且要熟练掌握并运用各项球类的专门技术和战术。

二、球类运动的特点

对于球类运动而言，通常会在以下几个方面表现出它的特点：

（一）球类运动的趣味性特点

所谓的球类运动，顾名思义，其练习活动的开展需要对"球"这一器材进行使用，因此，使得球类运动的趣味性与吸引力得到了增强。

（二）球类运动的观赏性特点

在球类运动的高水平比赛中，存在着激烈的、紧张的、异彩纷呈的、高潮迭起的氛围。而人们关注的焦点不仅仅是球队的整体战略技术，还可以是球类运动员高水平的技能与技巧，所以，毫无疑问地说球类运动比赛的观赏能够给人带来艺术的享受与体验。

（三）球类运动的锻炼性特点

众所周知，生命的主要意义在于运动的开展。如果在球类运动参与的过程中，能够对科学的锻炼方法进行使用，不仅能够作为有效的途径，实现练习者身体素质的增强，还能够作为有效的方法，使练习者的身体健康得到促进。

（四）球类运动的广泛性特点

由于球类运动自身具有显著的特点，一直以来都受到人们的广泛追捧。伴随体育运动的不断发展，人们对于体育健身的思想观念逐渐加深了认识，同时，很多种类别的球类运动项目已经成为全球化的体育运动项目，例如，足球运动项目，被人们称作世界第一运动。由于球类运动不限制参与者的年龄，即便是少年或者是老人都能够参与，所以，球类运动在人们生活中承担的任务也越来越重要。

第二节 球类运动中各个项目的科学化训练

一、足球运动基本技术

（一）传球

1. 脚内侧踢球技术

足球运动项目的练习者在传球开始之前，应该进行直线型助跑，在最后一步的时候，跨步要大。当支撑脚跨步向前进行支撑的时候，练习者的脚掌应该同地面之间保持一定的距离，同时保证落地支撑的积极、快速。当练习者的支撑脚落地的时候，先落地的应该是脚后跟，通过滚动式向前到全脚掌支撑过渡。此外，练习者需要注意的是，应该适当弯曲支撑腿的膝关节，使身体重心的稳定得到保持。

2. 脚背内侧踢球技术

斜线助跑，助跑方向与出球方向约成 45 度角。助跑最后一步要大一些，一般应保持在本人跨一大步的距离较好。支撑脚落地时以脚跟及脚掌的外侧沿先着地，然后过渡到全脚掌。支撑脚脚尖指向出球方向，膝关节微屈支撑身体重心，上体略向支撑脚一侧倾斜并稍侧转体（支撑脚一侧的肩部稍向前，踢球脚一侧肩稍向后）。支撑脚与球的位置以支撑脚脚尖与球的前沿保持平齐较好，左右距离以支撑脚的内侧沿与球的外侧沿保持 15～20 厘米较好（不同骨盆宽度的人可以适当调整支撑脚与球的左右距离，但一般不要超过 25 厘米）。在支撑脚着地的同时踢球腿以髋关节为轴，大腿带动小腿由后向前摆动（大小腿折叠要紧），当踢球腿膝关节摆至球的内侧垂直上方时，小腿做爆发式前摆（大小腿突然打开），脚尖稍向外侧转，脚尖指向斜下方，脚背绷紧固定，以脚背内侧部位踢球的正中后部（踢高球时，可踢球的中下部）。踢球后身体重心随踢球腿的前摆向前移动。

3. 脚背正面踢球技术

直线助跑，最后一步要大一些，成跨步，支撑脚要积极跨步落地，以脚后跟先着地形成滚动式着地支撑。支撑脚的位置是左右距离为支撑脚的内侧沿与球的外侧沿距离在 10～15 厘米之间，一般不应超过 20 厘米。前后距离以支撑脚的脚尖与球的前沿保持平齐为好，过前过后都会影响踢球的效果。在支撑脚落地支撑的同时，踢球腿大腿带动小腿（大小腿折叠紧状态）由后向前摆，当膝关节摆到球的垂直上方前的瞬间，大腿制动减速而小腿爆发式突然加速前摆，以脚背正面部位触踢球的正中后部位。踢球后自然向前跟出保持身体重心的平稳。

4. 脚背外侧踢球技术

踢平直球时，助跑、支撑位置与姿势、踢球腿的摆动基本与脚背正面踢球动作相同，只是用脚背外侧触踢球。在踢球腿的膝关节摆到球的垂直上方前的瞬间，小腿做爆发式前摆，小腿前摆时，脚尖向内转并向下指（踝关节内收并旋内），脚背绷紧，脚趾扣紧，以脚背外侧部位触击球的正中后部。踢球后身体随球向前自然移动，保持身体平衡。

（二）接球

本文此处关于足球运动接球技术的说明，主要以脚背正面接空中球技术为例。

支撑腿屈膝稳定支撑身体重心，支撑位置一般在球的侧后方适当位置。接球腿屈膝抬脚，踝关节保持适当紧张，以脚背正面正对来球，在球下落触到脚背的瞬间前接球，脚向下回撤将球在下撤过程中接在自己控制范围之内和下一个动作需要的位置上，并快速完成下一个连接动作。

另一种方法是接球脚基本不向上抬起，而是脚背向上勾起，踝关节保持中度紧张，在接近地面高度 5～10 厘米处触球，通过球下落的冲击力将勾起的接球脚背砸下去从而缓冲了球的力量，将球接控在自己下一个动作需要的控制范围之内，并快速完成下一个连接动作。

（三）运球

1. 脚内侧运球技术

在足球运动的运球技术中，最慢的一种就是脚内侧运球。所谓的脚内侧运球，主要是指在需要练习者身体对球进行掩护的一些死角区域或者边线附近需要使用的足球运动项目运球方法。为了使对方队员不能抢走球，练习者应该通过侧身转体的姿势将对方的防守队员挤靠住。此外，一般来讲，"之"字形的路线是通过脚内侧来完成的。

在足球运动项目脚内侧运动的过程中，稍微向前跨出支撑脚，在球的前侧方踏住，弯曲膝关节，前倾上体，做出侧身运球的状态，即向运球脚的一侧转体，提起运球脚，在对球的后中部进行推拨的时候使用脚内侧部位。

2. 脚背内侧运球技术

足球运动项目练习者在跑动的过程中，需要自然放松自己的身体，做出小些的步幅，前倾上体，同时微微朝着运球的方向转动。练习者提起运球脚的时候，要稍微弯曲膝关节，提起脚跟，稍微向外转脚尖，在迈步向前的时候通过脚背内侧向前推拨球，在对方向进行改变的时候，常常会对脚背内侧运球技术进行使用，同时，通常来讲，运动的过程中经常会走出"之"字形路线。

3. 脚背正面运球技术

足球运动项目练习者在跑动的过程中，需要自然放松自己的身体，做出小些的步幅，前倾上体。当练习者提起运球脚的时候，要弯曲膝关节，提起脚后跟，稍微向下指脚尖，同时，在迈步向前的时候通过脚背正面部位对球的后中部向前推拨。

足球运动项目的脚背正面运球技术的适用情况是：在快速碰动的过程中，由于前方存在较大纵深距离而必须要进行突破或者快速运球的时候。

二、篮球运动基本技术

（一）移动

1. 起动

篮球运动项目开展过程中的起动，主要是指在球场中练习者的一种动作，即从静止状态向运动状态转变，同时，起动也能够作为一种方法，促进位移初速度的获得。

在篮球运动项目开展过程中，起动的动作要领在于在动作开始前降低重心，前倾上体，双手手臂的肘部弯曲，在体侧自然垂直，后脚或者异侧脚的前脚掌的蹬地动作要用力，伴随手臂快速摆动的动作进行起动。

起动中比较容易出现的错误是：没有及时地移动重心，后脚的前脚掌或者是异侧脚没有做出充分的蹬地动作，存在较大的步幅。

对于篮球运动中起动常见的错误，纠正的有效方法是，蹬地时快速用力，尚未向前倾上体，突然地摆动手臂起动，最开始的两步或者三步应该快速且步幅小。

2. 跑

在篮球运动项目开展的过程中，跑作为一种脚步动作，目的在于争取时间促进攻守任务的完成。一般来讲，在篮球运动项目的比赛活动中，主要有以下几种常见形式的跑：

（1）变向跑

如果方向的改变是由右边向左边的时候，在最后的一步应该通过右脚的前脚掌内侧做用力蹬地的动作，同时还要稍微内扣脚尖，屈膝迅速，之后左转腰部，向左前方前倾上体；对重心进行移动，向左前方跨出左脚，之后再快速地前进。

（2）变速跑

在篮球运动项目开展的过程中，一种练习者跑动时通过改变速度来促进攻守任务完成的方法就是变速跑。练习者从慢跑向快跑转变的时候，前倾上体，短促有力地用前脚掌向后蹬地，同时摆动手臂要迅速，在开始的两步或者三步的时候，应该幅度较大，使跑的频率得到加快。当练习者从快速跑向慢速跑转变的时候，需要抬起上体，加大步幅，用前脚掌同地面接触，使冲力得到减缓，进而使练习者跑步的速度得到降低。

（3）后退跑

在篮球运动项目开展的过程中，当练习者做后退跑动作的时候，需要交替地使用双脚的前脚掌蹬地且跑动向后，同时，还要挺直、放松上体，双手手臂的肘部弯曲同摆动相配合，使身体保持平衡，两只眼睛半视，对于场上的情况进行观察。

（4）侧身跑

在篮球运动项目中，侧身跑的关键目的在于，当练习者跑向前方的时候，朝着跑动的方向将脚尖对准，同时将头部与上体向着球所在的方向转动，以便于对场上的情况进行观察。

3. 滑步

在篮球运动项目的防守移动中使用频率比较高的一种步法就是滑步。滑步对于练习者身体平衡的保持是非常有利的，能够移动向任何一个方向。对于滑步而言，一般可以将其分成三种类别，即前滑步、后滑步、侧滑步，其中侧滑步也就是横滑步。

4. 急停

急停是队员在运动中突然停止的一种脚步动作，分跳步急停和跨步急停两种。

（1）跳步急停

在篮球运动项目的慢速移动与中速移动中，练习者的起跳可能会使用单脚，也可能会使用双脚，同时会稍微向后仰上体，两只脚要同时落向地面，同时，在双脚落地的时候保持两腿膝盖呈弯曲状态，且双手手臂肘部弯曲向外张开，使身体保持平衡。

（2）跨步急停

在篮球运动项目开展的过程中，如果快速移动的时候练习者需要急停，那么就需要跨一大步向前，后仰上体，后移重心，先着地的一定是要用脚跟，然后向全脚掌抵住地面过渡，快速地弯曲膝盖。之后就可以进行第二步了，当双脚落地以后，稍微向内转脚尖，通过前脚掌内侧做出蹬地动作，弯曲双腿的膝盖，上体稍微转动同时向前微倾，在双脚之间保持重心，双手手臂的肘部弯曲自然打开，使身体保持平衡。

5. 转身

转身作为一种篮球运动项目中的脚步动作，是以练习者的一只脚作为中轴的存在，同时用力地将另外一只脚蹬地，旋转身体，进而使练习者的身体方向得到改变。在转身动作完成的过程中，身体重心向中枢脚转移，将脚提起，将前脚作为中轴，用力向下碾地的同时，移动脚步使劲蹬地，随着移动脚的转动，上体也要转动。需要注意的是，身体重心不能上下起伏，其转动需要沿着一个水平面。当练习者的转身动作完成以后，使自身身体保持平衡，以促进同下一个动作之间的衔接。

通常来讲，我们会将转身分成两种，即前转身与后转身。所谓的前转身，主要指的是移动脚跨步转向中枢脚前方，进而使练习者的身体方向得到改变；而所谓的后转身，主要指的是移动脚撤步转向中枢脚，进而使身体方向得到改变。

（二）传、接球

在篮球运动项目中，比较重要的基本进攻技术之一就是传、接球技术。通常或经过多次及时、准确地传、接球才能够实现一次成功的进攻，进而实现攻击时机的创造。

1. 双手胸前传球

双手胸前传球是比赛中最基本、最常用的传球方法，用这种方法传出的球快速有力，可在不同方向、不同距离中使用，而且便于和投篮、突破等动作结合运用。双手持球的方法是两手手指自然分开，拇指相对成"八"字形，用指根以上部位持球，手心空出。

2. 单手肩上传球

单手肩上传球是单手传球中一种最基本的方法。这种传球的力量大，速度快，常用于中、远距离传球。

（三）投篮

投篮是进攻队员为将球投向球篮而采用的各种专门动作的总称。

1. 原地单手肩上投篮

它是现代篮球比赛中应用比较广泛的一种投篮方法。

2. 行进间单手肩上投篮

它是在比赛中切入到篮下的一种投篮方法。

3. 行进间单手低手投篮

行进间单手低手投篮是在快速跑动中超越或在空中探身超越对手后的一种投篮方法。

4. 急停跳起单手肩上投篮

急停跳起单手肩上投篮是具有突然性的一种投篮方法。球的出手点高，不易被防守。动作要领：以右手投篮为例。快速向篮下运动，突然利用调步或跨步急停起跳，同时两手持球上举；当身体达到或接近最高点时，右臂向前上方伸直，手腕前屈，食、中指拨球，通过指端将球投出。

（四）运球

运球是进攻技术中重要的基本技术，是组织全队进攻配合和突破防守的手段。

（五）防守技术

防守对手是防守队员合理地运用脚步移动和手臂动作积极地抢占有利位置，阻挠和破坏对手的进攻动作，并以争夺控球权为目的的行动。要达到上述目的，防守时必须积极主动、认真负责，综合地联系脚步移动、位置站法、手臂动作、防守姿势，以及抢、打断球技术等多项内容，同时还要对其有效地使用，以促进防守任务的更好完成。

（六）抢篮板球

在篮球运动项目开展的过程中，双方攻守时的争夺焦点就是篮板球，同时，它也直接决定了攻守的转换，可以说球权获得的主要途径就是对篮板球的抢夺。在所有的篮球运动项目比赛活动中，投篮命中率与抢夺篮板球次数相比较，后者比前者更加容易影响到比赛的最终输赢，因此，在现代篮球运动中，争夺主动、获得控制球权的主要根据就是篮板球的争夺，同时展示了个人的实力与全队的实力。如果能够将进攻篮板球抢夺到，那么就获得了明显优势，能够增加进攻次数和篮下得分，并增加队员的信心；抢防守篮板球，不仅能控制球权，创造更多的快攻反击机会，而且会对进攻队员的投篮产生巨大的心理压力。教练员一般都很重视抢篮板球能力的训练和提高。

三、排球运动基本技术

（一）准备姿势和移动

排球运动项目的一项最基本的技术就是准备姿势和移动，上述的两项内容都是无球技术的展示，能够作为重要的基础与前提，促进各项有球技术的完成，例如，传球技术、发球技术、垫球技术、扣球技术与拦网技术，等等，同时，还能够作为纽带，串联各种有球技术运动。在排球运动项目中，其准备姿势同移动之间的关系是相辅相成的，准备姿势的存在目的是移动，可以说，如果想要实现快速移动，就必须要将准备姿势先做好。

1．半蹲准备姿势

在排球运动项目中，最为基本的一种准备姿势，也是比较常见的准备姿势就是半蹲准备姿势。要求练习者两腿的膝盖微微弯曲，双脚抵地。

2．移动

在排球运动项目中，移动的意义在于将球及时接好，同时将人和球之间的位置关系保持好，为击球动作做好准备。比较常见的有以下几种步法：

（1）交叉步

在排球运动项目开展的过程中，交叉步移动的基础和条件是来球同练习者的体侧存在3米左右的距离。交叉步移动具有步幅大、动作快的显著特点。

如果对向右侧交叉步进行使用的时候，需要稍微向右倾上体，在右脚前面，左脚交叉迈出一步，之后右脚跨出一大步向右边，同时使身体向来球方向转动，对击球之前的姿势进行保持。

（2）并步与滑步

在排球运动项目开展的过程中，如果练习者身体同球之间的距离是一步左右的话，那么就能够对并步移动进行使用。当移动进行的过程中，例如，移动向前，前脚跨出一步向来球方向，后脚蹬地跟上。如果来球同练习者之间的距离较远的时候，仅仅使用并步是不能向球接近的，这时可以对快速的连续并步进行使用。连续并步也被我们称作滑步。

不仅如此，移动包含的步法不只有交叉步、并步、滑步，还有跨步、跑步、跨跳步，等等。

（二）发球

在排球运动项目开展的过程中，所谓的发球主要是指在发球区域，练习者将自己抛起来的球用一只手向对方场区直接击入的动作。作为排球运动项目的一种基本技术，发球也是一种重要的进攻性技术广泛地使用在排球比赛中。伴随排球运动的不断发展，也促进了其发球技术的持续创新与提高。

1．正面下手发球

动作要领：面对球网两脚前后开立，左脚在前，两膝微屈，上体稍前倾，重心偏于右脚，左手持球于腹前。发球时将球抛起在体前右侧，离手约 20 厘米高。抛球前，右臂伸直，以肩为轴向后摆动。击球时，右脚蹬地，身体重心随着右手向前摆动击球移至前脚上，在腹前以手掌击球的后下方。手触球时，手指手腕紧张，手呈勺形。击球后，迅速进入场地。

2．侧面下手发球

动作要领：左肩朝向球网，两脚左右开立，与肩同宽。两膝微屈，上体前倾，重心落在两脚之间，左手持球于腹前。发球时，左手把球平稳抛送于胸前，距身体约一臂远，离手约 30 厘米高。抛球同时，右臂摆至右侧后下方，接着利用右脚蹬地向左转体的力量带动右臂向前上方摆动，在腹前用全掌击球的右下方。

3．正面上手发飘球

动作要领：击球前的动作与正面上手发球相同，只是抛球稍低、不旋转。挥臂时由后向前做直线加速挥摆，用掌根或半握拳击球的后下部，用力要突然、短促，使作用力通过球体中心，球在飞行中不旋转而产生飘晃。击球后手臂突停、下拖、突停回收或平砍等动作，可以发出不同性能的飘球。

（三）传球

传球是排球技术之一，是利用手指手腕的弹击动作将球传至一定目标的击球动作。传球是排球运动中的重要技术，是组织选攻战术的基础。

1．正面传球

动作要领：传球时拇指、食指和中指承担球的压力，其余手指触球两侧协助控制球。球触手的瞬间手指和手腕应保持一定的紧张程度，利用其弹力和伸臂与脚蹬地的协调力量传球。

2．侧向传球

动作要领：身体不转动，主要靠双臂向侧方伸展的传球动作叫侧传。侧传有一定的隐蔽性。准备姿势和迎球动作与正面传球相同，击球点保持在脸前或稍偏于出球方向一侧。一侧手臂要低一些，另一侧手臂要高一些。用力时，蹬地后上体要向出球方向倾斜。双臂向传出一侧用力伸展，异侧手臂动作幅度较大，伸展较快。

3．跳传

动作要领：跳起在空中传球叫跳传。跳传在当前的排球比赛中已被大量运用，有的优秀运动员甚至把跳传作为主要的传球方式，这是因为跳传的击球点较高，能有效地缩短传扣的时间间隔，保证快速进攻战术的实施。同时跳传还能够与两次球进攻战术联系在一起，因此具有较大的迷惑性。

跳传的起跳动作无论是原地起跳还是助跑起跳，最好都要底上垂直起跳，保持好身体的平衡。当身体上升到最高点时，靠迅速伸臂以及加大指腕力量将球传出。跳传可以正传、背传和侧传，其传球手形、击球点分别与正传、背传、侧传的手形和击球点基本相同。

（四）垫球

垫球是排球基本技术之一，指的是通过手臂或身体其他部位的迎击动作使来球从垫击面上反弹出去的击球动作。

（五）扣球

扣球指队员跳起在空中用一只手或手臂将本方场区上空高于球网上沿的球击入对方场区的一种击球方法。扣球是排球比赛中最积极最有效的进攻手段，是得分和得发球权的主要方法，扣球的成败，是完成全队战术配合、决定胜负的关键技术。

1. 正面扣球

在排球运动中，最基本的扣球技术是正面扣球，只有掌握正面扣球的基础动作，才能学习和掌握其他难度大的扣球技术。

2. 勾手扣球

在起跳后，左肩对网，通过转体动作，带动右臂向左上方挥动击球的一种方法。这种扣球适合于远网扣球或由后排调整过来的球。它可以扩大击球范围，并能弥补起跳过早或冲在球前起跳的缺陷。

3. 单脚起跳扣球

单脚起跳扣球是指助跑的最后一步以单脚踏地，另一只脚直接向前上方摆动帮助起跳的一种扣球方法。这种扣球在现代排球中由于各种冲跳扣球的大量采用，使其有了新的发展前景。

（六）拦网

拦网是指在球网附近的队员，将手伸向高于球网上沿，阻挡对方击过来的球并触及球，是排球的基本技术之一。

1. 单人拦网

动作要领：

（1）准备姿势

面对球网，两脚左右开立，约与肩同宽，距球网30～40厘米。两膝稍屈，屈肘置于胸前。

（2）移动

为了及时对准扣球点，一般情况下采用与网平行的移动，常用的移动步法有并步、滑步、交叉步、跑步。

（3）起跳

原地起跳时重心降低，两膝弯曲用力，同时两臂在体侧屈肘做划弧线摆动，使身体垂直起跳。起跳的时机应根据对方的扣球变化而有所不同，一般应比扣球队员起跳晚半拍，但拦快球时应与扣球者同时起跳。

（4）空中击球

拦网时，两臂贴耳垂直，两肩上提，两手距离不能超过球的半径，并要尽量接近球的上空。拦网时手指自然张开，手腕略后仰，手指微屈，分开呈勺形，以便包住球。当手触球时，两肩上送，两手要突然紧张，手腕用力下压，盖住球的前上方，将球拦在对方场内。

（5）落地

拦网后要正面对网屈膝，缓冲落地。若未拦到或拦起球在本方时，则应在身体下落时向落球方向转体，便于后撤接应或反攻。

2．集体拦网

集体拦网有双人拦网和三人拦网两种，集体拦网技术动作除要求具备个人拦网技术要求外，还应注意互相配合。

（1）集体拦网要确立以谁为主，密切协调配合。

（2）起跳时应避免互相冲撞或干扰。

（3）起跳后，手臂在空中既不要互相重叠，也不要间隔太大，以免造成拦击面小而漏球。

（4）身材高矮不同的队员要加强配合。

（5）身材高、弹跳力强或拦网好的队员，应排到拦网重要的 3 号区域，或对准对方的主攻者。

3．学练方法：主要以徒手动作为主

（1）徒手原地模仿拦网动作，体会拦网的伸臂和拦击球动作。

（2）网前做原地起跳徒手拦网动作。

（3）网前两人一组，隔网相对，做并步、交叉步等徒手移动拦网。要求移动迅速，两人密切配合。

（4）两人一组，徒手移动配合拦网。

（5）网前三人站在本方高台上，分别持球在本区上空网上沿，多人在对方网前轮流移动拦网。要求起跳后在空中压腕"盖帽"并触球。

四、乒乓球运动基本技术

（一）握拍法

1．直握球拍法

直握球拍法常见的有快攻型握拍法、弧圈型握拍法和削攻型握拍法。

（1）直拍快攻类型握拍法

直拍快攻型握拍出手较快，正手攻球快速有力，攻斜、直线时拍面变化不大，对手不易判断。反手攻球因受身体阻碍，较难掌握，防守时照顾面积较小。其打法因反手大都采用推挡，进攻较弱，反手比较被动，并容易出现漏洞。

（2）直拍弧圈类型握拍法

直拍弧圈类型握拍法可分为四种：

①中式直拍弧圈握拍法。

②单面攻类型握拍法。

③日式直握拍法。

④直板横打型握拍法。

（3）削攻型握拍法

此种握拍法是拇指自然弯曲、紧贴拍柄左侧，第一指关节用力下压，其余四指自然分开托住球拍背面。

（二）基本站位与基本姿势

1．基本站位

（1）进攻型打法的基本站位

距离球台端线 50 厘米左右。擅长近台进攻的选手，站位可稍近些（如左推右攻打法者站位距球台端线约 40 厘米）；擅长中近台进攻的选手，站位可稍后些（如直拍弧圈打法的站位距球台端线 60 厘米，横拍两面拉打法的站位距端线约 65 厘米）；擅长正手侧身抢攻的运动员，可站在球台偏左侧（如直拍、横拍以侧身抢拉为主的选手，左脚约站在位于球台左边线延长线外约 25 厘米处）；擅长打相持球或反手实力较强的运动员，可站于球台中间略偏反手的位置。

（2）削攻型打法的基本站位

距球台端线 100～150 厘米，多在球台中间略偏反手的位置。进攻能力强的，站位可稍近些；以防守为主的选手，站位可稍远些。

（三）步法移动

常用的步法有单步、跨步、跳步、并步、交叉步、侧身步。

（1）单步：以一脚为轴，另一脚向前、后或左、右移动一步，随之身体重心落在移动脚上。常在来球距身体近时使用。

（2）跨步：来球方向的脚先向来球方向跨出一大步，另一脚向同一方向跟着移动一步。常在来球距身体远时使用。

（3）跳步：以一脚用力蹬地，两脚同时离地向前、后或左、右移动。常在来球较快、角度较大、距身体远时使用。

（4）并步：以一脚向来球方向跨一步，另一脚随即跟上来。常在来球距身体稍远时使用。

（5）交叉步：先以来球反方向的脚向来球方向跨出一大步，体前交叉，然后另一脚跟着向来球方向迈出一大步。常在来球距身体很远时使用。

（6）侧身步：一种是对方来球追身，以左脚为轴，右脚向左后移动一步；一种是对方来球追身偏左方，应以左脚向左迈出一步，然后右脚向左后移动一步。常在来球逼近身体时使用。

（四）发球与接发球技术

接发球是乒乓球技术中一个重要的组成部分，比赛中如果接发球不好，不仅会给对方较多的进攻机会，而且更重要的是常会引起自己心理上的紧张和畏惧，造成一连串的失误；反之，如果接发球接得好，不仅有时可以直接得分，而且还可以破坏对方的抢攻，从而为自己的进攻创造有利的条件。常用的接发球技术有挡、推挡、搓球、削球、抢攻、抢拉等。

1. 正手发左侧上、下旋球

动作要领：正手发左侧上旋球时，手臂自右上方向左下方挥拍，球拍从球的右侧中下部向左侧面摩擦，手腕迅速上勾。正手发左侧下旋球时，球拍由球的右侧中下部向左下方摩擦。

2. 正手发下旋球与不转球

动作要领：发下旋球时，持拍手向前下方挥摆，击球前拍面稍平，击球时手腕发力摩擦球的底部。发不转球时，持拍手向前下方挥摆，击球前拍面稍竖直些，击球时不是摩擦球体而是推打球的中下部。

3. 反手发右侧上、下旋球

动作要领：持球手将球抛起时，持拍手快速向左上后方引拍，以球拍引至左肘下方外侧为宜，手腕适当内屈，拍面向左上方，待球在高点下降时，即向前击球。向前击球分两部分动作完成。从左后上方向右前下方挥摆为第一部分；从右前下方向右前上方挥摆为第二部分。这样，当发右侧下旋球时，用第一部分动作最后阶段击球，拍面从球的中下部向右侧下摩擦，触球后仍做第二部分动作，也称假动作。当发右侧上旋球时，第一部分动作为假动作，不击球，用第二部分动作击球。触球时球拍从球的中下部向右上方摩擦。

4. 反手发急上旋球

动作要领：发球时、持球手将球向上抛起的同时，持拍手迅速向左后方引拍，拍形稍前倾，腰稍向左转，待球从高点下降到低于球网时，用前臂和手腕发力，击球的中上部，同时，腰从左侧向右侧转动。

5. 接左侧上旋球

动作要领：接左侧上旋球时，球触拍后向自己的右侧上方弹出，因此，采用推挡回接时拍面稍前倾并略向左偏斜，击球中上部偏右侧的部位，用力向前推挡，以抵消来球的左侧上旋力。如对方的球发到你的正手，也可采用攻球技术进行回击，拍形适当下压。

6. 接下旋球

动作要领：接近网下旋球时可采用搓、挑技术；接旋转强度较强的下旋球时，主要采用搓球技术；击来球下降期时，引拍比接一般下旋球稍高些，延长球在拍面上的摩擦时间。如果攻球回接，应注意调节拍形前倾角度，适当向上用力提拉。

以上只是简单地介绍了几种接发球的方法，若想进一步提高接发球的成功率和质量，还应在长期的训练中认真加以研究，根据自身的特点灵活地加以组合运用。

应当提出的是，无论采用哪种方法去接旋转发球，都应该有一定的击球速度作为保证，用速度来克制旋转常常是比较有效的。在比赛中如果不敢大胆用力回击球，采用将对方的发球被动地"碰"过去，这样更容易造成回击球失误。

（五）反手推挡球

推挡是我国直拍快攻打法的基本技术之一，它在直拍左推右攻打法中占有极其重要的地位。

推挡技术的特点是站位近，动作小，速度快，变化多。它在比赛中常常会起到由被动变为主动的作用，所以推挡是乒乓球运动的最基本技术之一。

动作要领：站位近台，身体重心保持在两脚之间。击球前持拍手上臂和肘关节内收，前臂略向外旋。击球时手臂快速向前伸，手腕外旋，食指压拍，在来球反弹的上升期向前击球，触球中上部。击球后，手臂继续前送一段距离再还原。

（六）搓球技术

搓球是用类似削球的动作，在近台回击对手下旋来球的一种击球方式。搓球技术包括慢搓、快搓、摆短、搓侧旋 4 种技术。下面以慢搓球、快搓球和搓侧旋球技术为例：

1．慢搓球

动作要领：站位近台，两脚左右开立。反手搓球时，向左上方引拍，拍形稍后仰。击球时，身体重心向前移动，同时前臂做旋内转动，由上向前下挥拍，在来球的下降期摩擦球的中下部。

2．快搓球

动作要领：反手快搓球时，站位近台，引拍至身体左上方。击球时，上臂迅速前伸，前臂由上向前下方用力，手腕控制拍面稍后仰，在来球的上升期击球的中上部。

3．搓侧旋球

动作要领：搓球前，球拍先迎前。搓球时，手臂向左发力摩擦球的同时，手腕用力，在球的高点期或下降前期搓球的中下部。

（七）攻球技术

攻球技术是乒乓球的重要基本技术，是得分的主要手段之一，它包括快攻、快点、快带、快拉、突击、扣杀、杀高球等技术。下面以正手快攻和正手扣杀球技术为例进行学练：

1．正手快攻

动作要领：站位近台，转腰带动前臂向后引拍。根据来球的长短距离和高低情况调节好拍面的前倾角度，加速挥拍击球。击球时间在高点期或上升期，击球时拍面稍前倾，触球的中上部，向前下方用力。球击出后，迅速还原，准备下一次击球。

2．正手扣杀

动作要领：站位的远近要视来球的长短而定，短的来球站位靠近台，长的来球站位靠中远台。击球前，腰部转动带动手臂向体侧后方引拍，加大球拍与来球的距离，以便获得更大的挥拍速度。击球时，拍形略前倾，在高点期或上升期击球，通过腰、腿同时发力以增大扣杀力量，在手腕向前下方挥拍用力的同时，控制球的落点和方向，击球的中上部。

（八）弧圈球技术

弧圈球是以旋转为主要特征的进攻技术，是乒乓球比赛中进攻得分的主要手段。弧圈球技术的主要特点是上旋性强、稳定性高、速度快、威胁大。

1．正手拉加转弧圈球

动作要领：左脚在前，右脚在后，两膝微屈，重心落在右脚上。手臂自然下垂，拍形略前倾，当来球从台面弹起时，右脚蹬地，腰部向左上方转动，带动肩、上臂、前臂和手腕发力。在来球的下降期摩擦球的中部或中上部，击球后，身体重心移至左脚。

2．正手拉前冲弧圈球

动作要领：左脚在前，右脚在后，两膝微屈，重心落在右脚上。引拍手向右后方引拍，引拍位置比拉加转弧圈球稍高。击球时间在高点期或下降初期，拍面的前倾角度要比加转弧圈球大些，摩擦球的中上部。击球后，重心移至左脚。

（九）削球

削球技术种类很多，总的分为正手削球与反手削球两大部分。

1．正手削球

左脚稍前，身体离球台 1 米以外。击球前，手臂自然弯曲，将球拍向右上引至与肩同高，重心放在右脚上。击球时，手臂向左前下方挥动，拍面稍后仰，在下降期击球的中下部，同时手腕向下用力。击球后，球拍随势前送，重心移到左脚，然后迅速还原。

2．反手削球

击球前，右脚稍前，手臂弯曲，球拍向左上方引至与肩同高，拍柄向下，重心放在左脚上。击球时，手臂向右前下方挥动，拍面后仰，在下降期击球的中下部，同时前臂与手腕加速削击来球。击球后，重心移到右脚。

五、羽毛球运动基本技术

（一）握拍法

1．正手握拍技术

以下介绍（如未做具体说明）均以右手握拍者为例，左手持拍者则反之。

一切在身体右侧的正手正拍面击球及头顶后场击球都用正手握拍法。

动作要领：

（1）先用左手握住球拍的中杠，使拍框与地面垂直。

（2）张开右手，使虎口对准拍柄斜棱上的第二条棱线（此时眼睛从左至右可同时看见 4 条棱线），然后用近似握手的方法握住拍柄，拇指和食指贴在拍柄两侧的宽面上，其余的三指自然握住拍柄。

（3）拍柄与掌心不要贴紧，应留有空隙。握拍的位置可视个人的情况而定，一般情况下，以球拍柄端靠近手掌的小鱼际为宜。

（4）握拍力度适宜，恰似握着一个鸡蛋，重则恐破损，轻则恐滑落。

2．反手握拍技术

一切在身体左侧的反手反拍面击球都用反手握拍法。

动作要领：

（1）在正手握拍的基础上，将球拍柄稍向外旋，拇指贴在拍柄第一斜棱旁的宽面上，也可将大拇指放在第一、二棱线之间的小窄面上，食指稍向下靠。

（2）击球时，靠食指以后的三指紧握拍柄，同时拇指前顶发力击球。

（3）为了便于发力，掌心与拍柄间要留有充分的空隙。

3．初学者常见的握拍错误

（1）虎口对在第一、三或第四条斜棱上或者拍柄宽面上。

（2）如同握拳头一样地将拍柄紧紧攥住。

（3）食指按在拍柄宽面的上部，而仅用其余四指攥住球拍。

（二）羽毛球发球技术

就发球的姿势而言，有正手发球、反手发球之分。人们可视自己的习惯或战术的需要来选用正手或反手发球。一般情况下，单打中多采用正手发球，而在双打、混合双打中常用反手发球。

就球飞行的角度和距离而言，可将其分为后场高远球、后场平高球、后场平射球和网前小球 4 种。

（三）羽毛球接发球技术

接发球与发球一样，是开局至关重要的一击。接发球时应保持沉着冷静并做出准确判断，争取抓住这一机会变被动为主动。

（四）羽毛球击球技术

1. 高远球

以较高的弧线将来球击到对方场区底线附近叫击高远球。击高远球是一切上手击球动作的基础。高远球的特点是球的弧线高、滞空时间长，它的作用是逼迫对方远离中心位置退到底线去接球，一方面可减弱对方进攻的威力，为己方进攻寻找机会；另一方面在己方被动的情况下，有较多的时间来调整站位，摆脱被动局面。

击高远球分为：正手击高远球、头顶击高远球、过手击高远球、反手击高远球。

2. 网前击球

网前击球即击球位置在网前，它概括了网前击球各种各样的可能性。可以细分为：放网前球、搓球、挑球、推球、勾球、扑球、抹球。

作为前场击球，这些技术的动作小，所需力量也较小，特别要以巧取胜。首先要以快速、合理的上网步伐为基础，只有快速到位，争取从网的较高部位击球，才能给对方更大的威胁。

六、网球运动基本技术

（一）握拍法

在所有的网球技术中，最基本的乃是握拍法，它能直接影响球拍接触球的角度。目前，世界上最流行的握拍法有两种：东方式和西方式。专家在总结教学实践经验后得出结论，业余网球的基本技术首先应从东方式正手击球技术开始，这样效果最好，掌握最快。所以，在此只向大家介绍东方式握拍的方法。

1. 正手握拍法

用左手握住拍颈，使拍面与地面垂直，拍柄底部正对身体，右手掌展开，放在拍面上，然后慢慢向拍柄底部滑动，掌握到拍柄底部后，五指自然分开，像握手一样握住拍柄。东方式握拍又称握手式握拍，此时由拇指与食指形成的"V"形虎口对准拍柄把手的右上斜面。

2. 反手握拍法

东方式反手握拍法是从正手握拍法把手向左转动（或把拍子向右转动），使拇指与食指形成的"V"字形对准拍柄的左上斜面。

（二）击球

击球是指球员站在后场或端线附近击打从地面反弹后的球，它包括正手击球和反手击球。

（三）发球

发球是比赛的开始动作，也是唯一由自己控制而不受对方干扰的击球技术，高质量的发球可直接得分。根据速度、旋转、落点变化不同，可分为平击发球、大力发球、切削发球和旋转发球。

（四）接发球

接发球是网球运动中的一项重要技术，只有接发球成功，才有打第二拍、第三拍的可能。网球的发球和接发球由于它们分别是比赛双方的第一拍，在很大程度上对该方的胜负起决定性的作用。

1. 握拍

接发球时，握拍要松弛，引拍和前挥也要保持松弛，但从球拍接触球的一刹那，要紧紧握住球拍，特别是拇指、无名指和食指要用力抓拍。加之手腕固定保证拍面稳定，即使不能有力还击对手凶猛来球，也可用牢固的拍面顶住来球，或者以合适的角度控制还击方向。

2. 技术要领——站位与准备

一般情况下取位于单打边线附近、底线后 0.5～1m 的地方就可以了，如果偏离单打边线太远，那么就会给自己造成防守上的空虚；同时也不能站得离底线太远或站到场地里面去。针对一发和二发应该有所不同，对方第一次发球时多采用大力发球，站位应偏后一些，如果是第二次发球时可略向前移，利于采取攻击性的还击。

3. 引拍

击球时动作与正常抽击球等击球技术基本相同，只是没有明显的后引，特别是对于快速来球，回球多数采用阻挡式动作，与截击球技术差不多，引拍动作不要做过大，主要是控制好拍面角度并握紧球拍以免拍面被震转动。判断来球，迅速移动，向预测击球点起动时，双肩与身体重心同时移动，并向击球方向踏出异侧步，转肩时要使肘部离开身体，持拍臂腋下大约能有一个球的空隙。

4. 击球

向前挥击时尽量使拍子运行轨迹由高处向下再向上，但上下幅度要小。击球点在体前稍侧略高于胸部位置。

5. 随挥

击球后很少有随挥动作，拍头竖起，打势结束在较高处。身体重心停在前脚掌上，后脚可以略抬起，一般不要离开地面。

6. 还原

接球后迅速复位，准备姿势再次迎接对方击过来的球。

（五）截击球

截击球是在落地之前便将球在网前击回对方场区。它通常速度快、力量大，具有较大的威胁性，在高水平的比赛中，常以主动上网截击控制对手。网前截击分为正手截击和反手截击。

第七章 有氧运动项目的训练

第一节 有氧运动的基本知识

一、有氧运动的概念

从本质上来讲，有氧运动指的是长时间开展的运动或耐力运动，能够有效地、充分地袭击练习者的心、肺，也就是练习者的血液循环系统与呼吸系统，使其心肺功能得到提高，进而保证身体的各组织器官都能够获得充分的营养供应与氧气，使得练习者最佳的身体功能状态得到维持。所以，有氧运动含义中所指的较长时间应该最好保持在超过 20 分钟，且维持在 30 分钟至 60 分钟之间，并且其运动形式应该对于练习者心肺功能的提高能够起到一定的促进作用，常见的运动形式有步行、慢跑、原地跑、骑自行车、游泳、有氧健身操，等等。而短跑、举重、静力训练或健身器械等运动，一般被称作无氧运动。虽然它们能够使人的肌肉与爆发力得到增强，但是，之所以说无氧运动的健身效果没有有氧运动理想，主要是因为无氧运动不能够使练习者的心肺功能得到有效刺激。

二、有氧运动的特性

在有氧运动开展的过程中，机体吸氧量同机体消耗的氧气量之间存在的关系是大致等于的关系，在运动的过程中只有这样，才能够使练习者始终处于"有氧"的状态下。同时，在时间短与强度高的情况下有一些运动也能够完成。在实际运动的过程之中练习者吸入的氧气量同其消耗的需求很难相适应，换句话说，练习者机体内部呈现出"入不敷出"的氧气状态，如果练习者长期处于这种"缺氧"的状态，从事这样的无氧运动，那么十分不利于练习者机体的健康发展。

有氧运动会消耗机体的氧气，将一种不至于上气不接下气，但是会有轻微气喘的感觉带给练习者；有氧运动会使练习者不至于大汗淋漓，但是会轻微出汗；有氧运动不会使人感觉到肢体的疲劳感，会舒展练习者的全身。一种好的有氧运动，并不是上肢或者下肢的局部运动，而是一种全身性运动。如果能够在悦耳的、有氧的音乐背景下开展有氧运动，那么对于练习者长时间的投入是有利的，能够促进更加良好锻炼效果的取得。所以，对于有氧运动的特性，作者进行了如下的总结：

（一）需要较长时间开展的运动

有氧运动是一种需要较长时间开展的运动，最佳持续时间应该保持在 20 分钟至 60 分钟之间，而练习者体内的糖或脂肪等物质的氧化为运动提供了所需要的能量。

（二）一种全身性的肌肉活动

对于有氧运动而言，在开展时如果练习者机体全身参加的肌肉越多，那么获得的效果就越好，最佳状态是 1/6 至 2/3 的肌肉群。反之，如果练习者开展的是小肌肉的局部性运动，那么就会导致局部疲劳非常容易发生，直接中断了运动过程，因此，想要持久开展是不可能的；同时，足够的氧气消耗量是很难达到的，更不要说促进血液系统、呼吸系统与循环系统的改善与提高了。

（三）具备一定的强度

对于有氧运动而言，应该在某一个特定的强度范围保持，最好是在中等强度、低等强度之间，同时，应该保持 20 分钟或者是更长的持续时间。

（四）具有一定的律动性

对于有氧运动而言，实际上是一种肢体的律动性活动。如果运动是具备律动性的，那么就很容易对运动强度进行控制，只有这样才能够在适宜的有氧运动强度范围内，维持合适的运动强度，进而获得最佳的效果。反之，如果运动是断续性的，那么就会存在较大的强度变化，从而获得不理想的运动效果。

第二节　有氧运动中各个项目的科学化训练

一、健身走

走是人们生活中最基本的运动形式之一，也是人们最早掌握的健身方法。千百年来，长久不衰，原因是它不分年龄、性别、体质强弱，不受场地器材的限制，只要坚持就能强身健体，防治疾病，延年益寿。

（一）健身走的锻炼价值

世界卫生组织在 1992 年明确指出，世界上最好的运动是步行。步行时由于下肢肌肉和机体许多肌肉得到活动，可防止肌肉萎缩。科学研究表明：坚持走步的人比一般人腿部肌肉群收缩增多。步行速度越快，时间越长，路面坡度越大则负担越重，表现为心肌加强收缩，心跳加快，心输出量增大，这对心脏是个有效的锻炼。医学家认为，一般人一天之内行走不应少于 60 分钟的路程，相当于 5 千米。每天步行少于 1 小时的男子，心脏局部贫血率比每天步行 1 小时以上的男子高出 4 倍。

饭前饭后走步，不仅能增加食欲，促进消化，而且还能有效地防治糖尿病。唐代著名医学家孙思邈说："食毕当步行""行三里二里及三百二百步为佳""令人能饮食无病"。现代医学证实，步行能提高机体新陈代谢率。糖尿病患者徒步旅行一天，血糖可降低 60mg。轻快散步还可以缓解神经肌肉紧张，改善大脑的血液循环，因而可有效地发挥脑细胞功能。

（二）健身走的基本技术

健身走看似简单，却蕴藏着巨大的学问。掌握健身走的基本技术，形成正确的走姿，可以有效地增强体质和健美形体。（1）走路时头要正，目要平，躯干自然伸直，沉肩，胸腰微挺，腹微收。这种姿势有利于经络畅通，气血运行顺畅，使人体活动处于良性状态。

（2）步行时身体重心前移，臂、腿配合协调，步伐有力、自然，步幅适中，两脚落地要有节奏感。

（3）步行过程中呼吸要自然，应尽量注意腹式呼吸的技巧，即尽量做到呼气时稍用力，吸气时要自然，呼吸节奏与步伐节奏要配合协调，这样才能在步行较长距离时减少疲劳感。

（4）步行时要注意紧张与放松、用力与借力之间相互转换的技巧，即可以用力走几步，然后再借力顺势走几步，这种转换可大大提高走步的速度，并且会感到轻松，节省体力。

（5）步行时，与地面相接触的一只脚要有一个"抓地"动作（脚趾内收），这样对脚和腿有促进微循环的作用。

（6）步行快慢要根据个人具体情况而定。研究发现，以每分钟走 80～85 米的速度连续走 30 分钟以上时，防病健身作用最明显。

（三）健身走的方式

1. 自然步法

自然步法分缓慢走（每分钟 60～70 步）、普通走（每分钟 70～90 步）和快速走（每分钟 90～120 步）。缓慢走和普通走适用于一般保健，每次 30～60 分钟。患有冠心病、高血压、脑中风后遗症或呼吸系统疾病的老年人应减为每次 20－30 分钟。快速走适用于一般健身，每次 30～60 分钟。因快速走运动强度稍大，故适合需增强心脏功能者和减肥者采用。

2. 摩腹散步法

摩腹散步法即在散步时，两手柔和旋转按摩腹部，每走一步按摩一周，正转反转交替进行。我国传统保健将之列为腹功，认为"两手摩腹移行百步除食滞"，此法可促进胃液的分泌和胃肠道的蠕动，有助于防治消化不良和胃肠道疾病。每天坚持摩腹散步，对保持优美形体和消除腹部脂肪也有良好的效果。

3. 倒行法

预备姿势立正、挺胸、抬头、平视、双手叉腰，拇指向后，按腰部的"肾俞"穴位，其余四指向前。倒行时，左脚开始，左大腿尽量向后抬，然后向后迈出，全身重心后移，前脚掌着地，重心移至左脚，再换右脚交替进行。为了安全应选择场地平坦、周围无障碍物的地方进行。

由于日常生活中躯体向前活动量超过向后的活动量，加上躯体俯仰活动不平衡，背伸活动较少，因此人体易形成姿势性驼背和四肢关节功能障碍以及腰肌劳损。而倒行法锻炼能使腰部肌肉有规律收缩或放松，有利于腹部的血液循环改善，加强腰部组织新陈代谢。长期倒行锻炼，可以防治腰肌劳损、姿势性驼背，有利于保持人的形体健美和增强运动能力。

4. 摆臂步行法

以每分钟 60～90 步步行，两臂用力前后摆动，可增进肩部和胸廓的活动。适用于有呼吸系统慢性病的患者。

5. 竞走法

躯干保持直立或稍向前倾，两臂弯 90°左右，配合两腿前后摆动。先脚跟着地然后滚动全脚掌落地，膝关节要伸直。脚落地后，身体顺惯性前移，当支撑腿垂直地面时，摆动腿大腿向前摆，小腿随大腿向前摆出，此时摆动腿带动同侧髋关节向前送出。竞走法适用于中青年人，可增强人的耐力和关节灵活性。也可用于散步之间进行短暂调剂，以减少因长期用一种姿势走路而造成的疲劳，增加健身走的乐趣。

6. 爬楼健身法

大步地蹬跨楼梯，可使大腿肌肉得到充分的锻炼；用脚掌轻快地逐级快下，可同时锻炼左右脑；小步匀速地上楼，可使上肢、腰、背、腿部等关节参加运动，促进心率加快，肺活量增大。

登楼梯是一项较激烈的有氧锻炼形式，锻炼者需具备良好的健康状态，一般采用走、跑、多级跨越和跳等运动形式。锻炼者可根据自己的身体状况和环境条件，选择适合自己的锻炼方法。初练者宜从慢速并持续 20 分钟开始，随着体能的提高，逐步加快速度或延长持续时间。当体能可耐受 30～40 分钟时，即可逐步过渡到跑、跳或多级跨楼梯。

此外，对于有氧健身走而言，其基本技术不仅仅存在上述的几种，还有脚跟走法、蹬腿走法、边聊边走法，等等。

（四）健身走的要求

1. 应精神放松

古人认为行走"须得一种闲暇自如之态"。尽量使精神放松，才能起到调剂精神、解除疲劳的作用。

2. 注意选择适当的时间和地点

一是饭后一小时为宜，清晨、傍晚、临睡前都可步行；二是选择最佳环境，健身走的地点最好选择车辆少、树木多、空气新鲜的地方，如河边、湖边、海边等，道路宜平坦。如因身体状况不佳，也可在家中进行，步行同样时间，但要保证空气新鲜。

3. 要持之以恒

为了达到健身目的，步行时间以每天 30～60 分钟为宜。要天天坚持，持之以恒，使60 分钟制度化。然而，毕竟不是所有人每天都能抽出一个小时专门去进行锻炼，那么要在日常生活、工作和学习中寻求不同途径多走多动。例如上学上班以步代车，步行购物选较远的商店，或者越过电梯不乘，选择登楼梯来代替等。因此，一日 60 分钟步行不必一次走完，可分成 2 次或 3 次。

4. 速度要适中

对每个人来说，走的速度取决于自己的健康状况，可慢可快，或者不快不慢的中速。刚开始锻炼，以慢速为宜，即每分钟 60～70 步，每小时 3～4 公里。锻炼两周后可采用中速，即每分钟 70～90 步，每小时 4～5 公里。第四周后可采用快速，即每分钟 90～120步，每小时 5～7 公里。对每一次健身走最好匀速进行，不要时快时慢或走走停停。

5. 控制好距离

步行的距离应该多少，需根据年龄或健康状况决定。开始时可进行短距离散步，然后每周增加一些距离。缓慢增加是最理想的锻炼方法，切不可急于求成。

6. 注意衣着

最好穿运动衣、运动鞋步行。

7. 运动量要适宜

健身走运动量的控制主要靠脉搏、睡眠、食欲及身体反应等自我感受来决定。如以心率为标准，步行时宜保持在大约 120 次/分。睡眠好，食欲佳，身体无不适，说明步行量适宜。不管选用何法，其运动量、运动强度应依每个人的健康状况而定。勿操之过急，应循序渐进，持之以恒。

二、健身跑

健身跑是通过跑步有效地增强身心健康的一项群众性健身活动。它虽然不那么吸引人，但确实是最简单、最有效的有氧运动。

（一）健身跑的锻炼价值

健身跑的锻炼价值主要表现在以下几个方面：

1. 可以保护心脏

跑步锻炼可以使冠状动脉保持良好的血液循环。长期练习跑步的人，冠状动脉不会因年龄增长而缩窄，保证有足够的血液供给心肌，从而可以预防各种心脏病。

2. 能够加速血液循环，调整血液分布，消除瘀血现象，提高呼吸系统功能

跑步是一项全身性的健身运动，能有力地驱使静脉血液回流，减少下肢静脉和盆腔瘀血，预防静脉内血栓形成。另外，跑步时加强了呼吸力量，加大呼吸深度，有效地增加肺的通气量，对呼吸系统有良好的影响。

3. 能够增强神经系统的功能，消除脑力劳动者的疲劳，预防神经衰弱

跑步可以调整大脑皮层的兴奋与抑制，也对调整人体内部平衡、调剂情绪、振作精神有一定的作用。

4. 能够促进人体新陈代谢，控制体重，预防肥胖症

跑步要消耗能量，促进机体新陈代谢，这是中老年特别是中年人减肥的极好方法。同时跑步也能改善脂质代谢，预防血内脂质过高，可以防治高脂血症。

（二）健身跑的基本技术

1. 跑步的姿势

跑步时姿势正确，才能跑得快而省力。其上体要正直微前倾，头与上体在一条直线上不要左右摇晃。两臂的摆动除了维护身体平衡外，还能帮助两条腿的蹬地和摆动，加快跑的速度。摆臂时两臂稍离躯干，前后自然摆动；两手自然半握拳，肘关节要适当弯曲，以肩关节为轴，尽量做到前摆不露肘，后摆不露手，并且注意不要低头、弯腰和端肩。两腿后蹬是推动身体前进的动力，后蹬时应积极有力，髋、膝、踝三关节充分伸直，腿的前摆可以加大跑的步伐，前摆时大腿放松顺惯性向前成自然折叠。

2. 跑步的呼吸

跑步是一项消耗体力比较大的运动。在跑步过程中，要通过肺脏吸收大量氧气和排出二氧化碳。肺的换气量是否充分，呼吸动作是否正确，是疲劳出现迟早的关键。跑步时最好用鼻呼吸，在呼吸深急的情况下，也可用口协助呼吸。呼吸要慢而深，有一定的节奏，一般是两步一呼两步一吸，也可以三步一呼三步一吸。随着跑的速度加快，呼吸深度应加深，节奏加快，以满足身体对氧气的需要。

在进行强度较大的跑步练习时，呼吸频率增加很快，初学者往往会感到呼吸困难，要防止呼吸困难现象的出现，首先要适当安排运动强度和负荷量，要从实际出发，量力而行；其次要注意呼吸动作，调整呼吸节奏和加大呼吸深度。

（三）健身跑的方式

1. 慢速放松跑

慢速放松跑较简单，慢的程度可以根据自己体质而定，老年人或体弱者可以比走步稍

快一点，呼吸以不喘大气为宜。全身肌肉放松，步伐轻快，双臂自然摆动。在跑步一开始应注意呼吸的深、长、细、缓，有节奏。运动时间一般以每天 20～30 分钟为宜，每周 5～6 次，也可隔 1 天 1 次。

2. 变速跑

变速跑就是在跑的过程中，快跑和慢跑交替进行的一种跑法，它适合体质较好的锻炼者。变速跑可根据自己的身体状况随时改变速度。如可慢速跑与快速跑交替，或中速跑与快速跑交替等。随着锻炼水平的提高，逐渐提高变速跑的速度，逐渐增大运动量，以最大限度地发挥健身跑的作用。

3. 跑走交替

此方式适合初学初练者或体弱者采用。通过十几周走跑交替的锻炼，就可以连续跑 15 分钟，几个月后就可以连续跑几公里了。

在跑走交替的锻炼方式中，也可以做一些变化，如可以跑跳交替，即跑一段后跳上 3～5 次，再跑一段，再跳 3～5 次。这样可使肌肉关节在长时间墨守成规活动中得到休息，可缓解疲劳，同时锻炼弹跳力，也可增加跑步乐趣。

4. 定时跑

定时跑有两种。一种是每天必跑一定时间而不限速度的跑步。如第一阶段：适应期 10～20 周，每周 3 次，每次连续跑 15 分钟。第二阶段：适应期 6～8 周，每周 3 次，每次 30 分钟；巩固期 4 周，每周 3～5 次，每次 30 分钟。身体允许进行更大强度锻炼的年轻人，还可以每周跑 3 次，每次 45 分钟，最长可达 60 分钟。另一种是限定在一段时间内跑完一定距离的方法，开始时，可限定较长时间跑完较短距离，如在 5 分钟之内跑完 500 米。以后随着体质水平的提高可缩短时间加快跑的速度，或延长距离加快速度，以提高速度耐力素质。

5. 跑楼梯

跑楼梯是一种时尚的健身健美项目。医学论证，它既是一项增强心肺功能的全身性有氧运动，又是一项可以灵活掌握运动量、无须投资及男女老幼皆宜的锻炼方法，也是一项日常生活中去脂减肥的健身新招。跑楼梯要求腰、背、颈部和肢体不间歇地活动，肌肉有节奏地收缩和放松，可促进肺活量，加速血流，改善代谢和增强心肺功能。

6. 越野跑

凡在公路、田野、山地、森林等进行健身跑锻炼的，称之为越野跑。由于越野跑将运动和自我锻炼结合起来，所以越野跑的健身效果更佳。

（四）健身跑的要求

不同对象在进行健身跑锻炼时应有不同要求。

（1）少年儿童锻炼时，跑的距离不宜过长，速度不要太快，以免负担过重。7～10 岁儿童，每次跑 800 米左右，11～14 岁每次跑 1500 米，15～17 岁，每次 3000 米左右较合适。

（2）中老年进行健身跑锻炼前应进行身体检查，检查是否有不宜跑步的禁忌症。学者们提出：为确保安全，中老年人参加健身跑最好征求医生同意，并做一些必要的身体检查。开始健身跑时可先快速步行，然后自我感觉有无不舒服。当确实没有不舒服感觉后再进行跑走交替的练习。跑的速度、距离要适当，切忌操之过急。

（3）肥胖人健身跑，由于本人负重已较大，心肺功能又不太强，初练时必然感到费力，所以必须掌握好速度和时间。

（4）一般来说疾病的急性期和严重期不适合练健身跑，但慢性病不同，如神经衰弱、慢性胃肠炎、慢性肾炎、轻度冠心病、早期高血压、慢性肝炎、肺结核钙化期是可以练健身跑的。锻炼，可以改善精神、心理状态，改善食欲、睡眠，有助于治疗疾病。但必须量力而行，并随时注意身体的一些变化，防止过度劳累。

健身跑锻炼无论男女老幼，都应持之以恒，假若停止练习 4～12 周，训练水平开始下降，假若停止 4～8 个月，便会重新回到当初未参加锻炼前的状况。

跑步是一项消耗体力比较大的运动。在跑步过程中，要通过肺吸收大量氧气和排出二氧化碳。因此，呼吸动作是否正确，是疲劳出现迟早的关键。跑步时最好用鼻呼吸，呼吸的节奏，一般是两步一呼两步一吸，也可以三步一呼三步一吸。随着跑的速度加快，呼吸深度应加深，节奏加快，以满足身体对氧气的需要。在呼吸深急的情况下，也可用口协助呼吸，但要避免张得太大，以免嗓子干燥。

冬季气温低，在长跑前一定要做好准备活动，防止运动损伤。每天练长跑，因水分消耗多，需要适当补充水分和盐分。夏季长跑的时间最好选在凉爽的清晨或傍晚，长跑结束后应做些整理活动。

第八章　塑身运动项目的训练

第一节　塑身运动的基本知识

塑身运动是以身体练习为基本手段，运用专门的动作方式和方法进行锻炼，以塑造体形，培养姿态，改善气质，增进健康为目的的一项新兴体育项目。

塑身运动以塑造优美形体为主要特点。形体美的内容很广泛，它包括体形美、姿态美、动作美和气质美。形体美的方法也很多，它包括形体训练、健美运动、健美操、体育舞蹈、瑜伽等。

塑身运动以"健康、力量、美丽"为目标，是人类期盼与追求的身体状况的最高境界。在塑身运动中，无论是形体训练、体育舞蹈，还是健美运动、健美操，无不处处表现出"健、力、美"的特征。随着现代物质文明的不断提高，人们修饰与塑造自己愿望的意识不断深入，花钱买健康的观念不断提高，塑身运动在我国越来越受到欢迎和深入普及，广受推崇，它已成为走在生活时尚前沿的最佳运动项目，成为青少年特别是现代职业女性追求的目标。

第二节　塑身运动中各个项目的科学化训练

一、瑜伽

瑜伽健身是使心灵、肉体和精神和谐统一的一种运动方式，即使身心处于相对稳定、平衡的状态。瑜伽也是指个体与更宏大的某种事物之间的合一，也可称为具有灵性的存在。

（一）瑜伽的功能

1. 预防疾病，消除忧郁

随着竞争的日益激烈，工作压力的不断增大，人的心态变化和承受力比较大，随之而来的心理疾病不断增加。瑜伽练习会使人们的内心变得更平静更平和，没有怒气，没有怨言。这意味着，较少患上可能由于紧张与忧虑引起的疾病。瑜伽的一些姿势是轻柔的按摩和伸展身体，同时使身体的每一个部分都得到益处。

2. 提高平衡能力

瑜伽练习对保持人体生理功能，如呼吸调整、心率、流汗、血压、新陈代谢的频率、体温和其他一些重要的机制的平衡很有好处。瑜伽重建人体功能的平衡效果显著。有些姿势是针对提高人的身体平衡能力。在练习活动的规律性开展下，人们能够获得许多，例如，坚韧、平衡、灵活性，一定抵抗疾病的免疫力，此外，还能够使自身的神经得到安定，疲劳得到消除，进而在睡眠的状态下使人们获得真正意义上的放松与安定。

（二）基本坐姿

1. 简易坐

坐在地上或垫子上，将右小腿弯曲，放在左大腿之下，将左小腿弯曲放在右大腿之下。双手放于两膝之上，头、颈、躯干都保持在一条直线上。

2. 半莲花坐

坐在地上或垫上，弯曲右小腿让右脚底板顶紧左大腿内侧，弯起左小腿并将左脚放在右大腿上，头、颈、躯干都保持在一条直线上。交换两腿的位置，继续再坐下去。

患坐骨神经痛的人不宜做此练习。

3. 莲花坐

坐在地上或垫上，双手抓住左脚，将其放于右大腿上，脚跟放在肚脐区域下方，左脚底板朝天。双手抓住右脚，经过左小腿上方，放在左大腿上，右脚底板朝天，脊柱保持伸直。尽量长久地保持这个姿势。交换两腿位置练习。

这个姿势较为难做，但它是一个很有用的松弛练习，掌握好它之后，能引发顺畅的呼吸，增加上半身的血液循环，对哮喘和支气管炎病人有益。每次打坐之后，要按摩两腿、两膝和脚踝。

（三）站立体位法

1. 风吹树式

做法：

（1）站姿。双脚并拢，合掌胸前。吸气，双手向头顶高举，手臂轻轻夹住耳际，上身有往上延伸之感觉。

（2）吐气，上身弯向左侧，与此同时，将髋部向右侧推移保持 5 次呼吸。

（3）吸气，还原向上。吐气，再弯向右侧，将髋部向左侧推移，保持呼吸 5 次。

2. 三角转动式

做法：

（1）保持两膝伸直的同时，将右脚向右方转 90°，左脚向右方转约 60°。

（2）呼气，双臂伸直，将上身躯干转向右方，让左手在右脚外缘碰触地板。右手臂向上伸展，与左手臂成一直线。双眼注视右手指尖，伸展双肩及肩胛骨。保持约 30 秒。

（3）恢复时吸气，慢慢先将双手、躯干以致最后将两脚转回各自原来的伸展状态，再转回基本站立式。

（四）跪姿体位法

以猫式为例。

做法：

（1）金刚坐姿，双掌置于膝盖上，伸直背部，调匀呼吸。

（2）吸气，臀部离开脚跟，俯身向前，抬臀凹腰，膝部，脚背贴地面，手臂伸直，指尖对膝盖，下颚抬高，背部收紧，保持片刻。

（3）吐气，手掌施力收腹，拱起背部，头部向下，下颚尽量抵住胸部锁骨处，动作静止，自然呼吸 5 次。

（4）再次吸气，下颚向上抬，头部后仰，凹腰部，挺臀部。动作静止，自然呼吸 5 次。上、下各重复练习 3 次。还原金刚坐，调匀呼吸。

（五）蹲姿体位法

以花圈式为例。

做法：

（1）蹲坐着，两脚并拢，脚心和脚跟要完全贴在地面上。

（2）分开大腿和膝盖，身体向前，两手由两腿中间向前伸。

（3）手臂弯曲往后，两手握住脚踝后面的部分。

（4）握紧脚踝之后，呼气，头向下碰触地面。

（5）停留一分钟，自然地呼吸。

（6）吸气，头抬起来，手松开，休息。

（六）瑜伽调息法

1. 呼吸法

认识呼吸的重要性并掌握正确的呼吸方法是瑜伽练习者的当务之急。正如《瑜伽经》所言：改变你的呼吸，就改变了你的身体；改变你的呼吸，就改变了你的心灵。

呼吸通常有四种方式：胸式呼吸、腹式呼吸、完全（瑜伽）呼吸、喉呼吸。

（1）胸式呼吸

仰卧式，右手轻轻放在肋骨上。深深吸气，但不要让腹部扩张，代替腹部扩张的是把空气直接吸入胸部。在胸式呼吸中，胸部扩张，腹部应保持平坦。然后，当吸气越深时，腹部越向内，朝脊柱方向收，肋骨向外和向上扩张，接着呼气，肋骨向下并向内收。

（2）腹式呼吸

仰卧式，右手轻轻放在肚脐上。吸气时，把空气直接吸向腹部，吸气正确，手随腹部抬起，吸气越深，腹部升得越高。随着腹部抬起，横膈下降，接着呼气，腹部向内朝脊柱方向收缩，凭着尽量收缩腹部的动作，把所有空气从肺部全部呼出来，横膈升起。

（3）完全（瑜伽）呼吸

仰卧式，左手放在肋骨上，右手放在肚脐上。慢慢地吸气，让空气先进入肺的下部，肚子抬高，再进入肺的中部和肺的上部。慢慢地扩张锁骨，以便吸入最后一点空气。接着慢慢地呼气，先放松肺的上部，再放松肺的中部，最后放松腹部，收缩腹部肌肉，让空气全部呼出。再循环吸气和呼气。完全（瑜伽）呼吸应是畅顺而轻柔的。整个呼吸应像一个波浪轻轻地从腹部波及胸膛中部再波及胸膛上半部，然后减弱消失，应该是稳定、渐进的；而不应是分节或跳动的，不应该是匆忙或使劲的。

完全呼吸是把以上两种类型的呼吸结合起来完成的，首先要熟练腹式呼吸后再练习完全呼吸。完全呼吸是一种自然的呼吸方法，练习巩固之后，这种呼吸方法就会成为你日常生活中一种自主行为。

（4）喉呼吸

喉呼吸是通过两鼻孔进行呼吸，由于收缩喉头声门还会带出轻微响声。在吸气时，能听到"萨"的声音；呼气时，能听到"哈"的声音，就像婴儿熟睡时发出轻微鼾声。喉呼吸是最奇妙、使用范围最广的呼吸法之一，它不受调息功法深浅的限制，做起来很简单，任何人、任何时候、任何姿势都可以兼练喉呼吸。练习者还可以把舌头向上或向后翘，让舌头底部顶住上腭后部来呼吸，练习喉呼吸时尽量做深呼吸。

2．收束法

收束法是瑜伽术中的一种"封锁法"，目的是要把生命之气约束在身体的某些部分之内，形成某种类型的压力或力量。通常瑜伽收束法有四种，即收额收束法、收腹收束法、会阴收束法、大收束法（庞达三收束法）。

（1）收额收束法

至善坐式，两眼闭合90％；深吸气或呼气，悬息（屏气），低头，下巴紧抵胸骨，两臂伸直，向前耸肩，两手紧压两膝，保持姿势，直至你需要呼气或吸气为止；深呼气或吸气；抬头，还原成至善坐式。

（2）收腹收束法

至善坐式，深吸气，彻底呼气，悬息，稍低头，两臂伸直，向前耸肩，两手紧压两膝，腹部向内向上收，保持姿势；还原成至善坐式。

（3）会阴收束法

至善坐式，闭上两眼，放松；深吸气或呼气，悬息，用力收缩会阴部，保持姿势；还原成至善坐式。

（4）大收束法（庞达三收束法）

至善坐式，闭上双眼，放松；深吸气，再深呼气，悬息；同时做收额、收腹、会阴三种收束法，保持姿势；慢吸气，还原成至善坐式。

3．调息法

人体在吸气之后，就会自然地呼气，呼与吸之间还有着自然的停顿。瑜伽调息就是意守这呼吸过程中停顿的冥想。调息的目的既在身体方面，也在精神方面。瑜伽认为，人身体上的疾病主要是由于体内生命之气的流通发生障碍引起的，通过练习"吸纳"（吸气）、"呼吐"（呼气）、"悬息"（屏气）来调节体内生命之气向正确方向运行，就能确保整个经络系统中生命之气的畅通，使人体保持健康。

瑜伽调息法通常有5种：风箱调息、圣光调息、昏眩调息、清凉调息、经络调息。

（1）风箱调息

分两个阶段进行练习。

第一阶段：以一种舒适的瑜伽坐姿打坐（至善坐式或其他坐姿），右手食指和中指放在前额中央，大拇指放在右鼻孔旁，无名指放在左鼻孔旁；大拇指按住右鼻孔，做快速腹式呼吸10次；左鼻孔深吸气，再关闭两鼻孔，做收额收束法和会阴收束法，或两者做其一，悬息1～3秒；稳定地用两鼻孔同时呼气（喉呼吸法），换右鼻孔同样练习，这样算完成一个回合练习；做2个回合。

第二阶段：按原先姿势打坐，两手平放两膝上，两鼻孔同时快速呼吸10次；深呼吸，吸气后，悬息1～5秒，同时，做收额收束法和会阴收束法，或者只做其中一种；呼气抬头，这是一个回合；做3个回合；仰卧式，放松休息1分钟。

（2）圣光调息

以一种舒适的瑜伽坐姿打坐，闭上双眼；像风箱调息那样做腹式呼吸，不同的是，使劲做呼的过程，让吸气慢慢自发地进行；每次呼气后，做短暂悬息，同时做收额收束法、收腹收束法和会阴收束法，意守眉心，以舒适为限，然后解除三种收束法，慢慢吸气；呼气25次后，做最后一次呼气时，尽量呼出肺部空气；重复练习2个回合。

（3）昏眩调息

至善坐式，闭上双眼；缓慢而深长地吸气；悬息 1～3 秒，同时做收颔收束法，缓慢而彻底地呼气；吸气，抬头；重复练习 2～3 次。

（4）清凉调息

至善坐式，张开嘴，舌头伸出，卷成一条管子，缓慢而深长地吸气，吸满空气后，闭上嘴巴；低头，悬息 1～5 秒，同时做收颔收束法；抬头，呼气。

（5）经络调息

分两个阶段进行练习。

第一阶段：单鼻孔呼吸，至善坐式，右手食指中指放在前额中间，大拇指放在右鼻孔旁，无名指放在左鼻孔旁；大拇指轻按右鼻孔，用左鼻孔呼吸 5 次；移开大拇指，无名指轻按左鼻孔，用右鼻孔呼吸 5 次；做 10 个回合。

第二阶段：双鼻孔呼吸，按原先打坐姿势坐好。大拇指轻按右鼻孔，左鼻孔吸气。无名指轻按左鼻孔，右鼻孔呼气；右鼻孔吸气，按住，左鼻孔呼气。第二回合，从左鼻孔吸气开始，如此循环下去做 10 个回合。

（七）瑜伽松弛法

瑜伽松弛法是一种让瑜伽练习者得到极好休息的功法，包括瑜伽休息术、瑜伽松弛法和瑜伽冥想。通过有意识的调身、调息、调心，使人体肌肉、精神、心灵达到松、静、自然的放松状态。

1. 休息术

瑜伽休息术由三个部分组成，即准备部分（瑜伽语音冥想）、基本部分（放松身体各部位和瑜伽场景冥想）、结束部分（充沛精力后起身放松）。

瑜伽休息术在日间练习的主要目的是快速消除疲劳，恢复精力。因此，练习时间比较短，仅做基本部分和结束部分的练习，练习者最好保持清醒状态。如果有人在练习时打起鼻鼾，弄醒的正确方法是按摩和揉擦其头顶（即百会穴），这人醒来就不感到难受。如果鼾声不是非常响，那就别惊扰他们，顺其自然；也有些人刚开始时打鼾，但很快就不打了，不要匆忙制止，也应顺其自然。

瑜伽休息术在夜间练习的主要目的是帮助人们尽快放松身心，消除失眠的痛苦，直到自然而然地睡着。因此，休息术的时间因人而异。相对于日间练习的时间长些，可以做三个部分的练习，如果做到基本部分，放松身体各个部位就睡着，那就更好。

瑜伽休息术有两种练习方法，第一种方法是由一个人读引导词，其余的人就聆听做练习；第二种方法是自己在心里默默自我引导练习。但人们必须经过第一种方法练习后，才能够做第二种方法练习。

2. 松弛法

（1）仰卧放松功

仰卧式，两腿分开与肩同宽，脚尖自然朝外，两臂放在身体两侧，掌心向上；双眼闭合，全身放松，自然呼吸；意守呼吸，每次吸气或呼气，都对自己说："我正在吸气或呼气。"

（2）俯卧放松功

俯卧式，两臂上举，掌心向下，双眼闭合，全身放松；意守呼吸，每次吸气或呼气，都对自己说："我正在吸气或呼气。"

（3）鱼戏式放松功

俯卧式，头右转，两臂上举，十指相交，置于头部下方，右腿弯曲，靠近胸部；转动两臂，左肘朝上，右肘放在右大腿上，头靠在左臂弯曲处；保持姿势；还原成俯卧；换左侧同样练习。

（4）仰卧伸展放松功

仰卧式，两腿稍分开，两臂上举，掌心向上，平放地上，双眼闭合，全身放松；吸气，右臂和身体右侧向上伸；呼气，右臂和身体右侧还原；吸气，右腿向下伸展；呼气，右腿还原；换左边做同样练习。

（5）动物式放松功

长坐式，右腿屈膝，右脚抵住左大腿内侧；左腿后屈，左脚跟抵住臀部；吸气，两臂上举，掌心向前；呼气，上体前屈，前额触地，保持姿势；吸气，还原；换左边做同样练习。

（6）婴儿式放松功

跪坐式，两臂下垂，两手放在两脚旁，掌心向上，指尖向后；上体前屈，腹部胸部紧靠大腿，前额轻轻触地，两臂放松，保持姿势；还原成跪坐式。

（7）月亮式放松功

跪坐式，两臂上举，掌心向前；上体前屈，前额轻轻触地，保持姿势；还原成跪坐式。

（8）手抱膝放松功

仰卧式，两腿屈膝，大腿贴近胸部，两手十指交叉抱住双膝，双眼闭合，全身放松，保持姿势；还原成仰卧式。

（9）摇摆放松功

仰卧式，两腿屈膝，大腿靠近胸部；两手十指交叉至大腿下，抱住两腿；低头，让身体前后摇摆 5 次，顺势成蹲式。

（10）站立放松功

开立式，低头，下巴贴近锁骨，双眼半闭，两臂、两手和所有手指垂下；放松肩背、大腿、小腿肌肉，全身放松，保持姿势；抬头，还原成开立式。

3．瑜伽冥想

瑜伽冥想，简单地理解，就是一种克服物质欲念的方法，是在精神完全放松时给自己的一种暗示。目的在于获得内心平和与安宁。瑜伽冥想练习是将思绪停留在一个点上，固定不动，通过排空杂念，渐渐地找回自我，明晰自身，最终达到精神快乐和智慧。

瑜伽冥想有许多体系，如著名的八支分法瑜伽和哈他瑜伽。然而，有一种瑜伽冥想体系既可以说是上述体系中的一部分，也可以把它看成一个独立的体系，这就是瑜伽语音冥想。瑜伽语音冥想被认为是现代最实用、最有价值的瑜伽精髓。

通过瑜伽冥想练习，能很好地调理身心，消除由于精神紧张和忧虑引起的各种疾病，改正很多有害于身心健康的不良习惯，成为最有效的预防身心疾病的良药。

（1）瑜伽冥想坐姿

瑜伽冥想坐姿指的就是打坐姿势。瑜伽冥想打坐有很多种，最常用的姿势包括简易坐式、至善坐式、半莲花坐式、莲花坐式、雷电坐式。

其中，简易坐式是初学者最理想和最适合的瑜伽冥想姿势。由于至善坐式具有镇定安神的效果，通常也成为瑜伽练习者最常用的姿势之一。

所有瑜伽冥想坐姿都具有减少下肢血流量，减缓身体血液流速，消除下肢僵硬和疲劳，补养脊柱下半段，改善腹部脏器的功能。

瑜伽冥想练习时要求全身放松，腰背挺直，自然呼吸，面带微笑，双目垂帘，下巴里合，舌抵上颚，嘴唇轻闭，心无杂念，专注练习。

（2）瑜伽冥想手势

可以把瑜伽冥想手势当作个体能量和宇宙能量融合的姿势。它既可以是精神的、情感的、信仰的，也可以是单纯的动作。通过瑜伽冥想手势的练习，可以使练习者消除紧张和忧虑，获得身体与精神两方面的健康。

常用的瑜伽冥想手势有：智慧手势、大地手势、流体手势、能量手势、生命手势。

①智慧手势

至善坐式，两手放在两膝上，掌心向上，大拇指和食指相触，其余三指自然伸直。

②大地手势

至善坐式，两手放在两膝上，掌心向上，拇指和无名指相触，其余三指自然伸直。

③流体手势

至善坐式，两手放在两膝上，掌心向上，拇指和小指相触，其余三指自然伸直。

④能量手势

至善坐式，两手放在两膝上，掌心向上，拇指、无名指、中指相触，其余两指自然伸直。

⑤生命手势

至善坐式，两手放在两膝上，掌心向上，拇指、无名指、小指相触，其余两指自然伸直。

（3）瑜伽冥想方法

①语音冥想

语音冥想又称曼特拉（Mantra）冥想，可以分为两部分。

瑜伽语音有："噢姆"；"噢姆——哈瑞——噢姆"；"哈里波尔——尼太——戈尔"；"玛丹那——莫汉那"；"玛丹那——莫汉那——木哇利——哈瑞波尔"；"戈帕拍——戈义达——哇玛——玛丹那——莫汉那"等。

在练习时，应注意以下几点：

A. 刚开始学习瑜伽语音冥想时应从最简单的"噢姆"或"噢姆——哈瑞——噢姆"开始。

B. 不必担心自己能否把瑜伽语音念诵得多完美准确，尽力去做同样会有好效果。

C. 规定每天念诵瑜伽语音的次数，日出之前或之际是每天练习的最佳时间。

D. 念诵瑜伽语音不宜太快或太慢。

E. 应选择一个安静、舒适、空气流通的场所练习。

②烛光冥想

将一支点燃的蜡烛置于身体前一臂距离远的地方，高度与视线同高，把注意力集中在烛焰上，1～3分钟，眼泪会慢慢渗出，然后，闭上双眼，试着在眉心继续凝视烛焰，重复练习5次。经常练习能消除眼部疲劳，纯净双目，加强视力。

③睡眠冥想

仰卧平躺在地上，全身放松，双眼闭合，从脚到头再从头到脚，用高度意念知觉缓慢扫描全身，越慢越好，扫描5～10次。经常练习睡眠冥想，能使练习者的大脑在短时间内进入极度放松状态，沉入深睡眠，彻底摆脱失眠的痛苦。

④呼吸冥想

采用坐姿或卧姿，以舒适为主，观察每次呼吸，脑中没有任何思绪，观察1～3分钟，重复练习5次。经常练习能恢复元气，补充能量和体力。

⑤音乐冥想

至善坐式，打开优美的音乐，闭上双眼，让身体随音乐的旋律轻盈舞动，3～5分钟后仰卧平躺地上，在音乐声中观望全身5～10分钟。经常练习，可以有效改善抑郁情绪，帮助摆脱自闭。

⑥情景冥想

至善坐式，打开一幅喜爱的图画，置于前方2～3米处，与视线同高。两眼凝视图画1～3分钟后仰卧平躺地上，开始观望全身3～5分钟。经常练习可以消除紧张和忧虑情绪，有助于升华境界。

二、普拉提

（一）普拉提训练原则

1. 专注力

普拉提运动疗法是融合肢体和心灵运动，训练以意志力去控制身体动作。专注力对身心的重要性是不需要质疑的，它有利于理清思绪、集中精神、增加和培养冷静处理突发状况的能力。在普拉提练习开展的过程中，必须要保证每一个动作的完成都是全身心投入的，在保证动作准确度的同时，还要对身体动作观察的敏锐度进行培养，从而使其自身姿势正确性评断与动作自我纠错的多项能力得到建立与培养。

2. 控制力

运动时若对动作无控制力，不但无法从运动中受益，反倒容易造成伤害。普拉提的运动疗法没有随性或偶然发生的动作，每一个动作都是经由意识性的引导，例如头的位置、背部的弧度、手指的方向、手腕弯直、膝盖面向，而非听任身体的摆布限制。

3. 流畅感

想要有优雅的举止，就得从动作流畅感的训练做起。僵硬的肢体动作通常是因为肌肉过度紧绷，限制了关节活动范围，或是因肌力无法支撑肢体所造成。如想拥有芭蕾舞般的优雅身形，并改善僵硬的肢体动作，则得从矫正身体的不平衡做起。

4. 核心

普拉提运动疗法指的"核心"是肋骨以下至骨盆的部位，这个部位又称作能量室。加强此部位的肌肉群可提高身体的稳定性及全身姿势的正确性。例如常穿高跟鞋的女士，因身体的重心前移，而造成骨盆前倾，小腿、大腿的前侧肌肉紧绷，若腹肌又不够强壮无法稳定骨盆的位置，则相当容易造成腰部的负担，引起腰椎疼痛等问题。交错骨盆部位的肌肉群包括了腹肌、背肌、臀肌、髋关节屈区肌、髋关节伸展肌与髋关节内外侧肌，而这些肌肉群也是普拉提运动训练的重点。

（二）普拉提的课程形式

为确保学员的安全与学习效率，一对一的教学方式是最理想的上课形式。就算是团体课程，也皆以小班制的方式教学，一堂课时间约为一小时。

1. 个人课程

这种方法是一位教师指导一位学生的上课方式。普拉提的训练相当强调动作进行的过程与细节，许多看似容易的动作如不知其训练目的和动作的正确性，不但徒劳无功反而有可能造成运动伤害。由于每个人的肢体结构与训练目标各不相同，若能通过一对一的教学方式，教师更能针对个人需求做更深入的观察与加强，并依据个人学习状况随时调整课程内容，以达最高学习效率。

以运动伤害康复为目的的学生更需注意训练过程的安全性。如果你是初学者，建议先从个人课程着手，因指导教师可以较深入地观察与了解你个人的肢体状况。通常教师会先替初学者做肢体的评鉴，评估项目如：肌力、柔软度、协调感、姿势正确性、肢体认知能力、有无特殊肢体畸形等。

许多潜在或早已存在的肢体问题，只有经过专业训练的教师才能通过观察给出判断。就已练习过普拉提的人来说，团体课程若能定期搭配个人课程也有助动作学习的正确性提高。

2. 团体课程

为确保学员的学习效益，器材练习的团体课程通常只采用小班制的上课方式，由 1 位教师教导 3～4 位学生。垫上训练的课程大多则以团体方式教学，上课人数约 10～15 人。学员在加入团体课程之前，应确定对此运动技巧已有足够的了解和练习，才能充分受益并避免所谓的伤害。有经验者可依个人喜好和需要作选择。

（三）普拉提动作解读

1. 使颈部保持弯曲状态

（1）练习者在垫子上面仰卧，分开自己的双腿，保持与胯部同样的宽度；收紧自身的腹肌，保持骨盆的中立状态，在地面上紧贴上自己的肩胛骨，同时打开胸部。

（2）练习者将自身的后颈部伸长，同时轻轻地用下巴去尽量与前胸接触；练习者吸气，将头部通过腹肌的力量向上，微微地向前拉起。

（3）练习者呼气，向初始位置还原，通过腹肌来控制头部。

2. 使腹部保持弯曲状态

（1）练习者在垫子上仰卧，保持双腿的弯曲状态，且同胯部之间保持同样宽度状态；

练习者两双手在地板上平放，手心朝下；吸气。

（2）练习者将后颈部伸长，使自身的腹肌收缩，在脑后枕住双手。

（3）练习者吸气，与此同时将头部用双手扶住，向上将连肩胛骨在内翘起。

（4）练习者朝着骨盆的方向将前部的胸骨与肋骨进行放松，伸直双腿；练习者吸气，同时保持原有姿势不变，保持骨盆的中立状态，伸直自身的脖颈与脊柱；练习者呼气，向初始位置还原，将腹肌收紧。

3．练习者的伸腿练习

（1）练习者在垫子上仰卧，保持双腿和胯部之间的同等宽度，弯曲左腿，伸直右腿；收紧自身的腹肌，保持骨盆的中立状态，在地面上紧贴肩胛骨，同时打开胸部。

（2）练习者吸气，抬高自己的右腿，与骨盆之间呈现出 45°的状态，同时保持骨盆的中立状态，放松脊柱。

（3）练习者呼气，将自身的右腿向初始位置还原。并且此期间将腹肌始终收缩，需要注意的是肩胛骨与地面之间要始终保持接触；完成上述动作以后，再换成左腿，对上述的动作进行重复。

4．桥式练习

（1）练习者在垫子上仰卧，双腿保持弯曲且平行的状态，在身体的两侧平放双手，手心朝下；练习者吸气，向着肋骨方向下沉肩膀，挺直背部，收紧腹肌。

（2）练习者呼气，抬起骨盆，平行于背脊的中部；将腹肌、臀肌和脚筋收紧，两只脚掌完全同地面接触。

第九章　体育教学内容与方法的科学探究与创新发展

内容与方法是体育教学的重要组成，也是影响体育教学效果的关键因素。要想提高体育教学效果，完善体育教学体系，必须对体育教学内容与方法进行科学探究和创新。本章对现代体育教学内容与方法进行探究，包括体育教学内容与方法概述、体育教学内容的科学探究、体育教学方法的科学探究、现代体育教学内容与方法的创新发展。

第一节　体育教学内容与方法概述

一、体育教学内容概述

体育教学内容是以体育教育任务和目的为前提，将各种身体练习、运动技能学习和教学比赛等进行加工后，以教学形态的方式出现在课堂上的总称。

（一）现代体育教学内容的产生

现代体育教学内容是近代以来逐步形成和发展起来的，而我国最早的体育教学内容可追溯到春秋战国时期，当时孔子兴私学，其教学内容"六艺"中的"射""御"就是体育教学的内容。在人类社会漫长的发展历史中，不同的文明都存在类似的体育教学内容的痕迹，而这些传统的体育教学内容也对现代体育教学内容的发展产生了潜移默化的影响。因此，有必要对近代体育教学内容的来源进行探讨。

1. 体操与兵式体操

公元前 7 世纪时，古希腊就出现了指导青少年和市民参加竞技的职业，而在公元前 5 世纪时，体操化已经实际分为了三类，分别为：竞技体操、医疗体操和教育体操。在 18 世纪，欧洲开始出现运用于青少年的教育和军事训练的"兵式体操"，其是对原有的体操项目的继承和发展。近现代学校体育教学中的体操类部分大都源于"兵式体操"。

2. 游戏和竞技运动

很多学者认为，游戏是原始体育教学的基本形式，原始人类各种生存技能的掌握和学习都是通过"游戏"的形式来实现的。早在近代学校出现之前，很多学校中都有相应的游戏内容，随着市民体育的不断发展，一些"游戏"逐渐成为正规的竞技运动。随着资本主义在西方各国的先后确立以及工业革命的开展，竞技体育运动界得到了迅速的发展。现代竞技体育运动伴随着殖民扩张逐渐传播到世界各地，经教会学校的传播逐渐发展成为各国体育课的重要内容。

3. 武术与武道

在古代体育教学中，很多体育教学的内容多是一些实用的军事性技能，如我国的"射""御"，以及欧洲的"射箭""剑术"，这些内容构成了现代体育教学内容中"武术"和"武道"内容的基础。随着冷兵器时代的结束，这些内容逐渐失去了其作为军事手段的意义，并向着健身和精神历练方面发展，并在很多国家的体育教学中占有了一定的位置。

4．舞蹈

舞蹈是各国民族文化中的重要组成部分，并且其伴随着人类社会的发展而逐渐完善。舞蹈起源于人们的生产、日常生活、宗教祭祀等，是人类智慧的结晶。在近代学校中，很早就有了舞蹈的内容，一些韵律性体操类项目也随着瑞典体操的发展而逐渐兴起。在韵律体操的基础上，艺术体操、健美操等也逐渐兴起。

（二）竞技体育训练内容和一般教学内容之间的区别

1．体育教学内容与一般学校教学内容的差异

体育教学内容的选择和加工需要以学校体育教学的目标作为基础，并且主要通过身体的运动来进行教学。其主要目的是提高学生的身体素质和运动能力等。

而体育教学内容相比于一般的学校教学内容，其区别还是非常明显的。例如，语文、数学等一般教育内容，它们并不是以体育运动为主要知识媒介，其教学的形式并不是身体的运动，其目的也并不是为了学生运动技能的形成。

对于一些同样是在室外进行的学科，如军训、劳技等学科而言，由于它们的教学形式和内容同身体活动有密切关系，其中还伴有大肌肉群运动，有的主要目标也是技能形成，因此容易与体育教学内容相混淆。可是通过认真的分析，我们还是能够发现这些教学形式和内容与体育教学内容的不同。它们之所以不属于体育教学的内容，主要是因为它们有的不是以形成运动技能为培养目标，或者不是在体育教学环境下进行的活动。

2．体育教学的内容与竞技体育训练内容的差异

体育教学的内容与竞技训练的内容具有一定的差异性。竞技体育训练内容其目的主要是为了促进运动员竞技水平的提高，它是以竞技运动为手段，来达到娱乐和竞赛的目的。现代体育教学的内容主要是以学校体育需要和学生的体育需求为依据，促进学生的全面发展。

在竞技运动训练中，其各种训练内容的主要目的是为了在比赛中取得胜利，它也不需要按照一定的教学目标和任务对其内容做出适应性调整，没有必要从教学的角度去做出改造。而作为教育内容的篮球运动，它需要对学校的阶段教学目标进行充分考虑，并根据学生心理和生理的发展特点，弄清学校篮球运动场地器材的实际情况，在合理安排教学课时和教学计划的情况下进行。

在现代教学中，体育教学是其重要的组成部分，而体育教学的内容是教学内容的重要构成。体育教学内容具有独特的性质和教育内容中的独特位置，其加工和选择具有其鲜明的自身个性。

（三）体育教学内容的主要特征

1．教育性

体育教学内容可以作为一种教育媒介，对受教育者进行相关的教育活动。因此当人们决定将这些身体活动选为体育教育内容之前，首先就会对其本身是否具有教育性进行考虑。在体育教学内容中，其教育性可以通过以下几个方面进行充分的体现：

（1）对受教育者身心发展的帮助。

（2）对落后危害活动的摒弃。

（3）活动过程中的冒险性和安全性共存。

（4）广泛的适应性。

（5）避免过于功利性。

2．健身性

体育教学内容的学习过程，实际上也是学生从事身体练习的过程。在这一过程中，学生必然承受一定的运动负荷，这为增强体能、增进健康提供了可能性。合理安排身体练习的负荷，对增进健康的作用是其他课程无法相比的。

3．系统性

体育教学内容的系统性主要表现在以下两个方面：

（1）体育教学内容本身所具有的系统性，即由于体育运动中所存在的内在的规律使得项目与项目、技术与技术、内容与内容之间存在着一定的联系和制约因素，从而进一步形成了体育教学内容内在的结构。在编制学校体育教材时，这一内在的结构能够提供很好的理论依据。

（2）根据学校的教育目标、教学条件和教学环境，以及各个年龄阶段学生不同的生长发育特点，对体育教学内容中存在的规律性特点进行认识，并对各个学校、各个年级的教学内容进行系统的、逻辑的安排，同时还要处理好它们之间的相互关系。这些方面也综合体现出了体育教学内容的系统性。

4．娱乐性

体育运动项目是体育教学内容的重要来源，而大多数的体育运动项目都是从各种各样的游戏中发展与演变而来的。娱乐性和趣味性是运动性游戏的主要特征。学生在进行运动学习、训练与竞赛的过程中会经历合作与竞争，体验到成功与失败，这会对学生的情绪和情感产生深刻而丰富的影响。

5．实践性

在体育教学内容中，最为突出的应该就是运动的实践性。因为在体育教学内容中，绝大部分都是以身体练习形式来进行的。在体育教学内容的实施过程中，始终是与体育实践活动紧密联系的，学生也只有通过实践的体现，从事这些以大肌肉群运动为特点的运动，才能对所学内容进行真正的理解。如果学生仅仅是通过语言的传递，光靠看、想、听是很难达到体育教学内容所要求的水平。当然对于许多教学知识和道德培养的内容，也会存在于体育教学内容中，但这些知识的学习和道德的培养，也都需要在运动实践中进行充分的理解和记忆才能真正被学生所掌握。这一点与其他学科的教育内容也形成了鲜明的对比。

6．开放性

集体活动是现代体育教学中进行运动学习和比赛的主要的内容活动形式，而运动是通过进行位置的改变来进行的，并且人的交流与交往在运动学习、训练和比赛中非常频繁，所以与其他的教育教学内容相比，人际交流的开放性在体育教学内容表现得更为明显。正式将这种人际交流的开放性作为基础，体育教学内容就构成了培养学生竞争、协同、集体精神的独特功能，使得教师与学生、学生与学生在学习体育教学内容的过程中关系变得更加开放、密切，通过以小组形式进行的教学活动使得小组内有了更加明确的分工。与其他学科的学习相比，在体育学习中各种角色有着更多的变化。

7．非阶梯性

相比于一些一般学科知识内容，体育教学内容还有一个较为突出的特点，即它没有那种由简到繁、由易到难的较为清晰的阶梯性结构，也没有较为明显的由基础到提高的逻辑结构体系。体育教学内容更多的是由众多相互平行的竞技运动项目和身体练习而组成，并且还包括了繁多的理论知识素材，为体育教学内容的选择增加了难度。

8．空间约定性

体育教学内容还有一个"空间约定性"的特点。其原因是大多数的运动都是在固定的场地上进行的，有的甚至是以场地来进行命名，如"沙滩排球""田径""郊游"等。换句话说，如果不受到特定空间的束缚与制约，这些内容就会发生质的改变，甚至一些内容本身就不存在了。由于体育教学内容的空间制约性，使其对场地器材具有很大的依赖性，而且使得场地、器材、规则本身也成为体育教学内容的重要组成部分。

（四）体育教学内容的构成

在各年级的课程中都会有一定的体育类课程，其教学内容丰富多彩。随着经济社会的发展，人们也越发重视体育对于身心健康的作用，所以体育课程在未来将发挥越来越重要的作用。对体育教学内容的构成展开研究对于实现体育教学的目标以及满足社会发展的需求等方面具有积极的意义。

1．基本教学内容

（1）体育、保健基本原理与知识

学生通过学习体育基础知识和基本原理来对体育有一个更为深刻的理解，这样对学生未来的生活和工作、对国家和人类社会都有着非常重要的意义，使学生能够更好地、更加自觉、理性地进行身体锻炼，运动实践更加科学和合理；此外，学生通过学习卫生与保健知识，来对身体健康所需要的环境和健康的重要性有一个全面的认识，并掌握一些基本的保健方法和手段，从而更自觉地爱护环境、保持健康。此类教学内容要力争与学生现实生活中可能遇到的实际问题保持密切联系。不仅如此，在这类内容的选择上要切忌支离破碎、简单无逻辑地罗列知识，而是要注意紧跟当前社会重点发展潮流，精选针对学生有重要意义的体育、保健原理来组织教学内容，并注意考虑结合运动实践部分的内容来组织教学内容。

（2）球类运动

球类运动主要包括足球、篮球、排球、乒乓球、羽毛球、橄榄球、网球等。学生通过对球类运动教学内容的学习，能够认识和理解球类运动的基本情况和球类比赛的共性特征，并掌握一项或两项球类运动的基本技术和运用战术的技能，并具备参加球类比赛的运动能力，以及组织比赛和参与裁判工作的知识和技能。此类教学内容中的技战术通常较为复杂，每种技战术或技战术之间的组合相互依存、互相制约。因此，若要筛选出适合教学的内容显得比较困难，有一种不知该如何考虑的感觉。如果只是对单一技术进行教学，那么就失去了球类运动的本质，不能进行顺畅的比赛和应用，也会导致学生对球类运动失去兴趣，最终也不能使单个技术得到运用和提高。而若想整体详细讲解和介绍又需要一个较为长期的时间，有些球类运动若想达到一定的教学目标，至少需要一学年的时间甚至更长。因此，如果计划开展此类项目，则应通盘考虑，注意把技术教学、战术教学与教学比赛结合起来。

（3）田径

田径运动与人的走、跑、跳、投等基本活动能力有内在关系，所以被誉为"运动之

母"。通过此项教学内容使学生了解田径运动,理解田径运动在锻炼身体中的意义,使学生明白跑、跳、投等的基本原理和特征,掌握一些基础性、实用性较强的田径运动技能,学会用田径运动来发展体能的方法和注意事项,掌握一些基础的田径裁判和组织比赛的技能。田径教学内容既与田径运动技能有直接联系,同时还与人克服障碍、进行竞争的心理要求有内在联系。因此,应从文化、竞技、运动、心理体验以及发展体能作用等多方面去全面地理解、分析教学内容并组织教学。

（4）体操

体操运动包括技巧、支撑跳跃、单杠和双杠等。它是发展人的力量性、协调性、灵活性、平衡性等能力最有效的运动。体操的历史较为悠久,自人类进入文明时代后,体操就一直伴随着人类的发展,它还与人克服各种外界物体的心理欲求有联系。通过此项教学内容,应使学生了解体操运动文化的概貌,了解体操运动对人体的锻炼价值和作用,明白基本的体操原理和特征,掌握一些典型的、实用性较强的体操技能并学会用体操的动作来进行身体锻炼和娱乐、竞赛的方法及注意事项,能运用保护与帮助的手法去安全地从事体操运动。

对体操教学内容进行分析时要主要考虑到它的竞技、心理、生理等方面,力求使这些方面全面地发展。在教学过程中要注意循序渐进的原则,逐步逐量地加大动作难度、幅度以及改变动作连接等方式提高教学难度,使学生的技能得到切实提高。

（5）民族传统体育

民族传统体育的内容有武术、导引、气功及各民族的传统体育内容。通过此项教学内容使学生对中国优秀的、丰富的民族传统体育情况有所了解,并懂得用其来健身、自卫的方法。还要使学生在学习技能的同时理解中国的"武德"精神,讲究武术中的礼貌举止,并与爱国精神、民族自尊心的培养结合起来,教会学生基本功和一些主要动作。

民族传统体育教学需要较长的教学时间,同时还要兼顾教学的实效性。对于普通学生而言,鉴于民族传统体育往往需要较强的基本功,这种基本功不是一朝一夕能够习成的。因而,这种教学内容的教学重点不应只是放在一定要学生在学习过后能够完美地练一套套路。传授这部分教学内容应根据学生的心理特点强调教学内容文化性、实用性、范例性,特别加强对这些教学内容文化背景和意义的介绍。

（6）韵律运动

韵律运动包括健美运动、民间舞蹈、健美操、体育舞蹈、韵律操、艺术体操等内容。通过学习,学生能够对各个运动项目的基本特征有一个大概的了解和掌握,并了解一些关于从事这项运动的基本规律和基本原则,同时掌握一些使用的套路动作和一些较为基本的健美运动技能;此外,学生还能够掌握对一些动作和套路进行创编的能力。通过此类运动项目的学习,还可以对学生的身体形态进行改善,并培养学生的身体节奏感和身体表现能力。

韵律运动在组织教学内容时,应从审美观培养、舞蹈音乐理论介绍、感情表达能力培养和健身效果等多方面来考虑。以往此类教学内容过多地考虑了动作练习的教学以及重视练习中的运动量的增加等,而对于向学生传授一些基本原则并让学生尝试自编的要求较弱,应予以考虑加强。

2. 任选教学内容

我国幅员辽阔、地域之广、民族众多，在这种环境下，各地区或各民族的体育文化在不断演进中都逐渐拥有了各自的特点。这部分内容是为了适应各地的不同教学条件和为丰富体育教学内容而设置的，通过这一部分教学内容应使学生掌握一些与本地区文化背景有关、有地方特色的、地区社会所需要的体育知识和技能。

在任选课的选择和确定时，由于在体育教学大纲中可能对其中一些教学体育项目没有做出详尽的安排和指导，相关人员在选择此类教学内容时，应注意在教学的过程和计划中要有较为明确的要求和标准，以使其达到最佳的组合和效果。这部分内容的选用要求符合选用教学内容的基本要求，注意其文化性、实用性、特色性。

二、体育教学方法概述

（一）体育教学方法的概念与含义

体育教学的方法即为实现体育教学目的而采用的手段、方式、措施和途径等的总和。具体而言，可将体育教学方法的概念定义为：在体育教学过程中，为了达到体育教学目标和实现体育教学目的而由师生所采用的可操作性的教学方式、途径和手段的总称。关于体育教学方法的含义，可以通过以下几个方面来进行掌握：

1. 体育教学方法是教师"教"与学生"学"的统一

体育教学方法是教与学的统一，只有师生之间实现有效的双边互动，才能够更好地发挥体育教学方法的价值与作用。体育教学活动可以简单理解为"教师的教"和"学生的学"两个层次的内容，教师和学生是教学活动的主体。体育教学方法和手段都是针对学生来选择与运用的，教师和学生之间具有密切的关系，在师生的双边互动中，体育教学的任务和目的逐步实现。因此，教和学这两方面的内容贯穿于体育教学方法实施的始终。

2. 体育教学方法是师生动作和行为的总和

教学方法是在师生互动中得到贯彻与实施的，体育教学的方法也是师生之间行为动作总和的体系。体育教学的方法与其他科目教学方法的主要区别在于，体育教学方法在注重教学语言要素的同时，更加注重动作要素。体育教学过程中，各种动作的掌握和熟练都需要教师进行示范、讲解以及纠正，并在此基础上，学生重复进行练习，才能最终掌握相应的技术动作。因此，体育教学方法是教师和学生的动作和行为的总和。

3. 体育教学方法和教学目标不可分割

任何一种体育教学方法都具有一定的目标性，如果脱离了目标，那么体育教学的方法也就失去了其存在的意义。体育教学方法应与体育教学目的之间保持密切的联系，教学方法的实施应能够促进体育教学目标和任务的实现。因此，体育教学方法作为体育教学的重要组成部分，其服务于体育教学的目标和任务。体育教学方法和体育教学目标之间具有一定的不可分割性，如果将两者割裂开来，那么体育教学方法没有明确的方向，会表现出一定的盲目性；而体育教学目标任务如果脱离了体育教学方法，则不能得到有效实现。

4. 体育教学方法的功能具有多样性

现代体育教学不仅注重学生动作和技术的掌握，以及各方面身体素质的增强，它更加注重学生的全面发展。因此，体育教学方法的功能也具有了多样性的特点，多功能的体育教学方法不仅能够在一定程度上促进学生运动能力的增强，还能够促进学生思想道德品质、心理素质等方面的发展，对于学生的全面发展具有重要的促进作用。

（二）体育教学方法的特点

1. 多种感官集体参与性

体育教学活动是感知、思维和练习三者的结合，因此，其教学活动也需要多种感官参与其中，这样才能够保证各项动作的顺利完成。体育教学活动的特殊性要求在体育教学过程中，所有参与者都需要动员身体的各种器官。具体而言，教师需要为学生进行相应的动作示范，并且对学生的动作进行必要的指导和纠正；学生则需要进行必要的准备活动，然后进行相应的动作练习。在学习过程中，参与者的眼睛、耳朵以及触觉和动觉等感受器官对运动的方向、用力的大小和动作的幅度等方面进行感知，学生通过自身和他人信息反馈控制身体完成正确的动作，形成正确的动作定式。

鉴于体育教学活动的上述特点，在进行体育教学活动时，教师应运用多种方法，有效调动学生的各种器官参与教学活动，以使得学生更好地掌握相应的活动。具体而言，在体育教学活动中，应引导学生认真学习，积极进行思考，注重动作技术的调节控制，并大量进行重复练习。对于学生而言，正确的体育教学方法能够更大限度地调动多个身体器官参与活动，从而帮助其掌握各种动作，实现学习目标。

2. 感知、思维和练习有机结合性

在体育教学过程中，学生的学习是一个复杂的认知过程，在这一过程中学生需要动用思维、感知、记忆和想象，并结合具体的身体练习最终实现动作的掌握。因此，体育教学方法也是感知、思维和练习相结合的过程，在结合的过程中，学生需要通过自身的信息接收器官将外界信息传送至大脑皮层，并运用大脑对各种信息进行整理、分析和加工，然后大脑指挥人体的各器官完成相应的动作；通过动作的不断重复，使得学生建立起相应的动力定型，实现动作的自动化，也同时掌握相应的动作技术。在这个学习过程中，信息的感知是动作学习的基础，思维活动则是学习过程的核心，而练习是动作技术掌握的重要手段。

体育教学方法的实施过程是认识与实践、心理与身体相结合的过程，是感知、思维和练习三者的有机结合。

3. 实践操作性

体育教学方法与一般的教学方法相比，其最大特点是实践操作性。体育教学方法必须与体育教学实践紧密相连，当然有些方法是室内学科教学方法的借用，如直观教学法、讲解法等，但这些方法必须根据室外体育教学的特点、环境、学生的队列等情况加以调整，否则就不能适应体育教学。

体育教学的主要方式是身体运动，身体运动是学生对自身身体的运动感受，具有"此时此地"的特点，因此，在选择与安排教学方法时，一定要根据体育教学自身操作活动的实践特点进行，而不仅仅是停留在理论层面上。只有结合实践操作的体育教学方法，才能让学生在掌握动作技术概念的基础上，通过身体实践活动达到掌握运动技能、促进心理发展的目的。同时，体育教学方法必须得到体育教学实践的检验，才能判断其教学方法是否有效。

4. 时空功效性

体育教学可以划分为不同的阶段，在不同的阶段内，有着鲜明的阶段特点，师生之间相互产生着一定的影响。在教学的开始阶段，教师处于主导地位，随着时间的推移，学生的主体地位逐渐增强。

在教学过程中，教学方法和途径发挥了重要的作用。在开始阶段，学生学习动机、兴趣、欲望等的激发，需要教师运用合理的方法；教师通过讲解、示范等方法来使学生理解和掌握相应的知识和技能；学生在学练过程中，通过一定的方法来感知、理解和掌握相关的知识。总之，在体育教学的不同阶段，体育教学方法都发挥着其应有的作用，这是体育教学方法的时空功效性特点。

5. 运动与休息合理交替性

在体育教学过程中，学生的大脑和身体通过一定的学习活动会产生相应的疲劳，造成学习效率的下降。尤其是高强度的身体运动对于学生的体能消耗较大，这时为了保证教学活动的正常进行，有必要安排相应的休息活动。

在学习活动中，学生通过一定的认知、理解和记忆后，就会有相应的脑力消耗；通过进行相应的身体练习，则会使得人体的能量消耗加剧，人体相应的器官出现一些疲劳症状，并且随着运动负荷的增加，其会对学习活动产生一定的消极影响。因此，体育教学方法注重运动与学习的结合，使学生的身体疲劳能够得到一定程度的恢复，保证其保持较高的学习效率。

需要注意的是，这里的休息并不一定是指暂停相应的活动，也可能是一种积极性的休息——通过开展相应的轻松的活动，来达到身心的放松，帮助学生消除疲劳症状。安排休息时，应注重积极性休息和消极性休息的结合，使得休息能够更好地达到预期的效果。

6. 继承发展性

体育教学的方法是在长期的体育教学实践过程中逐步发展起来的，经过多年的积累、发展和创新，逐渐形成了内容丰富的体育教学方法体系。很多教学方法具有鲜活的生命力，经过多年的发展依然在教学过程中发挥着巨大的作用。这些有效的教学方法值得人们对其进行总结、整理和借鉴。在教学实践过程中，在继承传统的经典教学方法的基础上，一些新的教学方法不断被提出，使得体育教学方法的体系不断完善。

需要指出的是，虽然体育教学的方法众多，但不应过于迷信现代化的教学方法，更不能对一些国外的教学方法进行刻板的模仿。教育工作者应在扬弃的基础上发展创新，在时代发展的大环境下，在体育教学具体实际的基础上，对教学方法进行开拓创新。

（三）体育教学方法的分类

体育教学方法众多，对其进行分类整理不管是对教学方法体系的发展完善，还是对教师科学选用体育教学方法，都具有极为重要的意义。但是，目前对于教学方法的分类缺乏统一的标准和依据，因此众说纷纭。通常，体育教学的方法分为两个基本大类：教法类和学练法类，具体内容如下：

1. 教法类

（1）知识技能教法

知识技能教法包括基本知识的教法和体育技能的教学方法。

① 基本知识的教法。基本知识的教学包括体育保健类知识以及体育的相关理论等的教学。体育基本知识的教学方法同其他学科的教学方法类似，这类教学方法进行分类时也较为复杂，根据不同的分类依据可将其分为不同的类别。

　　在体育教学过程中，教师在选择相应的体育教学方法时，要注意教学的情意活动和它的多功能作用的发挥，要将体育教学的基本知识与体育活动的具体实践密切结合起来，教学方法要具体可操作。

　　② 体育技能的教法。体育技术技能的教学方法即为一般意义上的运动教学方法，这是体育教学方法中与其他学科的教学方法有很大差别的部分。在采用相应的体育教学方法时，应首先确定体育教学的目的。教师应首先明确教学的目的是为了使学生掌握运动技术技能，还是为了发展学生身体或是要达到其他什么目的。其次，应对体育教学的内容进行分析和处理，运用相应的动作教学方法来实现相应的教学任务。体育教学的目的以及体育教学的内容不同时，活动的方式也会有很大的区别，这时就需要采用不同的动作方法和策略。因此，体育技术技能教学方法具有灵活多变的特点，应根据具体的教学情况进行随机应变。

　　（2）思想教育法

　　思想教育法是对学生进行思想品德教育和美育的方法，这也是体育教学的重要任务之一。在开展相应的思想教育时，应结合体育教学的特点采用相应的教学方法，确保教学能够收到很好的效果。体育教学方法的运用要能够促进学生顽强拼搏的意志品质的形成，培养其团队协作的意识，要促进学生个性意识的发展，并促使其形成正确的价值观念和审美观，培养其探索性和创造性思维。

　　2．学练法类

　　（1）学法类

　　学法类即为指导学生进行学习的方法，这也是体育教学的重要方面。在进行体育教学时，指导学生进行学习的方法应注重以下几方面的内容：首先，应确保学生能够较好地掌握前人积累和总结的知识和经验，在继承的基础上求得发展；其次，学生应将相应的知识和经验与自身的个性特点相结合，从而最终形成终身体育意识与拥有相应的能力。

　　总而言之，学法类的教学方法应使学生不仅能够掌握相应的知识和技能，还要使其愿学、会学，并且在以后的工作和生活中能够对所学的知识进行运用，使其养成良好的体育锻炼习惯。

　　（2）练法类

　　指导学生锻炼的方法是体育教学里面最具本质特征的方法。练法类教学方法对于学生的身体素质以及各项运动技能的发展具有直接的作用和效果，在教学过程中，学生应能够理解和感受身体运动时的各项体验。在教学过程中，具有众多的身体锻炼的方法，其效果也是因人而异。另外，在教学过程中，各种教学方法既可以单独使用，也可以进行有效的整合，从而形成一定的方法体系来运用。在教学过程中应使得学生明确各种练法的作用和意义，并把握不同练法之间的联系，从而能够自如运用。

第二节　体育教学内容的科学探究

一、体育教学内容的编排

　　体育教学内容的主要的编排方式包括直线式排列和螺旋式排列，同时还包括以上两者综合在一起而得到的混合型排列方式。在历届的教学大纲当中，关于直线式排列和螺旋式排列所能够运用的教学内容，往往只是模糊地说明一些锻炼身体作用大的教材是适合用螺旋式排列来进行编排的，而对于适合于直线式排列的体育教学内容却丝毫没有提及。

因此，与体育教学内容编排的理论相关的研究仍存在以下问题：

（1）并不是仅仅对锻炼身体作用大的教材才适合于螺旋式排列的编排方式。这是由于一些兼具难度和深度的教学内容，并且总是要求学生熟练掌握运动技能，这些教学内容对于螺旋式排列方式来说是更加适合的。

（2）对于适用于直线式排列的教学内容没有明确。迄今为止，所有的体育教学大纲都缺乏对这一问题的详细说明，提及最多的地方仅仅是说体育卫生的相关知识的编排适合用直线排列来进行。所以适用于直线式排列的编排方式的体育教学内容，成为在体育教学内容编排理论当中的一大盲区。

（3）对直线式排列和螺旋式排列当中单元的区别缺乏明确的说明。以下列为例，每学期 3 课时"螺旋式排列"、一次 3 课时"直线式排列"和一次 30 课时"直线式排列"的教学内容，对于教学计划的安排以及产生的教学效果一定是非常不同的。假如进行编排时选用排列方式的比例没有影响，编排理论中所说的螺旋式排列和直线式排列这两种排列方式的不同点究竟是什么？假如在体育教学内容的编排中并不存在这样的统一规定，那么，适合 3 课时"螺旋式排列"的内容包含什么，适合 30 课时"螺旋式排列"的内容又包含什么，适合 3 课时"直线式排列"或者适合 30 课时"直线式排列"的教学内容又是什么？这些问题是切实存在的，因此必须有一个合理的说明。

教育科学出版社所出版的《体育与健康》一书中，对于体育教学内容的编排提出的理论是：体育教学内容的编排当中，存在循环周期的现象。这种循环是指在同一教学内容当中，不同的学段、学年等范围当中进行的反复的重复安排就是循环周期现象。这种循环的周期有的是课、有的是单元、有的是学期、有的是学年，甚至有的循环是在某一个学段当中。以跑步为例，一节体育课上要进行 100 米跑，下一次课当中仍要进行 100 米跑就是以课为周期的循环。在一个学期内安排 100 米跑，在下一个学期内的课程上仍要安排 100 米跑就是以单元和学期为周期的循环，以此类推。

根据以上理论，我国体育教学学者根据不同的内容性质而对体育教学的内容的编排分为四个层面："精学类"教学内容——充实螺旋式、"粗学类"教学内容——充实直线式、"介绍类"教学内容——单薄直线式、"锻炼类"教学内容——单薄螺旋式。

以上编排方式很好地满足了新课程标准中对体育教学内容的要求，并根据体育教学内容当中的自身理论，结合当前体育教学内容当中的各种情况的现状，创新地将各个方面的内容合理编排在体育教学中，所以在未来很长一段时间内，这种编排方式都将是非常适用的。

二、体育教学内容的选择

体育教学内容这一因素在体育教学当中非常重要，体育教学内容对整个体育教学活动的过程产生着非常大的影响。体育教学内容同时还将教师与学生连接在一起，促进学生和教师之间的信息交流。体育教学对于体育教学方法和教学手段通常起着制约的作用．这有助于体育教学目标与课程目标的实现。为了适应时代的需求，体育教学内容的选择必须要符合一定的依据，遵循一定的原则。

（一）体育教学内容选择的依据

1. 体育课程目标

体育课程内容在实现体育课程目标的过程中，是作为手段而不是目的而存在的。体育课程目标存在多元性的特征，体育运动项目和身体练习也具备可替代性的特征，这都使体育教学内容的选择变得更加多样性。所以选择体育教学内容时必须有标准可以依据。

体育课程的目标是对教学内容选择的重要依据，这是由于，体育课程目标在体育课程编制的过程中，在每一个阶段内都作为教学内容的先导和方向，所以它经过了多方专家的合理思考验证，对各个方面的影响都进行了认真合理的验证。因此，进行体育教学内容时，目标是必须遵循的，相应的体育课程目标对应着相应的体育课程内容。

2. 学生的需要及身心发展规律

选择体育教学内容时，学生的需要是必须要考虑的。体育教学以促进学生身心发展为目的，所以对体育教学内容进行选择的一个必要的因素就是学生对于体育的需要和兴趣，这对于有效的学习是非常重要的。学习需要学生的主动参与，而主动参与就是说，学生自身积极和努力是必不可少的。通常学生如果面对感兴趣的事情，那么其参与的动力就会大大增加，学习的效率也将倍增。这非常符合一些教学学习所提出的观点：如果学习是被迫的而不是学生出于兴趣而进行的，那么学习在某种意义上来讲可以说是无效的。调查结果也非常符合这一说法，那就是如今大学生虽然非常喜欢参与课外体育课程，但对于体育课却是兴味索然，最重要的因素就是教学内容缺乏趣味性。

学生对教学内容的接受程度取决于其身心发展规律以及特点，因此从这个角度来说，体育教学内容必须使学生可以接受，并且产生兴趣。所以进行体育教学内容的选择时，学生的特点就决定着教学内容当中的各项要素。绝对不能忽略学生的实际情况。

3. 社会发展的需要

学生的个体发展无法脱离社会的发展。因此，体育教学能够在健康方面为学生打下良好的基础，所以在进行体育教学的内容选择时，除了考虑学生本身的需求，社会现实发展的需求也必须被考虑进去。体育内容在选择方面不能够忽视学生走入社会后发展所必需的体育素质，所以体育教学内容必须能够满足学生在社会上发展当中各方面的需要。除此之外，体育教学内容必须做到与社会生活和学生生活联系在一起，这样才能让学生体会到它的作用，其功能得以实现，因此，体育教学内容的选择与社会实际相符是非常重要的。

4. 体育教学素材的特性

在体育教学内容的选择中最重要的要素就是体育教学素材，而它最大的特性就是并没有非常强的内在逻辑关系性，这种特性使得体育教学内容的选择无法完全按照难易程度和学生素质来进行。因此体育教学内容往往只是以运动项目来进行划分，但各个教材内容之间的关系是平行和并列的，比如篮球和足球、体操和武术。表面上看似有联系，但这种联系并非能够认得非常清晰，而且并没有先后顺序，也无法判断一项能够作为另一项的基础。所以在这里是无法确定教学内容内部的规定性和顺序性的。

体育教学素材的第二个特性是具有一项多能和多项一能的特点。所谓的"一项多能"就是指通过一个运动项目，能有非常多的体育目的，这就是说在这个项目中有着目标多指向性的特点，以健美操为例，有人利用这个项目来锻炼身体，有人用这个项目进行娱乐，同时这个项目还有表演的作用。在很多情况下，进行健美操运动往往能实现多个功能。这就是说，学生掌握了一项运动之后，就能够实现多种目的。多项一能则突出了体育教学内容之间具备相互的可替代性。比如像从事投掷练习，可以扔沙袋，投小垒球也能够实现，推实心球也可以，推铅球也算是能够实现。想通过体育运动得到娱乐放松，可以踢足球，可以打排球，同样打篮球打网球也可以实现。这就是说想达到目的并非只有一个项目可以实现，不同的项目也同样能够做到。正是由于这个特性的存在，使得在体育教学内容中没有无可或缺的项目，使得体育教学内容并不具备强烈的规定性。

体育教学素材的第三个特性是它拥有庞大的数量。庞大的数量使得其内容相当庞杂，并且在归类上存在一定的难度。人类文明诞生以来，创造出的体育运动项目数不胜数，丰富多彩，并且每一个运动的技能对于练习者的身体素质也有着各种各样的要求。鉴于这个原因，没有哪个体育教师能够精通全部的体育项目，所以体育教师的培养才要求一专多能，体育课程的设计者也很难寻找到最合理的运动组合运用到体育教学内容当中，同时也几乎不可能编写出适合所有地区和教学条件的教材。

体育教学素材的第四个特性是在每个运动项目中，其乐趣的关注点都是各不相同的。以篮球和足球为例，其乐趣就是在激烈的直接对抗中，通过娴熟的技术和精妙的战术配合而得分。再如在隔网类运动当中，其乐趣则是双方队员在各自的场地中通过巧妙的配合，而将球击到对方场地而得分。诸如以上等等。因此，体育运动都有各自乐趣的特性使得在体育教学内容的选择上乐趣是无法忽略的内容，这同时是快乐体育理论存在的事实依据。

（二）体育教学内容选择的原则

1. 教育性原则

进行体育教学内容选择的时候，首先应从教育的基本观点对体育教学素材进行选择，分析其是否与教育的原则相符，与社会的固有价值观是否同步。要明确分析它是否有利于学生的身心发展和身体锻炼。

进行体育课程内容的选择，必须与体育课程的主要目标相匹配，确立"健康第一"的指导思想，并以此作为体育教学内容当中最基本的出发点，同时看重其中的文化内涵，使学生在学习体育技能的同时更能深刻体会到体育文化修养带来的益处。学校体育在培养学生时应首先考虑对学生的品德、智力、体质等方面的全面发展是否有利，将理论与实际结合起来，使学生了解人体科学知识的同时真正锻炼身体，还要从思想文化等方面下功夫，使其在双方面同时发展。体育教学内容的选择对于不同学段学生的发展特点和规律都要充分考虑到，其个体差异与不同需求将会在其中起到很大的作用，所以充分考虑能够确保每一位学生受益。进行体育教学内容的选择时，还要符合各个方面的实际来确保选择时有足够的空间和灵活性。

2. 科学性原则

进行教学内容的选择时，健身性和兴趣性的确非常重要，但这不能否定科学性在体育教学内容的选择当中的重要性。体育教学内容选择当中的科学性有以下三层含义：

（1）教学内容的选择必须有利于学生身心的协调共同发展。要注意，一些内容虽然有利于学生身体健康，但对于学生的心理健康并不合适，反之同样可能出现这种状况。因此，教学内容的选择必须做到使学生在开心的体育活动中同时积极促进身体的发展。

（2）教学内容同时也要使得学生能够从根本上对科学锻炼的原理和方法有一个深入的

了解，这种了解可以增加学生从事体育锻炼时的自觉性和积极性。

（3）教学内容本身的科学性。在今后，国家对体育教学内容的选择的限制放开，不做具体的规定，因此必须注意防止一些科学性不够强的体育项目作为教学内容进入课堂。

3. 实效性原则

在未来，体育课程将会成为一门以身体活动为主要手段来对学生健康进行增强的课程。可以从另一个层面理解，那就是所有对学生健康有利的教学内容都是教学内容选择的良好范围，这种形式同时也可以在以后使得体育教学内容的涵盖更加丰富。

简而言之，实效性就是判断某项体育教学素材是否实用、是否简便易行、是否有助于学生的身心健康。国家相关文件在教学内容的改革方面特别强调要对教学内容当中的"难、繁、偏、旧"以及教学过程过度的偏重书本知识的现状予以改变，在教学内容当中，加强学生生活与现代社会和科技发展当中的联系，对学生学习的兴趣加大关注，教学内容中的知识和技能要有利于学生终身体育的进行。所以在进行体育教学内容的选择时一定要兼顾选择与学生自身的体育学习兴趣和经验相接近的以及大众喜欢的、社会上比较普及的，同时强调运动项目的健身娱乐效果，奠定学生终身体育的发展基础。

4. 趣味性原则

兴趣是帮助一个人学习的最好的老师，因此在进行体育教学内容的选择时，应根据学生的各方面特征尽量选择他们感兴趣的、有趣味的，并且在社会上比较流行的体育素材作为教学内容。毫无疑问的是大多数竞技运动项目的健身价值和教育价值是不可低估的，但是，长期以来，体育教育工作者往往更加关注竞技运动项目教学的系统性和完整性，用培养运动员的方法进行体育教学，但却背道而驰，导致很多学生开始厌恶体育课。

5. 民族性与世界性相结合的原则

体育课程内容的选择要在保留我国民族传统体育当中的精华部分的同时，对国外好的课程内容有选择地加以借鉴吸收。不能对自己民族的东西盲目自信，但同时更不能有崇洋媚外的思想。体育教学内容的选择就应该与时俱进，体现当今时代中国的特色。

（三）体育教学内容选择的步骤

1. 用教育的观点审视现有的体育素材

社会制约因素是选择体育教学内容时需要首先关注的因素，在关注社会制约因素时需要从社会的生产生活以及科技教育等方面的实际发展情况出发，充分考虑当今社会发展对人们提出的要求与影响，特别是要考虑社会发展在人类健康方面提出的要求与影响。换言之，就是从教育怎样更好地满足社会发展需要，进而推动受教育者获得全面协调的教育和发展，同时将此作为基点分析和评价现有的体育素材，即分析和评价现有的体育教学内容能否对受教育者强健体魄、增强体质、强化思想品德教育、养成良好思想品质产生积极影响，剔除不符合教育要求、有害学生身心发展的素材。

2. 根据体育教学的目标对体育运动项目进行整合

由于体育教学内容是实现体育教育课程目标的方式，因此选择体育教学内容的前提必须是体育教学目标。不同的体育项目和身体练习方式对人们的生理和心理方面有着不同程度的影响，然而因为各种体育项目和身体练习方式的性质各不相同，因此，在人们身体和心理等方面，不同的体育项目和身体练习方式均会表现出其主要的作用和影响。选择体育教学内容时，应当始终遵循体育教学目标，对不同体育项目和身体练习方式的主要作用和影响进行分析，进而有效整合不同体育运动项目和身体练习方式，并将其作为形成体育教学内容的基本素材。

3．对各种体育运动项目进行典型性分析

体育运动项目和身体练习不仅具备多功能性和多指向性的特征，即有相似功能的体育运动项目与身体练习方式的手段很多，同时体育运动项目和身体练习手段还带有显著的可替代性。有大量的体育项目和身体练习能够作为体育教学内容的素材，但是体育教学的学习时间极为有限，无法把大量体育项目和身体练习都纳入到体育教学内容中。因此，必须与社会需求和社会条件有机结合，充分了解和考虑不同阶段的学生的身心发展特点和兴趣爱好，进而在大量体育项目和身体练习手段中选择出若干相对典型和较为常见的体育运动项目和身体练习作为体育教学内容。

4．根据不同水平的体育教学目标选择运动项目

年级不同，学生表现出的身心特点也各不相同，不同年级的体育教学目标也存在着一定的差异。因此，在为不同年级的学生选择体育教学内容时，需要依照不同学段学生的身心发展特点来选择和其相对应的体育教学目标，从而科学有效地选择出适于不同学段的体育教学内容。

5．可行性分析

因为地域和气候条件对体育教学内容的影响较大，因此并非任何地区都适宜同一体育教育教学内容的实施；同时体育运动的开展需要一定的场地器材作为保障，因此并非所有学校都适宜同一课程内容的实施。故而在对体育教学内容进行选择时，必须对场地器材的可能性进行充分考虑。在选择相同的课程内容时，必须给不同地区、不同学校在选择和实施体育教学内容方面留下充分的余地，从而对不同地区、不同学校执行的弹性起到保证作用。

第三节　体育教学方法的科学探究

一、体育教学常见方法分析

（一）语言教学法

语言法即为在教学活动中，教师通过对学生进行语言指导，从而达到相应的教学效果的方法。作为一名教师，能够正确、简明、形象地使用语言，对于学生的学习和教学工作任务的完成具有重要的意义。正确地使用语言，不但能够使学生更好地理解相应的学习目标和任务，还能够促进其对相应的知识和技能进行快速掌握。

因此，在体育教学过程中，教师应注重语言法的运用，注重语言的技巧。一般学校体育教学中语言法的形式有：讲解、口头汇报、口头评价以及口令和指示等。

1．讲解法

讲解即为教师将相应的动作要领、方法和规则要求等方面的知识向学生进行说明，其目的在于更好地指导学生进行相应的运动技能的学习和掌握。讲解法是较为常用的教学方法，在运用时，应注重以下几方面的问题：

（1）要明确讲解的目的，根据教学的目标、教学内容和学生特点进行讲解。在讲解过

程中，应对自身的语速、语气进行调节，并抓住教学内容的重点和难点，具有一定的目的性和针对性，这样才能够使学生明白哪些是重点和应该着重理解的方面。

（2）在进行讲解时，应注重其内容的正确性，不管是具体的工作原理还是相关的基本知识，都应做到准确无误。另外，还应注重讲解的方式要与学生的学习情况和学习能力相适应，使学生能够很好地接受相应的知识。

（3）为了更好地使学生理解相应的技术动作，讲解要做到生动形象、简明扼要。具体而言，在讲解过程中，应注重将新的技术动作和知识内容与学生已经了解和熟悉的内容联系起来，使学生更好地理解相应的动作技术。另外，教学时间有限，学生的注意力集中程度也会随着学习时间的延长而有所下降，因此，应抓住重点，简明扼要地进行讲解。

（4）在内容讲解过程中，一些知识体系和动作技术不能将其孤立起来，要注重启发学生的发散性思维和创造性思维，使学生能够触类旁通、举一反三，更好地理解相关的知识，达到学以致用的目的。

（5）在进行讲解时，还应注重讲解的时机和效果。在讲解相应的内容时，首先应选择合适的站立位置，确保每个学生都能够听到所讲的内容。另外，给学生进行讲解时，应充分调动其好奇心和积极性，如此才能取得更好的效果。

2．口头汇报法

口头汇报是教师了解教学效果的重要方法之一，这种方法要求学生根据教学需要，向教师表述学习心得和有关教学内容、方式和疑难问题等相关方面的问题。通过学生的口头汇报，能够使教师明确自身在教学过程中的不足，为教师提高和发展自身的教学水平提供相应的依据。对于学生而言，通过这种方式不仅能够培养其语言表达能力，还能够促进其积极地思考，加深其对于教学内容的理解。因此，在教学过程中安排相应的口头汇报不仅有助于教师和学生素质的提高，对于教学质量的提升也有重要的促进作用。

3．口头评价法

口头评价也是一种重要的语言方法，对于学生的动作完成情况以及课堂表现给予相应的口头评价，能够更好地促进学生的学习。口头评价可分为两种，一种为积极的评价；另一种则是消极的评价。积极的评价即为对学生的正面鼓励，这能够在一定程度上激发学生的积极性，促进教学活动的更好开展；消极评价则是否定性的评价，这种评价往往指出学生的不足，明确其提高的方法和努力的方向，用这种方式时应注重语气和口气。

4．口令、指示法

在体育教学过程中，需要借助多种口令和指示，如"立正""跑""转体"等。这些语言简短有力，能够很好地指导学生进行相应的技术动作的学练。但是，需要注意的是，运用这些口令和指示时，应注意把握其时机和节奏，否则会造成学生动作的不协调和出错。另外，还应注重发音的洪亮有力，不仅要使学生能够清楚地听到，还应给学生以势在必行之感。

（二）直观教学法

直观法是体育教学中较为常用的一种教学方法。通过相应的直观的方式作用于人体的感觉器官，引起相应的感知，从而实现体育教学目的。一般常用的直观教学法有：动作示范、条件诱导、多媒体技术、教具和模型的演示等形式。在实践过程中，人们认识事物时都是首先从感觉器官的感知开始的，因此，直观教学法能够使得学生更易于理解相应的教学内容。

1．动作示范法

动作示范指的是教师采取一些示范动作使学生对技术动作的形象、结构和要领进行掌握的基本方法。一般在进行动作示范时，教师可亲自进行示范，也可指定相应的学生进行动作示范。在采用动作示范方法时，应注重以下几方面的问题：

（1）在进行动作示范时，应具有一定的目的性。如果是为了使得学生了解动作的基本形象，示范动作可稍快；如果动作示范是为了使学生了解相应的动作结构，并引导学生进行学习，则动作应稍慢，可略夸张；如果是示范相应的重点和难点动作，可多示范几次。

（2）示范动作一定要注重其正确性，避免对学生形成误导。在进行相应的讲解时，不仅要注重内容的正确性，还要体现出教学内容的特点，并与学生的学习能力相适应，提高学生的学习兴趣。

（3）进行动作示范时，应使得全体学生都能够看到。因此，可使学生呈圆圈形站立，或是错位站立。

（4）在进行动作示范时，一般会配合相应的讲解方法，使得学生能够更好地理解。可采用先示范后讲解、边示范边讲解和先讲解后示范等方式。

2．条件诱导法

条件诱导法也是较为常用的一种教学方法，以某种条件为诱因，并与相应的动作建立联系，从而达到相应的教学目的。例如，通过相应的音乐伴奏和喊节拍的方式，形成一定的动作节奏感；通过简单的语言提示使得学生的动作能够流畅进行。另外，也可设置相应的视觉标志，指示学生进行相应的动作方向和运动轨迹、幅度等方面的操作。

3．采用多媒体技术法

多媒体技术主要包括电影、幻灯、录像等。在运用电影和电视、录像时，应注意播放内容要与体育教学目标相适应，并有机结合电影和电视、录像与讲解示范练习。多媒体技术虽然在教学过程中得到了普遍的运用，但是在体育教学过程中，其应用并不广泛。这与体育教学在户外授课、器材运用不方便具有很大的关系。

4．直观教具与模型演示法

在体育教学过程中，对于一些高难度的动作可采用图表、照片和模型等直观方法进行辅助教学。通过运用这些教学工具能够使学生更加易于理解相应的技术结构和动作形象。另外，对于一些战术配合，也常采用模型演示的方式进行讲解。

（三）完整与分解教学法

1．完整教学法

完整法指的是从动作开始到结束，完整地进行教学和练习的方法。一般在技术动作的难度不是很高，或技术动作不可进行分解时，会采用完整法进行教学。另外，在首次进行动作示范时，也会采用完整法来进行动作技术形象的示范。完整法其优点在于动作协调优美、结构简单、方向路线变化较小，各部门之间具有密切的联系。其缺点在于对一些复杂的动作而言，采用这种教学方法会为教学带来一定的困难。为了便于学生进行学习，促进教学活动更好地开展，应注重以下几方面的问题：

（1）在讲授一些简单和易于掌握的动作技术时，教师可以先进行完整的动作示范，示范之后，学生直接完成完整的动作练习。

（2）有些技术动作无法分解，这时要采用完整教学法。需要注意的是，在采用这种方法时，要对其中的各项要素进行必要的分析，如动作的用力、动作转变的时机等。但是，不能拘泥于动作的细节，要从整体上进行把握，确保动作的完整和流畅性。

（3）对于一些高难度动作，可适当地降低其难度，可先通过降低难度或是徒手完成相应的动作，在此基础上逐渐增加难度。需要注意的是，降低难度时，不能使技术动作出现错误，这是其基本要求。在教学过程中，对于一些器材的重量以及高度、距离等标准可适当降低。

（4）采用完整法进行教学时，可适当改变外部的环境条件，在外力条件的帮助下完成相应的完整动作。

2．分解教学法

分解法即为将完整的动作划分为几个部分，逐步使学生掌握完整的动作技术。这种方法适用于难度相对较高，并且动作可分解的运动项目。采用这种教学方法时，能够将复杂的动作分解为简单的动作，从而使技术难度降低，更加有利于学生的学习和掌握。但是，这种方法也有其相应的缺点，即它注重对于局部动作的分解把握，可能在一定程度上使得学生对于整体的理解不全面。因此，分解教学法和完整教学法通常结合使用。

在运用分解法进行教学时，应注意以下几方面的问题：

（1）应仔细分析动作技术的特点，采用合理的方式对其进行分解，注重时间、空间等方面的有序性和统一性。

（2）将完整的技术动作分为多个环节时，应注重各个环节之间的联系，注重动作结构之间的联系性。

（3）在熟练掌握各阶段的动作之后，要注重各个环节之间的动作衔接，要保证其过渡的流畅性，形成有机的整体。

（四）预防与纠错教学法

为了防止和纠正学生在练习过程中出现和可能出现的错误动作，教师在教学过程中经常采用预防与纠错法。

在教学过程中，学生对于各种动作技术的掌握不标准和出错的状况是不可避免的，教师应正确对待，并注意进行有意识的引导和纠正。

预防和纠错是相互联系的。预防具有一定的超前性，要求对于可能的错误动作进行积极的引导，并要对其出错的原因进行分析；纠错具有鲜明的针对性，针对学生的错误动作采取相应的纠正措施，并分析出错的原因。预防与纠错的具体方法有以下几种：

1．语言表述法

为了使学生建立起正确的动作概念，应注重动作细节与要点描述的准确性，使学生能够明确理解各技术动作的标准和结构顺序。通过这种方式，能够使学生建立正确的动作意识。

2．诱导练习法

为了使学生的动作准确无误，可采用诱导性的教学方法，使学生达到相应的教学要求。例如，学生在做肩肘倒立时，不能将腰腹部挺直，针对这种情况，可采用在垫子上方悬一吊球，让学生用脚尖触球的方法，这样学生就可以挺直腰腹部了。

3. 限制练习法

在进行相应的动作练习时，设置一定的限制条件，有助于错误动作的纠正。例如，在进行篮球投篮练习时，为了使学生的投篮动作更加协调、标准，可练习罚球线左右的投篮练习，使学生掌握正确的投篮方式。

4. 自我暗示法

自我暗示法是一种重要的方法。学生在进行相应的动作练习时，为了保证动作的准确性，在练习中有意识地暗示自己达到要求的方法。例如，在进行篮球的投篮练习时，学生可暗示自己投篮时手指、手腕的动作要标准，使得自身的投篮动作准确无误；再如，在奔跑练习中要暗示自己注意后腿充分蹬地。

（五）游戏与竞赛教学法

1. 游戏教学法

游戏法也是体育教学过程中较为常用的一种方法，它是指教师组织学生通过做游戏的方式来完成相应的教学任务的方法。通过开展相应的游戏，使得学生之间开展竞争和合作，提升学生的思考和判断能力，促进教学质量的提升。游戏法具有一定的趣味性，能够提高学生参与的积极性，培养学生的学习兴趣，因此在体育教学中被广泛地运用。

在运用游戏法时，应注重以下几方面的问题：

（1）应根据教学目标和教学内容采取合适的游戏规则和游戏要求，确保游戏内容与教学内容相契合。

（2）采用游戏法时，学生需要遵守相应的规则。但是，应注重鼓励充分发挥学生的主动性和创造性。通过开展相应的游戏引发和启迪学生的思考。

（3）教师应做好相应的评判工作，要做到公正、客观，避免挫伤学生参与体育学习的积极性。

2. 竞赛教学法

竞赛法即为在教学过程中，为了检验教学效果和提高学生的技术水平，组织学生进行比赛的方法。竞赛法将所学的技术动作应用于实践，能够使得学生更好地掌握相应的技术动作。采用这种方法具有一定的竞争性和对抗性，学生需要承受较大的运动负荷。通过开展竞赛，能够培养学生的应变能力，对于其心理素质和意志品质等方面的发展也能起到一定的促进作用。

采用竞赛法时，应注重以下两个方面的问题：

（1）开展竞赛时，应合理地组织，无论是个人赛还是小组之间的比赛，其实力应相对较为均衡。

（2）开展相应的竞赛时，学生应熟练地掌握相应的技术动作，能够在比赛中很好地运用。

二、体育教学方法的选择

（一）选用教学方法的艺术

在体育教学实践过程中，有多种制约教学活动的因素，在不同的教学目标、内容、对象以及教学条件下，教学方法也发挥着不同的效果。这在一定程度上决定了教学方法的多样性。因此，在教学过程中，应注重教学方法的科学性、艺术性和综合性的结合，形成良好的教学方法模式，并且要灵活进行变通。实践表明，教学方法都有其优点和缺点，适用于所用教学条件下的教学方法并不存在。因此，在选择教学方法时，应注重科学性、艺术性和综合性的结合。

在选择教学方法时，并不是随意选择的，必须具有一定的科学依据。在教学过程中，应以教学规律为根据来选用合适的教学方法。教学方法与教学目标、教学内容、教学对象等方面均具有一定的联系，在选择教学方法时，应分析和掌握这些因素之间的内在本质联系，从而确定科学的教学方法。

在选择教学方法时，还应注重选择的艺术性。教学方法不仅要具有一定的科学性，还要保证在具体的教学实践过程中，采用的教学方法要具有灵活性、艺术性和创造性，避免机械、僵化地运用。在实践过程中，应根据具体的条件和教学需要，选择相应的教学方法，必要时，还要对相应的教学方法进行加工和创造。

在教学实践过程中，教学方法的选择具有综合性的特点。不同的教师会采用不同的教学方法体系，并取得一定的教学效果。在选择教学方法时，也不能要求所有的教师都要千篇一律。不同的教师会有不同的个性教法特色，只要其教学方法能够取得一定的教学效果，就值得使用和发展。

需要注意的是，体育教学的内容处在不断地发展和变化之中，教学对象也呈现变化性的特点，这就要求体育教学的方法也要不断进行发展和创新。因此，在选择相应的教学方法时，应用发展的眼光看问题，动态地去选择。下面阐述选择体育方法的具体参考依据。

1. 参考体育教学目标

体育教学目标的主要特征之一是多层次性，身体发展目标、技能发展目标、知识发展目标、社会发展目标和情感发展目标等是体育教学目标的不同层次。为了实现不同的教学目标，应采用不同的教学方法。在体育教学中教学目标并不是孤立的，它是多种目标的综合，而每一单元、每一堂课目标的侧重点是不同的。因此，在教学过程中，应根据具体的课堂教学目标选择重点发展某一方面的教学方法。课时教学目标是体育教学总目标的具体化，这一目标具有很强的指导性。它既有相应的运动技能和运动理论方面的知识，也有心理和品质品格方面的内容，针对这些不同的教学目标，应选择与之相匹配的教学方法。

2. 参考体育教材内容

体育教学的内容与教学方法之间具有密切的关系，如对一些技术动作教学内容应采用主观的示范操作的方法，而对一些原理和知识结构方面的内容则应注重运用语言法进行讲解。不同性质的体育教学内容，应采取相应的教学方法。每一种教学方法为实现一定的目标而运用在某一教材内容时，其效果也会表现出一定的差异性。因此，在体育教学过程中，应注重教学方法的灵活性。

3. 参考体育教学环境

教学环境对教学方法的选择具有重要的影响。教学环境包括场地器材、班级人数、课时数等，同时，外界的社会文化环境也对教学环境具有重要的影响。教学环境必然会对教学方法产生制约作用。例如，一些直观教学方法需要借助一定的教学器材才能实现相应的教学目标，而学校体育教学资源的具体情况在一定程度上对教师采取的教学方法具有决定作用。

教师在体育教学过程中，应充分利用现有的教学环境，选择合理的教学方法，最大限度地利用现有的场地、器材条件。

4．参考学生的实际情况

在教学过程中，教学方法的实施对象是学生，采用多种教学方法的最终目的是促进学生更好地学习。因此，在选择相应的体育教学方法时，应与学生特点及其实际情况相符合。学生的实际情况表现多方面的内容，包括学生的年龄特点、性别特征、身心发育状况以及相应的知识储备和学习能力等。

学生处于不同的年龄阶段，则其身心发展过程也具有阶段性的特点。对于大学生而言，低年级学生和高年级的学生其身心发展特点会表现出鲜明的差异性。另外，男女性别上的差异性也会导致其对于体育的态度有所不同，因此，应采取合适的方法，充分调动学生体育学习的积极性。

学生的经验和知识储备以及其相应的学习能力也是教师选择不同的教学方法的重要依据。对于知识储备量较为丰富，已经掌握了基础的知识技能，并且学习能力较强的学生，其在学习新的体育技能时能够更快、更好地掌握。此时，教师可采用合理的教学方法促进学生的技能水平向着更高的水平发展。

5．参考教师的自身条件

体育教师是各种教学方法的实施者，其自身的素质对于教学活动的效果具有重要的影响。体育教学如果能力和素质有限，则其将不能发挥相应的教学方法的作用，从而对教学活动产生消极的影响。因此，教师在选择相应的教学活动时，应对自身的专业素养、能力水平以及教法特点有客观的理解。

一般而言，体育教师所熟练掌握的教学方法越多，则其越能够根据自身以及学生的实际情况选择出最佳的教学方法。不同教师根据学生实际状况采取同样的教学方法，也会得到不同的教学效果，可见教师自身条件极大地影响着体育教学活动。所以，教师要提高认识自身素质与教学风格的意识，并通过积极的学习增强自身的素质，尝试和掌握更多的教学方法。

（二）选择体育教学方法需要注意的事项

1．注意师生之间的协调配合

在体育教学过程中，教师和学生的默契配合是取得良好教学效果的重要保证。教学活动不存在没有"教"的"学"，也不存在没有"学"的"教"。因此，不管是何种教学方法，都应考虑到"如何教"和"如何学"这两方面的问题。

在传统体育教学过程中，片面强调以教师为中心，教学方法也只是注重教师"如何教"的问题，而对于学生在教学过程中的作用则选择性地忽略了。例如，教师在动作示范时，只考虑动作的优美和协调性，而没有考虑学生的感受，从而使得学生的学习效果不佳，影响教学活动的开展。

因此，体育教学方法的应用应考虑师生双方的合理配合，避免两者相脱节。这样，才能取得良好的教学效果。

2．注意学生内部与外部活动的配合

学生的学习过程是内部活动和外部活动的综合体现，因此，在选择相应的教学方法时，应注重两者之间的配合。所谓内部活动，即为学生的心理活动以及相应的生理生化反应等方面；外部活动则是其动作质量、情绪、注意力等方面。

在选择相应的体育教学方法时，应注重这两者之间的配合。教师应善于分析学生的内外活动变化，有机结合指导学生外部活动的方法与激发学生内部活动的教学方法，以促进学生积极主动地参与到体育学习中。

在选择体育教学的方法时，还应对多种教学方法进行对比分析，从而确定最佳的教学方法。在教学过程中，应明确不同的教学方法适应什么样的教学内容，能够解决什么样的教学问题，能够对什么样的教学对象起到更好的作用等。

3．注意不同学习阶段的前后配合

学生在学习过程中，在不同的学习阶段会表现出不同的特点。体育教学方法的应用应考虑到学生学习知识的不同阶段的前后配合。例如，在动作学习过程中，应注重"模仿型"向"创造型"的过渡，并实现二者的有机结合。

学生的学习过程是由不了解到熟悉的过程。在学习的初始阶段，往往以模仿（模仿教师或他人）学习为主，之后，学生就会形成动作定式而完全摆脱模仿，从"模仿型"过渡到了"创造型"。这两个阶段之间具有一定的联系，又相互区别。因此，在运用教学方法时既要防止二者之间的互相代替，又要防止二者之间的割裂。

三、体育教学方法的运用

（一）运用体育教学方法的注意事项

良好教学效果的取得不仅要求教师要选择合适的教学方法，还要求教师具有良好的素养，能够有效运用体育教学方法。在对相应的体育教学方法加以运用时，有以下几个方面需要注意：

1．注意体育教学方法效果的影响因素

在对体育教学方法进行合理应用时，为了取得良好的教学效果，体育教师要加强与学生之间的协调配合。在体育教学实践活动中，教学方法所产生的效果受体育教师的知识储备、人格魅力以及教学技艺等方面的影响。所以，提高教师的素养对于教学方法使用的效果将会产生积极的影响。

然而，需要强调的是，体育教学是教师与学生之间的双边互动，学生因素对于教学方法运用的效果也具有重要的影响。因此，学生的能动性的发挥情况对于教学方法的运用效果具有重要的影响。例如，当学生没有太大的兴趣参与到体育课教学中时，就会在课堂上表现出注意力不集中，即使体育教师使用正确、生动、形象的讲解方法或准确、协调、优美的动作示范，学生依然不会提高参与课堂学习的兴趣与积极性。

除了教师和学生因素之外，体育教学的物质条件和环境，也在一定程度上影响着体育教学方法的运用。例如，在进行篮球运动教学时，如果是在较为干净的室内塑胶场地上，学生在奔跑和起跳时的心理状态与在水泥地面上时是不同的，室内塑胶场地上，当学生起跳落地时，可以做出相应的保护性动作，能够有效避免受伤。因此，在强调教学主体主观因素的同时，也不可以将物质和环境等客观因素忽略掉。

2．注意体育教学方法有关理论的运用

有关体育教学的理论源于实践，但又高于实践，是科学总结体育教学实践的结果。因此，体育教学的相关的方法既要注重实践方面的问题，也要注重理论方面的探索。如果体育教学的相关理论具有一定的片面性，则其体育教学的方法也会表现出一定的片面性。在体育教学过程中，体育教学方法方面的理论基础应综合考虑以下几方面：

（1）辩证唯物主义与唯物辩证法的基本观点。

（2）系统论原理，深化理解体育教学系统。

（3）教育学、心理学等与体育教学有关的学科理论知识。

（4）普通教学论和体育教学论，这是体育教学方法直接的理论基础。

（5）对当代各学科的先进理论成果进行借鉴和吸收，创造性地应用相应的理论和方法。

总而言之，在体育教学过程中，应用新观念、新理论指导体育教学工作，不断对体育教学的方法进行创新，并充分发挥各种教学方法的效用。

（二）体育教学方法的优化组合运用

1. 优化组合运用的原则

（1）最优性原则

不同的教学方法其特点、功能和应用范围都会有相应的差异性，各教学方法都有其优缺点。因此，在对教学方法进行组合运用时，会形成不同体系的综合教学方法，每一套教学方法也有其鲜明的特点。教师在进行教学方法的优化组合时，应根据实际情况，选择一套最符合实际情况的教学方法。教师在教学方法选择时，应从整体入手，将各种教学方法进行有机结合，充分发挥教学方法体系的整体功能。

（2）统一性原则

统一性原则要求教师在选择相应的教学方法时，应注重"教"与"学"的统一，使得两者之间密切结合，相互促进。如果只强调其中的一方面，则教学活动并不会取得良好的效果。另外，统一性原则还要求，在教学过程中，应将教学方法的多种功能充分地发挥出来，促进学生素质的全面发展。

（3）启发性原则

不管是何种形式的教学方法，其都应该能够更好地调动学生的积极性和自觉性，促进学生进行积极思考与探索，促进学生全面提高自身素质。在体育教学活动中，注重学生兴趣和动机的培养，发展其自主思维和学习的意识。

（4）创造性和灵活性原则

在选择体育教学方法时，应注重发挥教师和学生的创造性。应对教学方法进行积极的改进和创新，使其更加适用于自身的教学实践活动。只有这样，才能够使得教学方法的功能最大化，从而取得较好的教学效果。教师要对教学方法不断地发展和创新，这样才能与教学水平的发展相适应。

教学活动是一个动作的过程，教师在课前设计的相应教学方法可能在具体的教学实践中面临多方面的问题，这就需要教师灵活应变，根据实际教学情况，对所选的体育教学方法进行灵活的、创造性的运用。

2. 体育教学方法优化组合的程序

（1）将体育教学的任务进一步明确

选择不同的教学方法要以教学任务和教学目标为主要依据。因此，应将一节课的具体教学任务进行分析和细化，制定出详细的任务规划。

（2）根据实际情况将总体设想提出来

通过对教学任务、教学内容、学生的具体情况以及教学的外部情况等进行分析，对相应的教学方法进行评估和分析。在提出教学的总体设想时，应将教学方法的可行性和适用性充分考虑进来。

（3）对多种体育教学方法加以优化组合

制定教学方法和教学方法的具体方式和细节表，对于各种教学方法进行分析，并对其不完善的地方进行相应的补充。在此基础上，将优化组合后的教学方法应用于具体教学实践过程中去。

（4）对优化组合的教学方法实施与评价

在体育教学过程中，应对教学方法产生的效果进行跟踪了解，可通过学生反馈的形式了解具体情况。对于教学方法的反馈信息进行归纳和分析研究，并对教学方法做出相应的调整。在以后的教学过程中，要不断地总结经验和教训，促进教学方法的不断优化。

第四节　现代体育教学内容与方法的创新发展

一、现代体育教学内容的创新发展

（一）对学校体育教学内容的反思

1. 学校体育教学内容的逻辑关系不强

由于体育教学内容相比于其他教学内容没有足够强的逻辑性，所以在教学内容的安排上应当避开逻辑性，在更深的层面上进行研究。

2. 竞技项目如何教学化

在我国的体育教学内容发展过程当中，竞技体育项目始终是体育教学的主要内容。但与体育教学相比，运动训练是有着本质上的不同的，所以如果以专业训练的标准要求学生在体育教学汇总的学习，那么必然会出现难度过高、内容枯燥、教学效果欠佳的问题。所以要想在体育教学内容中加入竞技体育的内容，那么对其进行改造是必不可少的，这样才能适应体育教学对内容的需要。

3. 学校体育教学内容与健康教育的畸形关系

体育教学内容从根本上来说，应当与健康教育相辅相成。但在实际教学当中，人们一直都很忽视理论基础知识的选择，固有思想总是认为体育课就是要实践，认为上体育实践课的老师对于健康教育是不在行的，而会上健康教育课的老师对于体育实践课又不熟悉，这时的体育教学和健康教育被剥离开来。但是终身体育观点的提出使人们认识到，体育与卫生保健是相辅相成的，科学锻炼才能保障健康。所以体育教师必须注重理论与实践相结合。

4. 学校体育教学内容应该多样化还是重点突出

相比于其他学科，体育教学在横向上的内容更加丰富，因为其他学科的内容有着比体育教学更强的逻辑性。终身体育思想使得很多教育工作者开始思考目前的体育教学内容太多导致学生学不会的问题经常出现，所以很多学者提出学生只要具备一项运动技能就足够了的观点，他们认为，学生进行终身体育，一项体育技能足矣。同时也有很多的反对呼声，认为那将把体育教学内容置于一个过于狭小的范围内，并且一个项目很难满足人的一生中各个阶段中对体育运动的兴趣。所以，项目太多或项目太少对于体育观念来说都过于片面。这一问题可能通过在初中、小学设置多样化教材内容，而高中、大学选择特长项目的方法来实现。

（二）学校体育教学内容的发展趋势

随着时代的发展，体育教学内容也会呈现出不同的时代特点。在我国体育教学改革的逐渐推进下，体育教学的内容将会呈现出一定的发展趋势，具体内容如下：

1. 体育教学内容更加注重学生的全面发展

在传统体育教学中，体育教学的内容只注重学生身体素质的发展，带有一定的片面性。在体育教学内容的未来发展过程中，其由只重视身体素质发展逐渐转变为重视学生身体素质、心理素质和社会适应能力的全面发展。在教育思想、方针政策、体育目标、体育功能的影响和制约下，选择体育教学内容的范围也受到了很大的限制，这使得体育课曾一度成为以提高学生身体素质为主要目的的达标课。在素质教育在我国开始实行和推广之下，体育教学内容的选择需要与素质教育的具体要求相符合，以使学生的心理素质、身体素质以及社会适应能力都得到全面的发展，从而将学生培养成为全面发展的社会需要的人才。

2. 体育教学内容更加注重学生终身体育意识的形成

终身体育的教学思想是现代体育教学的重要指导思想，而在这种教学思想的影响下，体育教学内容将更加注重学生终身体育的教育目标。终身体育已成为当今世界体育发展的一大趋势，要想实现这一终身体育目标就需要使学生学习和掌握参与终身体育所需的知识、态度和技能。因此，在未来的体育教学发展中，运动文化的娱乐性与传递性、教材的健身性之间的关系将被协调整合起来，一些具有健身价值、终身运动性质的体育运动项目将被作为体育教学的内容。

3. 由规定性向选择性以及不同学段逐级分化

以往的体育教学大纲在对体育教学内容进行确定时，总是试图在具有极强综合性的体育学科中来寻找运动项目之间的逻辑关系，并将所选择出的体育教学内容按照一定的逻辑关系使之体系化，但体育教学内容因缺乏相应的逻辑性而给教材的制定造成了一定的困难。将来的体育教学大纲在对体育教学内容进行选择时，非常重视遵循体育学科自身的内在规律，同时重视将具有娱乐性、健身性、时代性的体育素材，以及学生喜闻乐见的体育素材纳入到体育课程之中，并且不同学段的教学内容和要求也有一定的区别，"选择制教学"将获得进一步的发展。

4. 从教师价值主体逐步转向学生价值主体

社会及学校教育的发展水平、教师与学生的价值观念都会对体育教学内容的选择与确定产生一定的制约。在传统的体育教学大纲中，选择与确定的体育教学内容主要是将体育教师对体育教学内容的价值取向体现出来，围绕着教师的"教"来进行体育教学内容的选择。随着现代体育教学改革的不断深入，体育教学内容的选择与确定主要是从学生的实际需要出发，更多地将学生的价值取向体现出来，即教学内容的选择应服务于学生的"学"。

5. 体育教学内容对新体育项目的吸收

体育教学内容也开始逐步吸收一些民族传统体育项目和一些新型的娱乐体育项目。随着现代社会的快速发展以及大众体育的蓬勃发展，不断涌现出一些新兴的体育运动项目和娱乐性体育运动项目。青少年更加喜欢追逐潮流、追求时尚，所以也喜欢那些新兴的、娱乐性强的体育运动项目。因此，体育教学内容应革新以往传统体育教材的统治局面，而应注重对一些新兴时尚的特色运动项目的吸收，将其作为体育的教学内容。此外，未来体育教学内容的开发可以重点考虑我国各民族传统体育项目，这些具有民族特色和健身价值的体育项目是体育教学内容的良好素材。

（三）学校体育课程内容的新体系

体育要做到与社会相结合，同时与学生的日常生活相结合，这在现代体育的发展中是又一个不可逆转的趋势。所以学校体育教学内容应当拓宽，形成自己的新体系。在这个新体系当中，体育教学内容应当包括身体教育、保健教育、娱乐教育、竞技教育和生活教育五个方面。

1. 身体教育

身体教育是指以健身为目的的体育教育。身体教育的目标是要提高人的各项基本活动能力。在这其中，身体成分、肌肉力量、有氧耐力及柔韧性是重要的与健康相关的运动素质。

2. 保健教育

保健教育指在学习相关体育知识的过程中确保学生的安全和健康，这其中生理和保健知识也是必不可少的。在体育教学内容中必须重视运动处方的理论和实践，从而将保健教育和体育教学结合起来。

3. 娱乐教育

体育教学内容中的娱乐教育可以非常灵活地结合在社会的每个角落。每个人每个民族的娱乐体育活动都是丰富多彩的，因此促使它成为体育教学内容，是一种有益的选择。

4. 竞技体育

竞技体育主要是以专项运动项目为主要内容的教学内容，由于竞技体育事业的飞速发展，所以学生对竞技体育是相当喜爱的。但在教学过程中，绝对不能照搬对运动员的要求而进行体育教学，在各个方面应该针对学生来进行适当的处理，从而适应学生的实际情况和需求。

5. 生活教育

生活教育在这里指防卫训练、拓展练习、冒险教育及健康生活教育。在现今时代城市化影响着每一个人，包括学生。但这种生活有时候会显得内容单调，因此很多学生希望亲近大自然。而这种追求，在体育教学内容方面可以有新的选择。

（四）体育教学内容改革的方向与建议

1. 体育教学内容改革的方向

随着我国体育教学改革的逐步深入，一些改革的试点也正在如火如荼地开展起教学工作来。需要注意的是，体育教学内容的一些变化，会使体育教学出现一些单调、难度大、锻炼性强、要求教学规范化和场地器材条件高的情况趋势，在体育教学改革中，体育教学内容的改革无疑是其中最重要的一个方面，它是改革中最为直接、最易见效的部分。因此，体育教学内容的改革一定要把握好方向，其改革的方向应重点把握以下几点：

（1）改变体育教学内容趋于平常的锻炼和达标相统一的趋势。

（2）解决体育教学内容与学生社会体育活动之间的差距问题。

（3）解决体育教学中与体育教学内容难度有关联的"教不会""教不懂"的问题。

（4）解决学生因体育教学内容缺乏娱乐因素而越来越不喜欢体育的问题。

（5）解决乡土教学内容开发不足的问题。

（6）解决体育教学内容民族化的问题。

当前，体育教学内容的改革既要求体育教学内容的改革和新的开发，也要求恢复一些以往的传统体育教学内容中的精华部分，以提升学生学习体育的积极性。

2. 体育教学内容改革的建议

针对目前我国体育教学内容改革中存在的一些问题，结合现代体育教学内容改革与发展的方向，特提出以下几条建议：

（1）以学生为本，在选择体育教学内容时应更多地从学生如何学以及他们感兴趣的角度出发。

（2）改变体育教学内容规定过死的现象，将教学内容弹性相应地扩大，使地方学校和教师对体育教学内容的选择、设计更具灵活性。

（3）逐渐淡化竞技运动的技术体系。

（4）教学内容应更加概括，涵盖范围广阔，让学生和教师选择体育教学内容的权限更宽广，给教师和学生留出广阔的空间。

（5）适当增加女生喜爱的韵律体操和舞蹈内容。

体育教学内容的改革不是一时一日而成的，它是一项长期的任务，在改革的过程中，要真正使体育教学内容成为学生喜欢的、想学的、对学生未来的身体锻炼和业余休闲起到积极影响的真正有价值的东西，这需要国家、学校以及包括体育教师在内的体育教学工作者的不断探索和努力，只有这样，改革出的体育教学内容才与时俱进，符合时代的发展和学生的体育需求。

二、现代体育教学方法的创新发展

（一）体育教学方法的发展历史

体育教学现象出现以后，才有了体育教学方法，然而这并不等于说在课堂体育教学出现之后才有了体育教学方法。在民间的传统体育传授过程中，一些方法就已经得到了应用，只是当时的人们缺乏对教学方法的科学性和系统性的认识。因此，现代意义上的体育教学方法是现代体育教学出现以后而产生的。体育教学的方法具有鲜明的时代性特点。

1. 体操和兵操时代

在传统社会里，军事战争是体育运动发展的推动力之一。在封建社会和资本主义社会的早期，为了增加士兵的作战能力，士兵会进行相应的体育训练。这时的体育教学方法主要以训练式和注入式为主，较为单调。这种训练式和注入式的教学方法偏重于大运动量的不断重复，通过苦练来增加人体的运动记忆，并增强体能。

2. 竞技运动时代

近代以来，随着资本主义社会的不断发展，竞技运动也得到了快速的发展，竞技运动项目逐渐增多。竞技运动以公平、平等等思想为指导，并且融入了众多的文化因素，充满生机和活力。竞技运动要求运动员具有高超的运动技能，而一味地苦练并不能适应竞技体育发展的需要，体育教学方法的改进成为必然的趋势。

这一阶段，教学效率明显提高，出现的一些新的教学方法有演示法、观察法以及小团体教学法等。

3. 体育教育时代

现代体育得到了很大的发展，并且成为学校教育的重要组成部分。体育成为一种文化现象，其内容也得到了极大的拓展，涉及健康教育、心理训练、安全教育、体育咨询、体育培训等，体育的知识和技能快速发展。

人们针对体育教学的内容、方法的研究也逐渐深化。体育教学的方法不但要使得学生掌握相应的体育知识和技能，还要促进学生的全面发展，使其身体素质、心理健康、运动欣赏能力等方面都得到相应的发展。随着技术的发展，一些新的体育教学方法也随之出现。计算机、录像、电影等多媒体技术的发展，使得运动表象和感知等方法得到了快速的深化发展，体育教学的方法更加科学、规范，并向着更高层次发展。需要注意的是，新的体育教学方法的出现并不意味着传统体育教学方法的消失。在不同的时代条件下，会出现与这一阶段的生产力和科学文化的发展相适应的体育教学方法。这些新的体育教学方法与传统体育教学方法相结合，相互借鉴，共同促进了体育教学的发展。体育教学的方法是一个不断发展的过程，随着教学环境、教学对象和教学内容的发展，呈现出不同的阶段性特点。

（二）现代体育教学方法的发展特征

体育教学方法具有一定的时代性，现阶段学校体育教学方法的发展呈现出以下几个方面的特征：

1. 体育教学理论的发展促进了教学方法的改善

体育教学理论的发展有利于体育教学方法的创新与进步。在新的体育教学理论的指导下，体育教学方法逐步实现了发展和创新。传统的体育教学过程中，对于体育运动技能的分析有所欠缺，并且同一运动项目的教学方法相对较为固定，甚至在不同的运动项目中都采用统一的教学方法。所以，在种类繁多的运动项目面前，体育教学方法是"以不变应万变"。然而随着有关专家研究球类运动项目的不断深入，"领会式教学法"因适合球类运动而应运而生。

2. 学生个性发展促进了体育教学方法的改进

时代环境不同，学生就会表现出不同的特点，并且学生的个性特点具有很多的变动性。因此，为了更好地促进体育教学目标的实现，促进体育教学效果的提高，应根据学生的具体情况，采用不同的体育教学方法。

学生各方面的变化主要体现在以下几个方面：

（1）随着接受的知识的增多，学生的认知能力逐渐增强。

（2）随着时间的变化，学生的身体逐渐发育、发展。

（3）随着学生知识和阅历的丰富，其个性越来越强，并且形成了相应的价值观念。

另外，社会的文化价值观念对学生的个性发展也具有较为显著的影响。体育教学的方法也应随着学生各方面的变化而进行适当的调整。

3. 体育教学内容的变革促进了教学方法的变革

为了适应时代的发展，满足学生的体育需求，体育教学的内容处于不断的发展和变革之中，这也导致了体育教学方法的变革。例如，随着定向运动和野外生存运动引入到体育教学之中，使得体育教学活动的野外组织和教学方法得到了更加广泛的开发。

4. 科技进步促进了体育教学方法的创新

科学技术发展迅速，在不断丰富和方便人们日常生活的同时，在其他领域也发挥着重要的作用。在体育教学中，科学技术的进步对其教学方法的影响是极其深远的。随着计算机技术的快速发展，其在体育教学中迅速得到普及，这使得体育教学中的动作示范更加标准、科学，资料的搜集、整合更加便捷，并且学生在学习空间和时间方面的限制减弱，实现了实时的信息沟通。通过运用计算机进行动作示范，能够从不同的侧面，以不同的速度，对不同部位的动作进行细致的分析和研究，使得传统的讲解示范等方法更加科学、高效。

（三）学校体育教学方法的发展趋势

现代学校体育教学经过多年的发展，已经发展成为了一个较为成熟的学科。教学方法经过多年的发展，已经发展成为具有自身特色的教法体系。随着经济社会的不断发展，其呈现出如下几方面的发展趋势：

1. 现代化趋势

教学方法的现代化过程中，体育教学的现代化十分明显。体育教学的重要表现之一是教学设备的现代化，通过采用先进的技术手段，使得教师能够更容易开展教学活动，学生能够更好地学习。通过先进的现代化设备，教师能够对学生的身体素质有更加深刻的了解，并能够更好地制定运动训练的负荷量。在教学管理方面，能够为学生的学习和生活提供更加便捷的服务。随着现代社会的发展，体育教学的各项技术逐渐发展，其教学方法也必然呈现出现代化的发展趋势。

2. 心理学化趋势

心理学认为，学习是一项复杂的心理过程。在体育教学过程中，学生学习是一项既要涉及相应知识的记忆，同时还有动作技术的记忆。随着心理学研究的发展，学习过程的各个方面被人们所认识，并且在具体教学实践过程中，心理学的相关理论逐渐受到重视。在体育教学方法的发展过程中，很多心理学的研究成果将会进一步得到应用，这对于体育教学效果的提高具有重要的意义。另外，体育教学还肩负着培养和发展学生的良好意志品质、促进学生的心理健康等方面的重要作用，通过运用相应的心理学方面的方法，能够更好地达成这方面的目的。

3. 个性化与民主化趋势

体育教学方法的个性化和民主化是其发展的主要趋势之一。在传统的教学过程中，教师是教学的主体，在教学过程中具有很强的统一性，教师的教学活动忽视了学生个体之间的差异性。随着教学活动的开展，社会越来越注重学生个性的发展，体育教学方法的发展也必然呈现个性化发展趋势。个性化的教学方法改革和创新对于学生和社会的发展均具有重要的意义。

体育教学的民主化也是大势所趋。随着教学过程中民主意识的崛起，民主化的体育教学方法也逐渐得到快速的发展。

(四) 体育教学方法创新

在创新教学理念的影响下，一些其他教学类别的教学方式也逐渐被移植入体育教学之中，如自主学习法、合作学习法以及发现式教学法等。

1. 自主学习法

为了实现相应的教学目标，在教师的引导下，学生依据自身的需要和条件制定相应的目标，选择相应的教学内容，并通过独立地分析、探索、实践、质疑、创造等方法来进行学习的方法就是自主学习法。自主学习能够充分发挥学生的主观能动性。

在体育教学中，自主学习法指的是"为了实现体育教学目标，学生在体育教师的指导下，依据自身的需要和条件制定目标、选择内容等学习步骤，完成学习目标的一种体育学习模式"。自主学习法有独立性、能动性和创造性等特点，有利于激发学生学习体育的积极性，培养学生的体育自主学习能力，确立学生在体育学习中的主体地位，提高体育教学的学习效果。

在体育教学过程中，采用这种方法时应注意以下两方面的问题：

(1) 学生应根据自身的知识储备和能力水平，选择相应的目标和学习内容，并在教师的引导下进行。

(2) 学生应根据自身情况，对照学习目标，积极进行自我调控，并及时改进教学方法和教学策略。

2. 合作学习法

合作学习法指"在教学过程中，对学生进行相应的分组，学生为了完成共同的学习任务而有明确的责任分工的互助性学习形式"。各小组成员根据自身的特点承担相应的责任，各成员之间是相互依赖的关系，在相互协作中，完成相应的任务。在体育教学中，应用该方法应遵循以下几个步骤：

(1) 在教师的引导下，学生结成相应的小组。

(2) 全体成员在教师的指导下，根据教学内容确定相应的教学目标。

(3) 确定各学习小组的研究课题，并对各小组成员之间的分工进行明确。

(4) 小组成员合作学习，围绕相应的主体完成自身的任务，从而实现小组任务目标。

(5) 各小组进行一定的学习和交流，分享相应的成果，并纠正自身的不足。

(6) 对学习的过程进行评价，总结经验和得失，促进下次学习更好地开展。

3. 发现式教学法

发现式教学法是通过积极引导学生发挥自己的创造性思维，使学生在发现的过程中进行学习的一种教学方法。有学者将其定义为："从青少年学生的好奇、好动等心理特点出发，以发展学生的创造性思维为目标，以解决问题为中心，以机构化的教材为内容，使学生通过再发现进行学习的方法。"

在体育教学过程中，运用发现式教学方法要遵循以下几方面的步骤：首先，提出相应的问题，或是设立相应的学习情境，使得学生面临相应的问题和困难，在教师的引导下去进行相应的探索；其次，通过进行相应的练习，初步掌握技术动作的原理和方法；再次，通过分组讨论，提出相应的假设，并进行相应的实践验证，并对提出的问题进行讨论，最后得到共同的结论。

采用发现式教学法时，应注意以下几方面的问题：

（1）教师要善于提出问题和创设相应的情景，要充分调动和激发学生的积极性，激发学生学习的兴趣。

（2）教师提出的问题应适应学生的能力水平，使学生能够根据已有的知识和经验，并通过一定的探索得到相应的答案。

（3）要注重抓住教学的重点，引导学生对于重点问题进行积极的思考，并找出解决问题的方法，启迪学生的创造性思维。

（4）采用这种方法时，应注重由浅入深、由抽象到具体，使得学习过程符合人们的认知规律。

第十章　异步教学法在高校体育教学中的应用实践

异步教学法是黎世法教授经过多年大量地调查以及实验研究的结果，现已形成具有中国特色的异步教育学派。黎世法教授在《异步教学论》中指出异步教学模式指的是一种有明确教学目标的，有计划、有组织的，以学生为学习的主人，老师为学生学习的引导者，能将老师的三种指导形式（个别指导、分类指导和全体指导）与学生的五种学习形式（自学、对学、群学、请教教师和全体学）有机地统一在一个教学过程中的教学方法。这种方法使老师的五步指导（提出问题—指示方法—明了学情—研讨学习—强化效应）与学生的六步学习（自学—启发—复习—作业—改错—小结）紧密结合进行；运用一切可能的教学条件，以学生的个体学习为基础，充分实现学生学习的个性化和老师指导的异步化。通过培养学生的自学能力、创新能力和科学思维能力，达到轻负担、高效率、大面积提高教学质量的目的。异步教学方法是一种学习效果能及时反馈，可控制的现代教学方式。异步教学法保留和吸取传统教学方法的精华，并对传统教学方法的缺陷及运用中存在的问题加以改造和演变，赋予它浓厚的时代特色。异步教学法是在继承、改造和更新传统的基础之上使自身得以丰富和不断发展的方法，也符合现代教学方法的发展趋势。

第一节　异步教学法的理论依据

异步教学法作为一种建立于传统教学方法基础之上的新式教学法，有其科学的理论依据。

一、哲学依据

（一）外因与内因的哲学观点

辩证唯物主义认为，事物在其发展变化过程中，变化的根据是内因，变化的条件是外因，外因通过内因来起作用。在教学过程中，教学的目的是促进学生的全面发展，教学的矛盾是学生已有的心理状态或已有的知识水平同教学大纲对学生提出的要求之间的矛盾，即学生心理已有的状态与教师实施教材之间的矛盾。这个矛盾就是学生发展过程中的外因和内因之间的矛盾。在平时的教学实践中常常会遇到这种情况，老师在课堂教学时使用同样的教学方法对全体学生施教，即通过外因影响内因，结果是部分学生成绩优秀，部分学生成绩良好，部分学生成绩不及格。这种结果表明外因对内因影响上有差别。老师的施教如果能根据学生的个体差异进行，教学结果差异可能不会如此之大。

（二）质变和量变的哲学观点

辩证唯物主义认为，事物在发展变化过程中经历着质变和量变，而且质变和量变相互转化，其转化过程呈现出连续性和阶段性。其中，质变体现的是阶段性，量变体现的是连续性，质量互变的原理认为，在事物发展中不仅新旧事物之间，而且在同一事物同一发展的各个阶段都是连续性和阶段性的统一，总的量变过程中部分质变的原理，揭示出同一过程、同一事物中存在着的阶段性；质变过程中量的扩张的原理，揭示出在不同的发展阶段之间又存在着连续性。学生通过课堂教学获得知识，形成各自的人生观和世界观，都要经历由量变到质变的过程，学生知识的积累，技能的掌握，人生观的形成都要经历量变的积累到质变，再到量变，进而形成新一轮质变的过程。质变和量变的观点体现在教学上，就是连续性和阶段性的统一。学生获得知识的阶段性和知识的连续性是相辅相成的，新知识的获得必然会与以前的旧知识相互关联。根据阶段性和连续性互相渗透的原理，想要取得非常好的教学效果，教师教学指导肯定要更加细致，必须遵循分类指导和个别指导相结合的原则，在施教过程中教师既要兼顾部分学生发展的连续性和阶段性，又要面向全体学生发展的连续性和阶段性，而且还要注意个别学生发展的连续性和阶段性。异步教学正是运用这一原理，提出了学情理论，创建了三种形式的五步指导教学方式。

（三）矛盾存在的特殊性与普遍性的哲学观点

矛盾的特殊性和普遍性原理揭示了事物在运动过程中的特征与本质。人们在认识事物的本质时离不开矛盾的普遍性，对具体事物认识时又要在普遍性原理的指导下，对具体问题进行具体分析，这就是矛盾的特殊性。矛盾的特殊性告诉我们：不同物质运动的形式中有不同的矛盾；在同一运动方式的不同过程中，也各有不同的矛盾；在事物发展的一个完整的过程中，往往又区分为不同的发展阶段。不同的阶段中的矛盾也有其特殊性。用这种观点去解释教育的现象，我们可以看出学生在学习过程中会表现出各自的差异。在班级授课中，学生作为受教育的对象，在同一个班级，有相近的年龄和知识水平，但学生由于受遗传或后天因素的影响，在生理、心理、智力等方面都存在着差异。传统的教学的方法施以同步教学忽视了教育对象的个体差异。同一学生由于在不同的年龄生理、心理并不是一成不变的。

二、心理学依据

心理学是教育科学的基础，当今世界教育科学发展的趋势是教育理论心理化。异步教学理论是现代教育科学理论的组成部分之一，它同样与心理学紧密相关。学习心理和差异心理是异步教学理论的心理学主要依据。

（一）差异心理

当代心理学者认为，心理差异是指个别差异或个体心理的差别性，即一个人在其先天素质的基础上，通过后天的实践经验逐渐形成起来的不同于他人的、相对稳定的个体心理特点。心理差异代表了一个人的独特个性。但主要表现在知识水平差异、智力差异、能力倾向差异、认知风格差异、性别差异、学习动机差异、人格差异等方面。异步教学是以学生为对象的教学活动方式，其心理学依据也遵循学生个体的心理差异。

1. 认知差异

认知方式也称认知类型或认知风格，它是指个体进行信息加工时，通过其知觉、记忆、思维等内在心理过程在外显行为上表现出来的习惯性特征，具有持久性和一致性的特点，分为依存型与独立型、冲动型和沉思型、具体型和抽象型三种类型，认知类型没有绝对的好坏之分，不同的个体、不同的问题情境可能适合不同的认知类型，学生在认知上的差异主要在记忆、思维、知觉、注意等方面表现出来。

2. 智能差异

学生的智能差异主要表现在三个方面：智能水平的差异、智能类型的差异和表现早晚的差异。智能在发展水平上有很大差异。智能水平在全体人口中呈正态分布，即智能极高和极低的人占少数，大多数人的智能属于中等水平；学生在智能方面存在的差异集中体现在智能发展水平、智能的类型和智能的表现上。现代心理学认为，学生在智能发展的水平上存在"一般""低"和"高"三种现象。智能发展水平上的差异在教学中的具体体现：用相同的教学方法对同一教学内容施教，有的学生能十分轻松地掌握，有的学生掌握起来非常吃力，有的甚至不能掌握。学生在智能类型上的差异是指学生在记忆、观察、思维等方面的表现。在智能表现的时间上学生表现得早晚各不相同。如一些学生12岁时智能水平不高，但到十四五岁时却异常突出；有的学生12岁时智能水平发展已经较高，在以后的两三年基本没有变化。

3. 个性差异

学生在性格、气质、需要、动机和世界观上的差异，是学生个性差异的具体表现。学生个体由于受遗传因素和成长环境的影响，在性格倾向上心理学家根据人的心理活动的指向把人的性格分为外倾型和内倾型两种。外倾型性格的同学性格开朗、举止大方，对事物能提出自己的看法，遇到问题敢于向别人请教，这些都是对学习十分有利的性格特点；性格内倾的同学喜欢一个人做事，不愿意很多人在一起，他们独自学习时效率往往比较高。教师要根据学生的性格特点选择学习方法才能收到好的教学效果。

（二）学习心理

学习心理学是教育心理学的重要组成部分，它立足于学生的学习本质，是学生通过对学习过程、思维方式、行为方式、生理、学习类型、认知理论、信息加工、记忆原理、学习策略、学习技巧、学习迁移等领域的研究，总结出一系列的学习理论和学说。运用学习心理学的理论和方法，可以从根本上解决学生的学习和行为问题，达到科学地学习的目的，真正做到学会学习，也是教师选择教学方法的依据。以桑代克为代表的联结心理学派认为，一切学习都是通过条件作用，在刺激S和反应R之间建立直接联结的过程。强化在刺激—反应联结的建立中起着重要作用。在刺激—反应联结之中，个体学到的是习惯，而习惯是反复练习与强化的结果。习惯一旦形成，只要原来的或类似的刺激情境出现，习得的习惯性反应就会自动出现。当人们受一定强度的刺激后就会产生反应，但每个人对刺激的强度大小要求各不相同，受神经元结构制约。但是教师若能根据个体的对刺激强度的要求采用不同的刺激强度或改变刺激方法就会取得较好的刺激效果，这种刺激就是学生接受的教育，异步教学法就是针对这种差异提出来的。这种指导思想是符合心理学规律的。

三、教育学依据

由于每个学生知识水平、兴趣爱好、智力水平、接受能力、学习动机、学习方法等存在差异，接受教学信息的情况也就有所不同，所以教师必须从实际出发，根据学生在以上几个方面的差异制定不同层次的学习目标，采用循序渐进的方式，才能使不同层次的学生都能在原有程度上学有所得，逐步提高，最终取得预期的教学效果。中国古代著名的思想家、教育家孔子针对学生的个体差异提倡教育学生要"视其所以，观其所由，察其所安"。近代德国著名教育家第斯多惠认为：教育要考虑到学生的个体差异，教育的目的不是把所有的人都培养成一模一样的人。

学生来自不同的城市，身体素质差异较大，对部分身体素质好的学生来说不用体育锻炼考试都能达到良好，对部分身体素质差的学生来说天天锻炼也难达到及格的标准，这就使教师的教与学陷入困境。若依《教学大纲》要求按部就班完成体育课程，对体育"尖子"和困难生的学习积极性打击较大，根本无法保证全部学生全面发展。异步教学法符合人在发展过程中存在的个别差异的客观规律。教学目标根据不同学生的实际能力制定，充分地调动学生学习的积极性，使不同层次的学生能在和谐的学习环境中轻松愉快地学习，进而使全体学生都能得到充分发展。

第二节　异步教学法的研究现状

一、国外异步教学法的研究现状

由于异步教学法是有中国特色的教学方法，异步教学与国外的差异教学十分相似，其研究成果中较有代表性的著作有：《多元能力课堂中的差异教学》，该书首先讲述了差异教学的概念，进而论述了差异教学的理论基础、差异课堂中的教师角色与学习环境，并联系实例阐述从课堂内部洞悉差异教学等内容。同时介绍了在不同年级、不同学科领域的多元能力课堂中，教师如何根据学生的准备水平、学习兴趣和学习风格来开展教学，以适应学生之间的个别差异，使学习内容、学习过程和学习成果适合学生的学习需要，促进每个学生的成长与进步；《差异教学——帮助每个学生获得成功》，该书基于本杰明·布鲁姆（Benjamin Bloom）的教育目标分类学和霍华德·加德纳（Howard Gardner）的多元智能理论以及真实的教学实践，探讨了什么是差异教学、差异教学中的学生及教学内容、教学方法等并且介绍了如何在各种教学情景中开展差异教学；《差异教学的学校领导管理》，该书从领导者的角度考虑如何发展差异教学，并结合美国部分学区和学校开展差异教学的情况进行了讨论。

二、国内异步教学法的研究现状

（一）异步教学在非体育领域中的应用研究

异步教学法从诞生至今已有 30 年的历史，它的科研成果丰硕，是当代世界唯一一个有中国特色的教育学派。从《光明日报》在头版以"改革'满堂灌'做法，实行异步教学"为题进行连载报道，到《人民日报》海外版以"现代教育理论的奇葩"为题向全球报道，异步教学改革实验不仅获得了丰硕的成果，而且还享誉海内外。异步教学从湖北省诞生到面向全国、走出国门，是根据其教学理念"顾全全体学生，针对学生的个体差异形成独特个性，并让每个学生能全面发展，学生学习负担轻、学习效果好、教学质量高"而发展的，它符合信息时代对人才培养的要求。推广异步教学实验的实践已成为教学改革的热潮。

黎世法教授在推广异步教学实验方面的主要著作：1989 年 6 月湖北教育出版社出版的《异步教学论》、1992 年 9 月学苑出版社出版的《学生学习的科学方法》和《异步课堂教学的理论与方法》、1994 年 12 月当代中国出版社出版的《异步教育学》。他在以上的著作中分别阐述了异步教学法的教学理念和主张，其中《异步教育学》的诞生是异步教学法理论体系走向成熟的标志。《异步教学研究》是黎世法与牟子文主编的专门用来宣传、推广异步教学的期刊。当前对异步教学法的研究分为两类：一类为理论研究，如黎世法《异步教学论》《新时期高等学校异步教学改革思路》，赵复查、陈平的《论异步教育学派》，赵复查的《异步教学理论依据浅探》《论异步教学的教育本质观》，刘家义的《异步教学法研究与应用》；另一类为实证研究，如蔡粤生的硕士论文《EFL 环境下的听力异步教学研究》对 130 名非英语专业的大学一年级学生分为实验班与对照班进行异步教学法实验，两个班的听力测试平均分出现了显著性差异：实验班的平均成绩显著高于对照班的成绩。证明在EFL（EFL 的全称是 English as a Foreign Language，该水平考试由教育部考试中心和英国剑桥大学地方考试委员会合作举办，于 1996 年开始引进）环境中，听力异步教学模式是有效的。孙建国的《异步教学教法探讨与分类分层控制研究报告》结果表明：（1）实验班学生的学习能力和学习水平明显高于同龄同类学生学习水平，异步教学有助于优生超前发展，差生学有所得，有效地实现了"上不封顶，下能保低"的愿望。（2）异步教学实验提高了教师的研究和授课水平。

　　作为一种新兴的现代教学模式，除上述应用实例外，异步教学已被广泛运用于其他各学科的教学活动过程之中。异步教学在充分尊重学生个体差异性的基础上，教师根据学生的具体情况给予指导，真正在教学活动过程中贯彻了因材施教的教学原则，获得了广大师生的一致好评。

（二）异步教学在体育领域的应用研究

　　异步教学法应用于体育领域相对较晚。在知网全文数据库中输入关键词"体育、异步教学"，结果显示，时间最早的是 1995 年吴文琪发表的一篇有关田径技术教学的异步教学实验的论文。他将异步教学法引入田径教学中，通过将异步教学法与常规教学法进行对比教学实验，证明了与常规教学法相比，在田径教学中，异步教学法更能取得理想的教学效果。随后，王允民将异步教学法运用到游泳教学中，结果表明，异步教学法有利于克服教学场地不足等限制因素，有利于提高游泳场地设施的利用率从而有效提高游泳教学的教学质量。

　　2000 年后，异步教学的方法和理论发展日趋成熟，被广泛运用于各学科教学实践活动过程中，异步教学在体育领域的运用也日益活跃起来。2006 年，马耀明采用异步教学法进行普通高校速滑教学，将学生分为实验组和对照组，进行动态分组和互动教学，按照学生的具体情况对不同学情的学生采取不同要求，使学生自身不断获得进步与发展的空间。实验结果表明：采用异步教学法不仅可以极大地提高教学质量；同时还有利于充分调动学生学习的积极性，发展学生与他人的合作精神，提高学生的组织传授能力等。2009年，刘扬在《异步教学法在普通高校篮球选项课教学中的运用研究》一文中指出，异步教学能为教师的指导提供更广阔的空间，它从学生的具体学情出发，使教师的"教"与学生的"学"相互适应，更能充分调动学生学习的积极性和主动性，维护学生学习的主体地位。2010 年，李良明将异步教学法运用于健美操普修教学之中。他以两个自然班为教学实验对象，实验证明：异步教学法有利于活跃课堂气氛，增强学生的教学能力、评价能力、鉴赏能力、竞争意识以及集体荣誉感；对于端正学习的动机、增强学习的自信心以及健美操专项素质的提升均有较大的裨益，同时还有助于学生创新意识和能力的培养。2011年，张怀成在普通高校羽毛球基本技术教学中运用异步教学法，从学生自身的身体素质状况和既有的技术水平出发，有针对性地进行教学，因材施教。从而充分调动了学生学习的兴趣，极大地促进了学生个性的发展。2013年，黄伶霞以学生个体化学习为主线，针对不同学生在不同学习阶段的不同学习情况和任务进行有针对性的指导，改变了体院学生以往学习乒乓球的被动学习方式，有效地维护了学生学习的主体地位，使得教师的主导作用得到更大限度的发挥。近两年，有关异步教学法应用于网球教学的研究也逐渐增多，异步教学法开始应用于越来越多的体育科目中，在体育教学中效果显著。

第三节 异步教学法在高校体育教学中的实践研究

把异步教学法引入到体育教学中，有利于提高体育教学质量、优化教学结构。当前异步教学法被广泛应用于各项体育科目中，其中有代表性的是网球和篮球教学。通过将异步教学法引入某一体育项目中，再进一步推广到普通高校体育其他项目教学中，能有效促进体育教学方法的改革。

一、异步教学法在高校网球课教学中的实践研究

（一）异步教学在我国高校网球课教学中的应用研究

目前来看，虽不断有快易网球教学法、程序教学法、小群体教学法等新的教学方法被移植于网球课堂教学中，但我国高校网球课的教学大多仍使用传统的教学方法。传统的网球教学方法分为五个阶段：（1）教师讲解并示范各项技术动作的动作要领；（2）学生跟随教师做各种模仿练习；（3）教师发现并纠正学生所存在的问题；（4）学生在基本掌握击球动作的动作要领后进行分组练习；（5）教师对学生的练习成果进行考核和评价。以下是异步教学法应用于网球教学中的一些成功案例。

高淑艳在《异步教学法在普通高校网球教学课中的应用研究》一文中认为：异步教学的实施充分调动了学生的学习兴趣，使学生的学习能力和学习成绩显著提高。同时她还建议教师应正视学生间的个体差异性，在充分了解学生学情的基础上，切实做到因材施教。丁利和、王志朋运用异步教学法把学生分为实验班和对照班进行网球技术教学实验，实验结果表明：实验班的各项技术测试成绩均明显优于对照班。蔡明在武汉高校网球普修课正反手技术教学中运用异步教学法进行实验研究，通过与传统教学法对比分析，在提高学生专业素质、技战术掌握和使用能力、社会适应能力以及运动成绩等方面，具有明显优势，尤其是在对击球的控制能力方面，实验班明显比对照班更好。在《异步教学法在网球教学中的应用研究》一文中，汤珍指出：异步教学法在面向全体学生的基础上，注重其个性的发展。采用异步教学法进行网球技术教学，能充分调动学生学习的积极性和主动性，有利于自主自学习惯的养成，从而提高其学习成绩、学习能力以及实践创新的能力。倪握、张云峰则认为：异步教学法有利于端正学生学习网球的态度和动机，提高学习兴趣，尤其是在提高学生网球技战术能力、技战术理论知识的掌握等方面具有明显的优势。目前，异步

教学法应用于体育领域已有很多成功的经验可供借鉴。但将异步教学法运用于网球教学实践的经验相对比较少，还有待进一步地开发、论证。

（二）异步教学法在高校网球课教学中应用的研究意义

1. 研究的理论意义

传统的网球教学主要通过教师的言传身教，在整个教学活动过程中学生往往被动地进行机械的模仿练习，极少去主动思考与学习，教师自身的技术水平常常决定了学生所能到达的高度，学生与教师之间存在着很强的"遗传性"，异步教学法在高校网球课教学中应用研究力求通过真实的数据得出科学的结论，为丰富高校网球教学训练方法和理论添砖加瓦。

2. 研究的实践意义

宏观层面的意义：

（1）通过异步教学法在网球教学中的移植运用，进一步探索学生学习的规律，建立科学的学习理论，以便指导学生的学习活动，实现学生学习的个体化。揭示教师的指导规律，建立科学的教学理论，以便有效地指导教师的教学指导活动，实现教师指导的异步化。揭示学生的学习规律和教师的指导规律之间的内在联系，并根据它们之间的内在联系，建立科学的异步教学理论、方法及手段，形成完整的教学文件和实施经验。因此异步教学是其他教学活动可以借鉴和学习的一种教学模式。

（2）通过对网球教学在手段和方法上的运用、制定、实施和评价等几个环节的研究，总结出在普通高校进行网球选修课教学，能提高教学质量，缩短教学周期，提高学生对网球技术更深刻的认识和对网球基本知识的更深刻的理解，激发学生学习的激情，为异步教学法在普通高校体育教学中进一步展开使用提供依据，也为其他教学模式的建构奠定理论基础。

（3）根据网球异步教学法设计与实施过程，也为我们提供了网球教学方法改革的研究思路，即依据项群理论原理中其他运动项目先进、合理的教学方法和教学手段通过移植的方法，运用于网球教学中，优化网球教学结构，提高网球教学质量，使网球教学的方法和手段推陈出新并朝着多元化、多样化的方向发展。从而进一步向整个体育教学方面推广，为不断丰富和完善体育教学方法做出贡献。

微观层面的意义：

（1）提高学生的技术水平。异步教学的过程是学生在教师的指导下进行独立自主自学的过程。这就要求学生需要在学习过程中不断地进行独立思考、发现并解决问题。相对于传统的技术教学来讲，学生通过自身的独立思考，能更好地理解各项技术技能的发力原理、发力方向以及动力链等问题，也更能激发学生学习网球的兴趣，从而使自身的技术、技能得以提高。

（2）端正学生学习网球的动机，激发学习网球的兴趣。异步教学针对每一位学生在每个学习阶段所呈现出的不同特点，因时制宜地制定学习目标。学生学习不是跟别人比，而是跟自己比。这样一来，差生就不会因为与他人的差距而自暴自弃；优生也不因优于别人而自我满足。每一位学生都能不断地从学习中收获进步的喜悦、体验成功的快感，从而更进一步地端正学习的动机、提高学习的兴趣。

（3）提高学生自我指导，自主自学学习网球的能力。相较于传统教学方法而言，异步教学一改传统教学教师向学生灌输知识、技能的面貌，学生需要在教师的指导下进行独立自主的学习。在学习过程中，遇到问题先要进行独立思考，即使因解决不了而向教师请教，教师也不是直接给出答案，而只是给学生指示解决问题的方式方法，以启发学生进行自主自学，在潜移默化中培养学生的学习能力。

（4）提高学生的社会交往能力，形成良好的竞争氛围。在异步教学过程中，学生需要经过自学、对学、群学以及全体学等各个环节的学习，各环节教师均给予相应的指导。学生的独立自主自学不是闭门造车，而是需要在学习的过程中不断地与他人进行沟通和合作，从而促进其良好人际关系的形成。

（5）提升教师自身的教学业务水平

不同于传统教学填鸭式的讲授，异步教学鼓励学生进行独立自主自学。在学习的过程中，学生通过不断地思考会发现更多的问题。从表面上看，教师好像什么都不用做，而实际上，在面对这样或那样的问题时，教师需要做得更多。这就要求教师要在进行经验累积的同时，不断学习新的知识以面对新的问题，不断提升自身的教学业务水平以满足学生日益增长的学习需要。

（三）网球异步教学法的设计

异步教学法的教学设计是根据异步教学理论原理和网球教学的特殊性，以传播网球知识、网球技能为基础，运用系统的方法分析教学中的问题和需要，确定解决教学问题的步骤。

1. 网球异步教学法设计原理

异步教学法是通过学习实现学生学习的个体化和教师指导的异步化，使教学活动成为教师指导活动和学生的学习活动的有机统一过程。在教学过程中，将个别教学、分类教学和全体教学在整个教学过程统一中进行，要求以学生发展为中心，根据学生兴趣爱好和个性差异进行自主学习和老师指导相结合，从而全面发展学生身心健康，提高教师的教学效率。

（1）分类教学——课开始时，教师在实验组进行异步教学，根据实验组的学生情况，按照教学任务、兴趣爱好、运动能力、身体素质和教学要求把学生分在不同的组里，当学生在各自的组中进行网球练习时，对他们进行分类教学指导，确立动作要领，建立评定标准。在学生学习和练习之前，提供问题背景，设置问题，启发学生在练习前进行思考，启发学生对网球技术和知识的心理认识，激发学生的兴趣和求知欲望，并向学生明确学习的内容，学生在各自的组中进行学习与练习。

（2）个别教学——在上课中，根据教学的指示，学生在各自的组中相互学习，相互切磋。针对学生在练习中出现的错误动作和特殊问题，如练习正手击球时，后摆引拍晚、击球点靠后转体不充分等问题，教师及时反馈，找出原因，并对症下药给予纠错。对于学生提出的各种问题和疑问，教师应给予具体指导，开出运动处方，设计出有利于学生学习和改进及有利于激发学生兴趣的各种练习方式和手段。学生再根据教师指导的练习方式加以巩固和改进，达到事半功倍的效果。

（3）全体教学——进入正式教学后，除了集合、准备活动及教师讲解、示范、总结外，大部分时间以小组为单位进行学习和练习。教师在整个过程中起监督和组织的作用，对随时出现的共性问题进行集体指导和纠正。

2. 网球异步教学法设计的理论基础

（1）人文主义的教育理论基础。异步教学法重视学生的学习主体性，主张发展个性和追求自我价值的实现。异步教学法以学习者为中心，根据不同的学习者制定不同的学习目标、教学计划、教学手段，使基础接近的各层次学生有共同的努力目标，克服教学流程中那些离散因素和负面效应，从而创立一个优化的教学环境。在这个优化的教学环境中，充分发挥学生在学习过程中的主体作用，把自我实现的选择留给学习者，激发学生学习新内容的动机和欲望，激发学生在学习和练习中的创造性和自学能力。

（2）教学论方面的理论基础。异步教学理论能充分发挥学生的学习主体作用和教师的指导作用，保证学生学习的个体化和教师指导的异步化，有效地培养学生的自学能力和创造才能，减轻师生的教学负担，在短期内能取得较好的教学效果，能消除体育教学长期存在的低效率的教学状况，促进学生的全面发展。把培养学生的自学能力和创造才能摆在学校教学的首要位置，同时把学习的时空转向受教育者的终身，将技能的掌握向实践应用转化，这正是反映了现代教学理念的趋势和体育教育的客观规律。培养学生的自学能力和发展学生的创造才能是提高教学质量的根本保证。

（3）运动心理学方面的理论基础。从认知结构上看学生认知过程的规律制约着课堂教学程序的组织。课堂教学程式与学生的认知规律相适应，教学效果就好，否则，就会走向事物的反面。体育教学中大量的运动技术学习和练习则是一种操作性知识，它需要逻辑思维与操作思维相结合。心理学研究揭示，同龄青少年的智商值，极高者与极低者只占 $1\% \sim 2\%$，余者的智商相差不大，按照学生认知性知识程度相差不大而设计的传统班级授课制，有利于大规模高效地培养人才。而体育教学中需要的形象思维和操作性思维虽然也离不开学生的智商因素，但它主要涉及人的身体素质，而身体素质在遗传、后天训练程度的差异上是非常显著的。因此以显著的身体素质差异为起点来进行统一的操作性练习，则会取得事倍功半的效果。异步网球教学既承认了学员在智商方面基本无差异的同时又注意了学生的个体素质差异，它是符合认知结构规律的一种尝试。

从"最近发展区"来看，苏联心理学家维果茨基说："教学应该创造'最近发展区'，然后使发展区转化为现有发展水平。"意思是说，教学应该走在发展的前面，教学难度应掌握分寸，要把学生的积极性调动起来，教学要设置一种能为他们经过努力所能克服的困难，而不能把目标定得过高或过低，使学生失去信心或学习过程过于容易，那将会抑制学生的学习积极性，这种掌握分寸的"难度"就是"最近发展区"传统班级的体育教学，由于学生体质水平的参差不齐，教师就无法制定适宜的"最近发展区"的教学目标，而异步网球教学会根据学生体质及基本活动能力不在同一水平上，使教师容易根据"最近发展区"的理论制定适宜的教学目标和内容，克服上述的难题，从而使教学达到最佳效果。

3. 网球异步教学法设计的原则

高校学生在系统上网球课之前多数都不会打网球，只有极个别的学生接触过一点，所以从学生网球运动技能方面来看学生之间没有差异。因此在研究中只能依据不同学生的身体素质差异以及不同学生学习动机差异来对学生进行网球异步教学。在网球教学中，教师应根据学生的个性差异从学生不同的体育基础出发，因材施教确定符合学生实际的教学要求、教学难度、教学方法。同时教师还应根据学生的不同兴趣爱好以及对网球运动表现出不同的个性心理倾向对学生进行分组，这样可以使同学们相互帮助，相互鼓励，从而培养学生团结协作、勇于创新的精神。

4. 网球异步教学法的教学框架与具体内容设计

（1）网球异步教学框架的设计。异步教学模式是教师与学生的教学双边关系，包括教师、模式和学生三大因素。

（2）网球异步教学模式的具体内容。异步教学法是通过对实现学生学习的个体化和教师指导的异步化，使教学活动成为教师指导活动和学生的学习活动的有机统一过程。那么，怎样培养学生的自学能力和创造才能呢？根本的一点就是要使学生学习的个体化与教师指导的异步化高度有效地统一起来。建立适合学情的一种能将个别教学、分类教学和全体教学统一在一个教学过程中进行的，以个别教学为基础的异步教学理论和异步课堂教学方式，实现课堂教学活动现代化。首先我们把异步课堂教学结构分为学生的课堂学习程序和教师的课堂异步指导程序两部分。二者的关系是学生的课堂学习程序是基础，教师的课堂异步指导程序必须符合学生的课堂学习程序。六阶段单元教学的课堂教学结构是学生的课堂学习程序和教师的课堂异步指导程序这两部分的辩证统一。异步课堂教学结构实际上是课堂教学规律的集中反映。

①学生的异步化学习模式。根据学情理论，我们认为学生的课堂学习程序是"六因素"：自学—启发—复习—作业—改错—小结。学生学习的个体化，就是利用独学（包括对学、群学）的方式。在课堂教学中，学生通过"自学"，初步弄懂力所能及的内容，接着对照问题"启发"思维，对重点难点问题做更系统更深层次的理解和掌握。例如在练习正手击球技术中的前挥击球动作时，教师应向学生明确学习内容，让学生通过集体或分组的形式进行讨论、研究。对于有的学生身体和手臂协调配合较差的情况，在做正手击球技术中的前挥击球动作练习时，可通过自己的实践，徒手做挥拍动作来练习身体和手臂协调配合用力。而对于那些协调性较好的学生则可以直接进行击球练习，找出适合自身特点的学习方法。弄懂在自学过程中发现的难点后，再利用"复习"，将通过"自学"和"启发"两个因素已经掌握的技术联系起来，使之系统化，并在理解的基础上记住最基本的内容。然后通过"作业"和"改错"（教师指导）两个因素，检验"自学—启发—复习"三个因素所获得网球技术的正确程度。最后通过"小结"使知识进一步概括化，技能进一步综合化，从而获得比较完整的知识和技能，这也叫"六步学习法"。课堂教学是学生在教师的指导下，解决一个又一个有内在联系的学习问题的认识过程。这个认识过程的程序就是"六因素"，在课堂教学中，学生的学习过程中，就是一个以"六因素"为一周期的循环往复、有规律地不断地向前运动的认识过程。

②教师指导的异步化程序。教师的课堂异步指导程序指的是，教师在六阶段课堂教学中，指导学生运用"六因素"进行学习，解决任何一个不懂的学习问题的步骤。学生是学习的主人，要实现教师的课堂指导程序异步化，必须使教师的课堂指导程序符合学生的课堂学习程序。从根本上讲，就是要使教师的课堂指导程序符合学情。因此，我们认为教师在六阶段课堂教学中的异步指导程序是"提出问题—启发思维—研讨学习—强化效应"，

简称"问题—启发—研讨—强化"四个步骤，这也叫"四步指导法"。施教之道，贵在引导。设置问题是启发学生去认识问题、分析问题、解决问题的一种手段。在这个教学阶段中，最重要的是培养学生的自学能力和分析问题、解决问题的才能。培养和提高学生的自学能力，是当今教学方式改革的主要目标，也是异步教学的先决条件。问题化教学关键是教师根据本次课的教学内容提供问题情境，并设置问题，指示学生自学的方法，启发学生的思维，引发学生心理认知冲突，激发学生的兴趣和求知欲望。如在练习正手击球技术中的前挥击球动作之前，教师有意识地引导学生思考只用手臂发力击球和身体与手臂配合用力击球的差别，体会不同的感受，激发学生想要亲身体验的欲望，并借机引导学生练习并掌握正确的动作，努力做到使学生"身体""大脑"并用。这样就把学习的时间和空间交给学生，使学生成为学习的主人，减少教师的无效劳动。教师再根据学生的提问进行示范答疑，针对学生的练习状况进行肯定和赞扬或纠正练习动作时的错误动作。在六阶段课堂教学中，教师异步指导的形式分宏观异步指导和微观异步指导两种。不论是宏观指导，还是微观指导，方法都是"四步指导法"。

③实施弹性教学，使各层次学生共同发展。弹性教学实施主要从教学目标和教学内容设计两个方面出发，针对不同层次的学生制定不同的尺度标准，进而达到学生学习内容和目标的难易适度、容量合适，并不断在合理的评价中获得成功体验，从而激发学生学习的积极性。

网球异步教学目标的弹性设计：对于教学目标的设计，活动的水平只有定位在学生正在形成和发展的区域内（即维果茨基所主张的最近发展区内）才具有教育的价值。在教学中，每次课的教学目标要贴近各层次学生的技能最近发展区。因此制定教学目标要有层次，形成阶梯目标，抓两头，促中间，明确最低要求和标准。只有对各层次学生制定不同的教学目标，才能调动学生学习的积极性，使处在不同起点学生的学习成为可能，使课堂体育教学效益得到提高。因此，要求学习网球技术比较快的学生，在准确完成各种技术技能的基础上，达到一定程度质与量的要求，鼓励他们纵向发展，进一步进行实战练习，并培养他们自觉锻炼能力，逐渐树立自觉锻炼思想。学习网球技术一般的学生，在增强体质的同时，能准确完成教师传授的各种技术和技能，了解自我锻炼的方法，树立参与意识，鼓励学生横向发展。学习网球技术较差的学生，在提高身体素质的基础上粗略掌握各项技术、技能，并能简单模仿老师传授的技术，使其进一步理解身体锻炼的价值。

网球异步教学内容的弹性设计：课堂教学内容的设计是教学过程的一个重要环节，也是学生掌握基本技术与技能的主要过程。要取得良好的教学效果，对于不同层次要充分考虑好、中、差班学生的学习水平，要给全体学生留有学习、发展的余地。在充分掌握学生学习情况的基础上，要求每个教师对每个组要分别设计不同层次、深浅各异的练习内容和方法。在学习速度上，对于基本技术、技能及一般素质训练，各层次学生可按同一教学进度教学；对于有一定难度的技术练习，教学进度应有所不同，领会比较快的学生可以提前完成教学任务，同时提出更高的技术要求，进行深层次的学习，培养好学生有学无止境的精神；对于领会比较慢的学生应增加练习数量，给学生更多的思考机会，通过采用课外前置补偿、诱导性练习、个别辅导、降低练习难度等方法手段，使差班学生能在练习中分享成功的喜悦。改变过去同一班上好生等差生、教师催差生以及困难学生沮丧、茫然不知所措的局面。在整个异步教学程序中使学生都能在具体目标的引导下，循序渐进地达到目标，并使其尽可能地上升到高的层次。同时在层次分组的基础上，依照各层次的具体目标和学生学习锻炼效果，适时进行调整，能够达到所在层次目标的学生，即可调整到高层次组，以调动学生学习锻炼的积极性，使其达到更高的目标。

5．网球异步教学模式的实施

教师要充分了解学生的情况，根据不同的学生制定不同教学内容、方法和目标，使每个学生都能达到教学的要求。

教学内容：球性的练习；正手击球动作练习。

教学目标：通过介绍与学习，培养学生的兴趣，增加对网球运动的感性认识；初步掌握原地正手击球技术。

组织、教法与要求：

课前准备部分，教师带领学生做好准备活动，通过练习充分活动身体各部位，以便能顺利进入运动状态，避免运动伤病的发生。

课中部分，自由练习阶段，自由练习所学的内容，教师仔细观察学生练习情况，提示动作的关键在哪，使学生进一步理解动作的难点部分。根据学生的练习情况将学生分为好（一组）、中（二组）、差（三组）三个等级，以下称一组、二组、三组，针对不同的组有不同的要求。

（1）球性的练习

主要是对球和球拍的弹性、力度的控制能力练习。

一组：行进间的隔网颠球练习。要求：两人对颠时，直接击球传给对方，不能在拍面上颠球再传，球不能落地，自己控制好力度，来回是一次，共做 5 次。

二组：行进间隔网颠球练习。要求：两人对颠时，球可以落地一次再击球传给对方或球在拍面上颠一次再传给对方。来回是一次，共做 6 次。

三组：原地隔网对颠球练习。要求：两人对颠时，球可以落地一次或在拍面上颠一次控制一下方向、力度再击球传给对方。连续不少于 20 次。

（2）正手击球练习

动作要领：准备姿势、后摆引拍、前挥击球、随挥跟进。学生弄懂在自学过程中发现的难点后，再通过复习，把已经掌握的技术联系起来使之系统化，发现问题及时纠错。

一组：正手击球练习，喂球人要远距离抛球，这样增加了球的前冲力或增加旋转，要求击球人自己判断球的落点和击球时机，也很容易发现哪个阶段出现不足。掌握好的学生要求打出固定的角度或落点，差的学生降低难度或增加练习次数。

二组：正手击球练习，每击球之前做一次连续挥拍练习找找感觉，要求喂球的人在打球人正手方向 45 度左右，距离 3 米抛球，球只有向前冲的力不增加旋转，打球人自己掌握好击球点位，要求将球打在界内。

三组：先练习正手挥拍动作，连续挥拍 30 次，突出每个动作阶段的特点。对动作不流畅或没有掌握的学生进行分步讲解、纠正指导，适当增加练习次数，使动作定型。在进行击球练习时先做好击球的准备姿势，要定点喂球，喂球人要求直臂让球自由落体，没有任何旋转和角度，弹起的高度在腰部以下正好是打球人合适的击球点位。要求：把动作做完整将球打过网即可，对于进步快的学生可适当增加难度。

在教学过程中对学生出现的个别问题要个别纠正，对于共性的问题，应集体讲明动作要领，强调重点难点，让学生慢慢体会并理解动作要领。

课后部分，要做好课堂总结与反思，分析不同组别的教学情况，以对比得出异步教学法对网球教学的促进作用。

二、异步教学法在高校篮球课教学中的实践研究

篮球异步教学实验内容的设置安排也包括学生的异步化学习模式、教师指导的异步化程序、实施弹性教学，使各层次学生共同发展三部分，内容基本相同，涉及具体技术动作的细节部分则与网球有所区别。

（一）篮球异步教学的实施

异步教学的实施首先要求老师必须对学生的情况有较清楚的了解，对不同组别的学生制定不同教学内容、方法和目标，使每个学生都能达到教学的要求。

课堂任务：

（1）学习基本站立姿势与起动，初步掌握基本站立姿势及起动方法。

（2）学习侧身跑，初步掌握跑动中身体侧转的技术环节。

（3）学习高、低运球（原地与行进间），初步掌握运球的技术动作方法。

（4）学习原地双手胸前传、接球技术，初步掌握双手传球的动作方法。

教学目标：通过学习，提高每个学生学习的兴趣，使每个学生在技术方面以及认识方面都有不同的提高。

组织、教法与要求：

1．准备活动

绕球场慢跑教法：内容、任务安排要循序渐进，要求学生提前预习，对所学的东西有初步的了解与认识，并以最大的热忱感染、启发学生。

组织：围绕球场外沿线一个跟一个跑动。

2．拉伸练习

头部运动；腹臂运动；颈后手臂拉伸；额前手臂拉伸；单脚盘腿下蹲；弓步下压拉伸；小腿动态拉伸；坐姿拉伸；蝴蝶拉伸。

教法：新生由教师带操，逐渐培养值日生领操。

3．专项准备活动

球性练习：左右弹拨球；颈后、背后、腿部绕环练习；单腿绕环练习；双脚绕八字环绕；左右手前后拉运球；单手体前左右拉运球；体前左右高低拉运球。

教法：先由学生自己练习，并体会其动作。

抽几个同学出来做示范，其他同学边看边试着纠正其错误的地方。

教师讲解示范并纠正刚才学生动作中错误的地方。

练习：第一组学生每个动作做 20 次，要求动作准确，减少失误和错误动作。第二组学生每个动作做 30 次，降低学生动作的难度以及频率，减少失误，让学会更好地体会动作要领。在练习过程中教师应及时纠正学生的错误动作，尤其对个别学生的错误进行及时

纠正。

4．学习基本站立姿势与起动

要求：认真体会动作，逐步做到动作规范，起动时注意重心的转移。

教法：先由学生自由练习，检查预习的成果，并体会其动作。抽取几个同学出来做示范，其他同学边看边试着纠正其错误的地方。教师讲解示范并纠正刚才学生动作中错误的地方。

5．学习侧身跑技术

要求：练习强调上体侧转，放松协调跑动。

教法：先由学生自由练习，检查预习的成果，并体会其动作。抽取几个同学出来做示范，其他同学边看边试着纠正其错误的地方。教师讲解示范并纠正刚才学生动作中错误的地方。

第一组学生4个来回，要求学生注意侧转角度准确，跑动协调。第二组学生5个来回，要求学生先进行原地的摆臂侧身练习接行进间的练习，动作较准确而且协调。教师在学生练习过程中及时纠正其错误的地方（个别纠正、组别纠正、整体纠正）。

6．学习高、低运球（原地、行进间）

动作要点：拍球时，以肩关节为轴，大臂带动小臂，协调用力拍球；五指自然分开，手触球部位是指根以及手掌边缘触球；原地高、低运球时球的落点应在身体的侧面；行进运球时球的落点应在身体的正前方。

教法：先由学生自由练习，检查预习的成果，并体会其动作。抽取几个同学出来做示范，其他同学边看边试着纠正其错误的地方。教师讲解示范并纠正刚才学生动作中错误的地方。

练习：第一组学生原地高、低运球各20次，共五组，要求学生运球时尽量不要看球，动作要标准，发力准确。第二组学生原地高、低运球各30次，共七组，要求学生先仔细体会发力的顺序，拍球的手指部位，可以看着自己的拍球练习。教师在练习过程中要及时纠正学生的错误动作（教师对各个组别分别指导并对个别学生认真指导）。

第一组学生行进间高、低运球各4个来回，要求动作协调标准，速度较快，眼睛尽量看前方。第二组学生各5个来回，要求学生速度放慢，保持动作的协调，可以适当地看着球，减少失误。教师在学生练习过程中要及时纠正其错误（教师在练习过程中对个别学生以及组还有整体学生做不同的指导）。

7．学习双手胸前传接球

要求：接球时五指自然张开、肩臂放松；传球时注意伸臂、抖腕动作连贯。

教法：先由学生自由练习，检查预习的成果，并体会其动作。抽取几个同学出来做示范，其他同学边看边试着纠正其错误的地方。教师讲解示范并纠正刚才学生动作中错误的地方。

第一组学生传球20次为一组，共四组，要求距离适中，学生动作连贯发力准确，球落点较到位。第二组学生传球30次为一组，共四组，要求距离较近，学生练习动作较连贯发力，落点较准确。在练习过程中教师应及时纠正其错误动作（教师对个别学生以及整体学生做指导）。

8．结束部分

集合、放松操；小结、布置课外作业；收拾器材，下课。

（二）异步教学法在篮球普修课中的教学效果及反思

1．异步教学法的教学效果

（1）异步教学法对学生技能目标的提高。通过实验研究，采用异步教学法的实验组不同层次的学生在基本技术、技能方面都有不同层次的提高，并且不同层次的学生对技术、技能的掌握都有一定的了解和认识。通过学生最终成绩的考核，实验组与对照组相对最初的成绩都有较大的提高，但实验组与对照组学生的成绩有显著性差异。也就是说异步教学法相对于传统教学法还是有一定的优势，使学生基本技术、技能得到了很好的提高，也达到了预期的教学目标和教学效果。

（2）异步教学法对学生认知目标的提高。首先学生对教师的技术、技能及业务水平都是比较肯定的；其次，实验组的学生不仅仅在学习态度、学习兴趣等方面较对照组有明显的改变，另外学生对参加课外体育活动的动机、行为等方面有较大提高，很好地培养了学生参加体育锻炼的意识，使学生较好地认识到体育锻炼的重要性，更好地培养学生终身体育的意识。最后，通过学习，不但使学生养成了良好的学习习惯，而且给学生更多的机会去表现和展示自己、挑战自己，提高了学生的求知欲和竞争力。

（3）异步教学法对学生情感目标的提高。在学习过程中，学生与学生之间、教师与学生之间的感情有了明显的提高。学生与学生之间的相互学习、相互信任以及相互合作的精神也得到充分的体现。另外，虽然学生与学生之间存在一定的竞争关系，但是并没有太大影响到学生们学习的热情，学生之间的交流甚至是批评也促进了他们之间的友谊加深，使他们相互了解，相互信任。最后，在教学中，教师与学生的关系相处得非常融洽，师生的感情也得到升华。学生对教师各方面能力的肯定让教师充满激情，教师对学生的细心指导也让每个学生感受到体育学习的乐趣。因此在这样一个良好的课堂气氛中，达到了教师的预期效果。

2．教学过程中的反思

（1）异步教学法的优势

有利于教师与学生、学生与学生之间沟通与交流。该教学首先由学生来展示自己预习的情况，与以往都是教师在讲不同，这样可以让学生感到更亲切，由其他的学生进行评价，每个人都可以展示，这样学生之间的交流与沟通就会增加。然后再由老师去点拨，去启发学生，这样也促进了老师与学生的交流，使课堂没有以前那么拘谨或者放不开，因此该教学法能够使学生与老师更好地沟通与交流。

有利于充分发挥学生的主体地位。在教学中，学生是学习的主体，在教学过程中学生要摆脱自身以及教师的思想束缚，充分地去展示自己、表达自己。在该教学中，大多以学生为主，学生是主动探索知识的构建者，而不是模仿者。对不同层次的学生进行分组以及个别指导和整体指导，为学生提供主动求知的机会，让学生用自己的方式探索知识，那么在教学中学生的主体地位才能更好地得到体现。

有利于教师对学生学习情况的掌控。教师对学生的掌控体现在教学内容的设计以及教学目标两个方面。对于不同层次的学生设置的教学目标和教学内容有所不同，这样才能使学生去更好地学习，以适应该教学。在内容上对学生练习量合理把握，在目标方面适当调整其学习的目标，这样就能够使不同层次的学生都能够得到成功的体验，从而激发学生学习的积极性，让学生更好地学习。然而教师在指导学生学习的过程中，首先要对不同层次学生的学习情况有一定的了解，学生也可以及时反馈学习情况，这样教师就可以通过学生的反馈以及教师的再指导更好地掌握学生的学习情况。

（2）异步教学法存在的不足

首先在对学生的分组中，有些学生可能因为分在较差的组，心理方面接受不了，会产生自卑心理。那么学生会感觉压力比较大，是否能变压力为动力要看学生自己怎么想。其次学生对教师的依赖可能会减小，大多同学可能会不好意思去问老师，而把询问的目标转向同学，对同学的依赖感增强。最后有些学生可能会更注重学习的结果而忽略了学习的过程，毕竟学生之间存在竞争，而且每个组的学生的位置并不是一定的，学生怕自己的成绩不好会调到较差的组，因此学生把结果看得很重也会影响该教学的效果。

第十一章　游戏教学法在高校体育教学中的应用实践

　　游戏教学法是顺应教学目标和课程标准的要求，把作为载体的体育游戏视为教学的方法与手段，同技术教学有机结合，组织学生在游戏的愉悦氛围中学习和拓展知识技能，充分调动学生的学习自主性和创造性，从而达到预期教学目标的一种教学方法。这是针对本章研究主题，结合体育教学法的相关概念给出的定义。本章从游戏教学法的国内外研究现状及其在高校体育教学中应用的相关理论与实践研究角度来详谈游戏教学法对高校体育教学的促进作用。

第一节　国内外关于游戏教学法的研究现状

一、国外游戏教学的研究历史与现状

　　国外对于游戏教学的研究最早可追溯到古罗马时期。对游戏教学法最早做出科学系统阐释的是德国教育家福禄培尔，他最先提出游戏教学化的思想，将游戏和教学二者结合，统一在具体的教学过程中。

　　现代西方许多学者专家仍然致力于研究游戏与教学的相互关系，这促使游戏教学理论和教学形态逐步形成并不断发展成熟。在 20 世纪的教育理论领域，美国著名哲学家和教育思想家杜威从"活动经验"理论的角度，为游戏教学法的哲学基础做了很好的奠定。杜威的教学理论是现代教育理论的杰出代表，他十分重视课堂活动与游戏对教学的影响，指出学生要"从做中学""从活动中学""从经验中学"，让学生在主动的活动与经验组织中进行自我思考，即让学生在主动的课堂和课外活动作业中自主发现并讨论所发生的问题，并对问题进行理解和假设验证，以求自己想出解决问题的方法，使智力得到充分应用与发展。

　　虽然对游戏理论的研究起源很早，但游戏教学法的正式提出是在 20 世纪 80 年代至 90 年代期间，当时邦克（Bunker）为改变以传统的技术为中心的体育教学，采用游戏教学的方法，首次提出了更易于理解和接受的游戏教学法。他通过对当时学校体育教学现状的调查与研究，发现以技术教学为中心的教学方法仍然占着体育课的大部分时间，没有给学生留下玩游戏的时间。即使有游戏的时间，体育教师也很少把技术与游戏结合起来，也很少有人了解技术与游戏结合的适宜时机。从那时起，此方面的研究广泛地吸引了体育教师等研究者的关注。一些研究者认为，游戏教学法应该比技术教学法更受学生欢迎，能在一定程度上提高学生参与运动的热情。到 90 年代后期，一些研究者对游戏法做了验证，并获得了一些经验性的成果，验证了游戏法的教学效果，一致认为游戏法的教学应该代替传统的、以技术为中心的教学方法。

　　各个国家对游戏教学法都保持了很大的兴趣并不断研究。课程中的游戏和竞技特色在

英国历来受到重视和推崇，这一特色一直沿袭并发展至今，经历了不同的时期并在每个时期都做出了各自的研究贡献。传统的英国体育教学就视游戏和竞技为基本手段，并以此为手段来组织教学，不断推动学生的个性发展和能力的提高。日本国内的体育教学改革发展也经历了不同的时期，包括学习探索时期、自主发展时期以及改革深化时期。在关注身体健康运动的同时注重让学生去真实感觉运动带来的乐趣，健康和安全并重，尤其珍视公正、合作、负责作风的培养。由于日本人善于学习、勇于创新，在改革中学习欧美，使东西方文化达到有效地融合。其中"快乐体育论"在日本的学校体育界影响最为深远，"快乐体育论"的主张着眼于把学校体育运动课程当作今后生活中体育训练内容的源泉，致力于建立学生终身体育运动的健康思想。它提出在体育的整个教学过程中要让学生充分感知到体育活动的内在乐趣，促进学生的自主性和自发性的养成与提高。

综上所述，国外不同国家和学者也对游戏教学法表现出极大的兴趣，并做出相关的努力，进行了大量的研究。作为一种教育方法和教育思想，游戏教学在不同国家的教育实践和活动训练中不断被运用和推崇，得到了良好的教学成效，促进了相关领域的研究深化和发展。理论和实践相结合的研究得以凸显，是近年来体育应用研究的一个重要研究课题。作为一种重要的教学方法，游戏教学法的深入研究一定会取得不断的突破。

二、我国有关游戏教学的历史与研究现状

游戏是伴随着社会生产力的发展而产生、发展并不断完善的。在西安半坡最早发掘出来的石球是我国有关游戏教学的最早考证。当时正处于生产力水平极其低下的原始社会，而原始社会的教育和生产劳动是紧密结合在一起的。游戏的产生是从极其简单原始的社会生产中分化出来的一种形式，意识模糊，并没有清晰的概念与分类。随着社会生产的发展，人类进入奴隶社会，在当时的社会生产条件下，出现一部分占有生产资料的奴隶主，奴隶主的出现促使教育逐渐与生产劳动相分离。因此游戏作为一种学习方式也渐渐挣脱生产劳动的束缚，自成体系，相对较为独立。而游戏被奴隶主们作为娱乐、祭神的活动工具，游戏雏形形成。到了封建社会，社会生产力得到充分发展，游戏已不再是少数人的专属活动，这一时期游戏得到了大规模的发展。

游戏教学的系统形成是在传统的制度化教育中。学校作为最主要的教育机构和场所，是孕育教育性游戏的重要地方。学校体育游戏是教育性游戏的重要组成部分。国内学校体育教学中最早的体育游戏出现在 1902 年清政府颁布的《奏定学堂章程》中。此章程规定"各级学堂均开设体操课"，即当时的体育课。"体操一科，幼稚者以游戏、体操发育其身……"。此后又将游戏教学规定为师范类体育专业学生的必修课程。一直到民国时期，游戏教学仍然在体育教学中占有十分重要的地位。民国时期的体育教学内容明确规定"按部颁标准分游戏、韵律活动、体操、运动四类以及其他活动"。中华人民共和国成立之后，国内的教育专家仍然将游戏视为学校体育教学的重要组成部分，游戏教学相关的法令及文件相继颁布。

国内致力于游戏教学的专家层出不穷。金钦昌在其学术著作《学校体育学》中提出，游戏法是教师灵活组织所有或部分学生，在规则允许的最大范围内进行活动、开展游戏的一种教学组织形式。国内资深教育理论家、卓越的青年运动领导人杨贤江先生更是把体育教学放在各科教育的首位，重视体育对其他学科的带动和对身体素质的培养作用。早在

1992 年他就曾表示："游戏也是要紧的，游戏本身有许多价值。"近代教育家王冬立先生针对传统的教学方法的不足，反对注入式、填鸭式的教学，明确表示在教学中采用游戏法大有裨益，他指出游戏教学对培养学生的学习兴趣、调动学生学习自觉主动性有重要的意义。

　　总结所有已查阅的文献资料，从体育游戏教学实践的角度来看，胡建成和郑一兵认为，在排球课的实际教学中，可以将排球相关的所有单项技能战术编排成游戏进行教学。在实际的教学效果上，用游戏法来教学有利于营造积极活跃的课堂环境，激发并保持学生浓厚的学习积极性和兴趣，有助于培养学生的进取心以便帮助学生更好地掌握排球运动的基本知识和战略战术。杨德俊从实现快乐体育的目的角度出发提出了体育教学的游戏法，他通过把实验班和对照班的体育成绩做细致的对比从而具体阐述了体育游戏法在体育教学中的可行性和实际教学成果，他总结提出游戏法在体育教学中占有重要地位。学者杨雪芹还指出在体育教学中恰当灵活运用游戏法的目的和意义就在于从游戏过程中产生的胜利感和竞争感来增强学生的快乐和自我效能感，从而有利于提高学生学习的自主性和主动性，充分感受到体育的真正乐趣和价值，建立持久的体育热情和更广阔的体育相关兴趣，促进学生在今后的学习中更加主动地参加到体育教学中，保证体育教学任务顺利完成。杨雪芹提到在体育知识技能和战略战术的教学中恰当正确地利用体育相关游戏，可以从根本上转变乏味枯燥的单边教师讲解、学生练习的形式，极大地提高学生的学习兴趣。肖谋远和马斌根据国内学校体育教学内容单一、方法落伍的情形，认真分析和系统研究了体育游戏的特点、作用及组织结构，他们认为体育游戏的运用在教学中能有效地改善传统体育教学方法的缺陷，充实丰富课业内容，优化教学手段与方法，最终达到体育教学的基础健身和发展娱乐功效。他们建议在学校体育教学训练中，教师要转变传统的教育观念，深入研究体育游戏的作用，熟练掌握体育小游戏的组织结构和教学方式，科学准确地运用游戏法进行体育教学。杨国庆和李卫东认为，游戏教学法指在游戏中学习技术、知识的教学手段与方法。游戏教学法的运用增强了技能战略战术的运用并致力于综合能力的培养，使学生们在游戏过程中体会动作的结构、学习知识技术，在很大程度上提高了学生的学习兴趣和课堂的教学效果。马斌系统分析总结了体育游戏教学法在高校体育与健康课程中的实际用途，他认为体育游戏法颠覆了传统体育教学只注重技术教学的单一乏味教学模式，极好地改善和提高了学生的竞争水平和努力意志，除此之外，作为一种合作性的新型教学方法，游戏教学法的使用还有助于学生智力的培养提高，突出表现在创造性思维的能力发展上。在游戏教学方法指导下的体育教学，不仅能实现基本的体育教学目标，而且对于培养学生的良好思想品德，锻炼意志努力，形成良好的审美情趣和审美能力也有着非凡的意义。不足之处在于他的阐述仅限在理论层面上，没有进行真正的教学实验加以验证，难以具有科学的说服力。在这一层面上，学者陈哲夫做了有效的改善，通过开展系统的教学实验，把自然对照班与实验班加以控制比较得出实际的数据，有效地证明了游戏教学在排球选项课中的良好教学效果。

　　总结以上国内的游戏教学的结果不难发现：不同学者纷纷从理论或者实践层面上证实了游戏教学方法在体育教学中存在的客观必然性及实施的有效性。但不足之处在于所做研究内容分散，方法不够融合，理论和实践的结合研究相对不足，仅仅从一个层面上去证明游戏教学法的有效性难以得到大家的共鸣，它缺乏客观依据，使研究难以继续深入。基于各方面的研究原因，许多相关领域的研究仅限于推理式的简单证明游戏教学法的可适用性，但并没形成强有力的理论支撑，不能深入探究游戏教学法在体育教学与健康课程中的实施步骤与具体成效。

第二节　游戏教学法在高校体育教学中应用的理论研究

一、关于游戏教学的理论分析

（一）游戏教学法的相关理论

1．认知结构理论

根据认知结构理论不难发现，学习的实质在于主动地获得一种认知结构，而这种认知结构就是知识在人们头脑中的有序合理的储存形式。学习者要主动地获得知识，并把获得的知识和已经存在于头脑中的知识联系起来建构合理的知识体系。获得学科的基本结构和基本知识理解在这一学习过程中至关重要，把头脑中的知识通过动作、图像、符号等进行编码存储。在此思想的指导下，教育学家所倡导的学习方法主要为发现法，发现是儿童学习的主要手段，发现实际上就是让学生用自己的头脑去亲自获得知识的一切形式。用发现法代替系统的教授学习，依据学生的能力将科目知识教给任何年龄阶段的儿童。

2．人本主义心理学理论

人本主义心理学派反对把学习者看作是动物或机器，认为这是行为主义者的主张，也批评认知心理学家虽然重视人类知识的结构，但却忽视人的情感、态度、价值观等因素对学习的影响。作为人本主义心理学界的主要代表人物，罗杰斯认为，心理学应该要探究完整的人，忽视人的价值，强调人有发展的潜能和自我实现的倾向。

马斯洛从总体上把人的需要分为两部分，缺失性需要和发展性需要。他认为基本的生理、安全、归属和爱的需要等属于基本的生活学习所必需的，与人的基本需求相联系，是需要优先得到满足的，否则其他需要无从谈起。尊重、求知、审美和自我实现的需要属于高一层次的需要，是发展性的需要。

人本主义心理学家倡导有意义的自由学习，强调教学内容与学习者之间的意义联系。罗杰斯创立了"以学生为中心"的教学观，这一教学观是建立在其学习观的基础上的。他认为教师的任务不是教给学生知识，也不是简单地教授学生怎样去学习知识，而是要为学生提供各种学习的资源，创造一种有益于学习的环境，让学生自己决定怎样去获得知识。学习中心的学习模式叫作非指导式教学模式。教师在其中不是权威者，而是"助产师"和"催化剂"。学习完全交由学生自由支配，教师只为学生提供方便的学习条件，或是咨询和平等地参加讨论，充分地把学生从单一模式中解放出来，充分发扬学习者不同的个性。他认为只有在这种条件下，才能够真正培养出具有高创造性的学习者个体。罗杰斯强调学习内容与认知情感的有机统一，强调"有意义自由的学会学习"和创造性学习，突出自我评价在学习过程中的重要作用。

3．建构主义学习理论

建构主义是认知学习理论的新发展，对当前的教育教学改革产生了重要而深远的影响。它不是一种特定的学习理论，而是许多观点的统称。建构主义的思想核心是：知识是在主客体间的相互作用的活动中架构起来的。建构主义在一定程度上对知识的客观性和确定性提出了相当的质疑，强调知识的动态变化。建构主义的学习观强调学习的主动架构性，强调学习共同体的互动结合学习，共享教学资源，共同完成教学任务，同时强调教学的情境性，知识存在于具体的可感知的活动之中，不是一套独立的符号系统，学习是通过某种社会实践的参与而逐渐掌握相应知识的过程。学生观上强调学生经验世界的丰富性和差异性，强调学生巨大的潜能。

4．选择理论

哥拉斯博士是美国加利福尼亚哥拉斯学院的创建者和校长，他曾经指出：青少年学生有四种需要值得我们教育者特别的关注，这四种需要分别是归属（友谊）的需要、影响别人的力量（自尊）的需要、自由的需要和快乐的需要。当这些需要中的一种或几种得到满足时，学生就会得到愉快的体验。即使是成绩差的学生或者是有孤独感的学生，在他们的内心深处也隐藏着这一种最真实的归属的需要，他们需要得到友谊和关心，也需对别人关心和照顾的满足，每一名学生在潜意识中都有自尊的需要，希望得到别人的承认。学生作为一个人，一个正在社会化的人，一个充满灵性的活生生的有感情的人，他只有在找到了自己的归属，获得了这种需要时，才能在他所属的集体中生存下去，才能有更充沛的精力投入学习。

（二）游戏教学法的指导思想

运用游戏教学法要充分体现教学过程的双边性，强调教师的主导作用和学生的主体地位的实现。在体育知识技能的学习中要通过灵活选择设计游戏活动，注重通过游戏让学生真正感觉、体会正确的动作要领并获得相对应的知识体系，以此来促进激发学生的体育学习动机，培养学生的学习兴趣和主动性，让学习者以正确的态度投入到体育学习中。贯彻落实"健康第一"的指导思想，创造轻松愉快的学习环境。

（三）游戏教学的教学目标

游戏教学的教学目标是充分调动学生体育学习的兴趣和动力、帮助学习者养成良好的体育学习态度。促进学生的个性发展、创新精神和创造型思维的发展。增加体育教学的趣味性，提高学生技术学习的有效性，培养良好的体育学习习惯，使学生真正获得终身体育学习的动力和能力。

（四）游戏教学的教学评价

体育教学评价是依据一定的体育教学总体目标和具体的体育教学原则，运用系统科学的方法，对体育教学之中的"教"与"学"的双边过程及其结果进行的预测或价值判断及评估。体育教学评价的对象分为"教"与"学"两部分，这两个部分的过程和结果都当作评价的对象，而这其中对受教育者也就是学生的"学习"的评价是教学评价的重要组成部分。

针对游戏教学的评价，采用了诊断性评价和终结性评价两种评价体系。

1．诊断性评价

诊断性评价是在研究开始阶段，为了解学生的学习准备状况及影响学生的学习因素而做出的评价。在本章的研究中，诊断性评价指在体育活动教授开始之前，为有效地实施教学计划而进行的评价。它的主要功能在于检查学习准备状况，决定对学生的体育学习做适当的安置，预测判断对学生造成动作学习困难的原因，一直到后续的体育教学中。

游戏教学法出现在体育教学的准备阶段，通过事前对学生进行诊断，可以检验学生已有的技能水平、心理特征、能力状况、个性特点等情况，这就为学习小组的划分以及教师体育游戏的选择和设置安排提供了合理可靠的参考依据。

游戏教学法的诊断性评价内容主要包括：专项身体素质测试、专项技术测试（技评、达标）、心理指标测试。

2．终结性评价

终结性评价又叫总结性评价，是指在一个大的学习单元或一门课程结束时对学生学习结果的评价。终结性评价注重的是学生对某一学科的整体掌握程度，概括水平较高，测验内容范围广阔，常在学期末进行。在教学活动中，总结性评价的主要作用有：评定学生的学习成绩，证明学生对所学的知识技能的掌握程度以及实现教学目标的程度，为制定新的教学目标提供了依据，也对学生的后续学习做了预测和判断。在本研究中，终结性评价发生在体育教学活动后是为判断教学效果而进行的评价。

利用游戏教学法进行教学后，研究者对学生进行终结性评价，可以得到学生掌握技术的真实水平、明确教师的教学效果，以便充分提高学生的心理指标和学习能力。

利用游戏教学法进行终结性评价主要包括两方面的内容：专项技术测试（技评、达标）、心理指标测试。

（五）游戏教学的教学过程

游戏教学的具体教学过程：设计选择相关游戏，激发学生学习兴趣；在游戏中学生体会技术动作，利用游戏吸引学生注意力；教师引导出正确完整的动作结构；通过主题游戏强化提升技能。

（六）游戏教学法的教学特点

游戏教学的主要特点是将教学训练内容，按一定的要求与目的分解搭配成具有一定情节性、竞争性、娱乐性且在一定的规则引导下的学、练目标多样的活动，吸引学生主动进行由易到难的创造性学、练活动。因此，游戏教学能有效激发提高学生的学习兴趣，提高学生的身体素质，优化教学效果。游戏教学法注重内在游戏的灵活选择与运用。体育教学不仅包括运动技能的学习也包括情感与态度的学习与转换，如果体育教学偏袒哪一方，都将影响教学的效果。传统教学法往往仅对运动技能的准备十分充分，但经常忽略了学生的学习态度与兴趣以及对运动情感体验的关注。

二、关于游戏教学法在体育教学中应用的理论研究

（一）关于体育游戏的理论研究

1．游戏及体育游戏的内涵

从游戏的起源来讲，游戏最早的形式产生于人类原始社会早期，为了满足生产生活的需要而形成的一种具有一定规则的娱乐性活动。"游戏"作为人类社会的普遍现象，每一种游戏都深刻地反映着游戏产生之时的特殊社会生产生活情景，并且在部分研究中这种观点已被证实。在人类社会的早期，游戏就被人们作为一种教育手段，人们借助游戏对年幼的生产者进行教育、传授各种生产和生活的经验。因为游戏自身与生产和生活"互为表里"的关系，而使人类社会早期的人们通过游戏教育使年幼的生产者又快、又早地融入现实生活之中，游戏自身也随着社会物质生活条件的发展而不断丰富。而对于体育游戏来

讲，它无非是从"游戏大家庭"里划分出来的一个分支，是游戏内容的重要组成部分和表现形式。在现代社会最为流行的体育活动项目中，也有大部分是从最初的游戏形式被人们不断地规则化而发展形成的，这也使得"游戏""体育游戏"和"体育项目"形成了内在的联系。关于"体育游戏"的概念，不同的学者虽然都从不同的角度进行了阐释，但在本文中采用的定义为：体育游戏是按一定的目的和规则进行的一种有组织的体育活动，是一种有意识的、创造性和主动性的活动。在现代的体育教学中，人们往往采用的游戏教学法中的游戏自然也是通常的"体育游戏"，所以本文的目的就是达到既能完成技术教学或辅助教学，又不失游戏自身的特性，最终取得良好的教学效果。

2．体育游戏的特点

体育游戏作为游戏的一种重要表现形式，其自身不仅能够表现出游戏的一般特性，又能够凸现体育的主要特征。体育游戏主要是以人体完成基本体育动作为主的游戏，是一种能将人的德、智、体的发展寓于一种浓厚的娱乐氛围中的有效方法。其主要特点表现如下：

（1）娱乐性。娱乐性是任何一种游戏的"生命"，体育游戏也不例外，在体育教学中合理地运用体育游戏，能让体育课生机盎然且不失活力。娱乐性使老师和同学们在体育课堂中唤醒原始的娱乐冲动，表现得兴奋和活跃，对每一部分教学内容能够积极应对。

（2）普及性。体育游戏的内容是丰富多样的，不同的人群通过不同的选择都能够满足不同的游戏需求。在教学中也是如此，不同的学生、学段、教学内容都能够选择或创编出合适的体育游戏，来满足健身、娱乐、教学等不同的需求。

（3）规则性。体育游戏的规则性既能够从原始的游戏中传承，又能够在实际的创编中不断地创新，目的就是要使体育游戏不断地满足不同的需求。在体育教学中的游戏更是如此，它需要一定的规则才能够保证教学有条不紊地进行，顺利地实现教学目标。

（4）竞争性。如果说体育游戏的娱乐性激发了人们原始的娱乐冲动，规则性保证了体育游戏的顺利进行，那么，竞争性则可以说是最大限度地调动了人们参与体育游戏的积极性。通过竞争，体育游戏的效果将发挥到极致，人体自身的潜能也能得到充分发挥。现实中的体育游戏大多也都是以个人或者集体取胜为目的的竞争性游戏，通过游戏完成的数量、质量和速度来评判游戏的胜负，表现出人们在体力、智力以及合作能力方面的竞争形式，获胜者能够满足内心的愉悦并能够充分地展现自我。通过竞争培养的这些能力对于体育教学来讲无疑是有利的，它会帮助学生更深刻地体会体育的精神内涵与魅力，更加出色地完成体育课的教学任务。

（5）目的性。通常人们进行体育游戏都具有一定的目的，或者是愉悦身心，或者是培养团结协作的精神，或者为完成某些体育活动任务而进行的一种有意识的体育活动。比如人们在体育教学中进行体育游戏，或是为了调动大家的兴奋性，或是为了活动热身，或是为了使某一枯燥的技术学习环节更加生动有趣而采取游戏性教学方式等。体育游戏的进行就是行为和目的的统一。

3．"游戏教学法"概念的界定

对于"游戏"一词，通过查阅相关词典书籍发现，其解释也略有不同。《教育大辞典》对游戏法、体育游戏、教学游戏有着不同的解释。认为，①游戏法是教师组织学生，运用游戏的方式，在规则许可的范围内，充分发挥学生的主动性和创造性，以达到游戏目标的一种练习方法。②体育游戏，亦称"活动性游戏"，是体育教学方法的一种。为提高学生的兴趣，将某种体育活动加上情节或规则，以活动的结果作为判断胜负的依据，可提高学生参加锻炼的积极性的一种体育教学方法，构成的基本要素是身体活动、情节、规则、方法、结果和场地器材等。③教学游戏亦称"游戏教学法"。根据教学大纲，将教学内容与生动有趣的游戏相结合的教学方法。金钦昌在《学校体育学》一书中认为，游戏法是教师组织学生，在规则许可的范围内，充分发挥个人主动性和创造性，达到预期任务的一种方法。游戏法通常有一定的情节和竞赛成分，内容和形式多种多样。季浏也曾提出，游戏化教学法是在教学过程中，教师通过各种各样的游戏为手段，使学生进行学习，并培养多方面能力的教学方法。这一方法突出了学生在教学中的主体地位，强调情感和活动的因素在教学中的作用。

综上所述，本书定义"游戏教学法"的概念为：游戏教学法是教师根据教学内容和教学大纲的要求，把做载体的游戏为教学方法，组织学生在游戏的氛围中，充分发挥学生的主动性和创造性，从而达到预期教学目标的一种教学方法。

4. 体育游戏教学法与高校体育教学特点的内在联系

游戏教学法就是要通过游戏自身娱乐性、竞争性、普及性等特性的发挥，有效辅助体育教学目标的实现。目前，我国高校培养学生的目标根据学校类型的不同各有不同，正因如此，造成了高校学生在身心发展方面的差异。高校学生更注意个性能力和综合能力的培养，体育课提供的各种竞争性内容，为学生社会适应能力的发展、勇于竞争锐意进取精神的培养提供了较大的空间。体育课具有一定的量和强度，枯燥、单一的传统教学模式很难满足高校学生的内心特点。所以，丰富生动的游戏教学形式能够使学生很容易融入体育教学中，既能满足学生的特殊心理需求，又培养了学生良好的运动技术技能，使其领悟到体育的魅力，为终身体育奠定了基础。所以，游戏教学模式在高校体育教学中与学生特殊的心理特点形成了内在的一致性，能够有效地保证高校体育教学目标的实现。

5. 体育游戏在体育教学中的作用

从体育游戏的特点看来，体育游戏之于体育教学的作用是明显的，它激发了学生的体育学习动机，培养学生的集体主义精神，教育学生遵守纪律、团结协作，巩固和提高学生的体育技能，历练学生的创新思维和敢于拼搏的竞争精神，其价值对于体育教学有着深远的意义，具体作用主要表现在以下几个方面：

（1）对教学的有效辅助作用。在倡导游戏教学法的教学实践中，体育课教学的每一环节都能穿插游戏内容或者整个教学过程都能通过一个游戏的过程来完成，并且在实践中得到了验证。首先，体现在对体育课准备部分的教辅作用。在体育课的准备阶段，学生的身心一般都处在安静状态，身体关节灵活性差，肌肉发僵，内心体育冲动不强，大脑兴奋性不高，尤其是一些对体育学习兴趣不高的学生，更表现出对体育课态度的消沉。而对于高校的学生来说，由于中小学阶段一直接受传统体育课的教学模式，他们对传统的体育课教学已经厌烦甚至麻木，参与体育课的激情自然不会高昂，上述特点表现突出。所以，游戏教学法的引用就表现得尤为重要，它更能满足学生对体育课的需求。在体育课的开始阶段采用游戏教学法，能够有效地帮助学生在一个娱乐的气氛中实现身体预热，提高学生参与的积极性并产生对体育活动的兴趣。正如某些心理学家所说，"兴趣"是学习最好的老师，通过游戏教学法使同学们产生参与体育学习的兴趣，等于为同学们提供了体育学习的动力源泉。合理有效地选用游戏更能使学生大脑产生超乎意外的大脑亢奋，所以在体育课的准备阶段采用游戏教学法，对于体育课基本部分的有效进行是十分有益的。其次，就是对体育课的基础部分的辅助作用。通常体育课准备部分的内容以复习旧知识和传授新知识为主，传统的教学只注重言传身授，教学方法单一，很难提高学生学习的兴奋性，使其对旧知识的复习。通过游戏教学法，能够迅速提高学生大脑的兴奋性，使其注意力得到集中，在游戏中完成对旧知识的复习和对新技能的学习，使同学们面对难度较大的技术动作时，不会再因为产生恐惧感而退缩，而是在轻松愉快的游戏氛围中把技术动作逐渐掌握。尤其是采用经过合理创编的针对性强的游戏，更有益于学生学习新、难的技术动作。再次，在体育课的技术部分安排合理的轻松愉快的游戏，有助于学生缓解体育课高度兴奋的神经和疲劳的肢体，以放松、平静的身心投入到文化学习之中，同时充满对体育课的期待。

（2）强化了体育课的健身功能。在以往的体育课教学中，由于教学方法单一、枯燥、活动性不强直接影响了学生宝贵的体育课身体活动时间，造成了学生体育课学习兴趣低下，参与体育活动的积极性不高，直接影响了体育课的健身效果。通过游戏教学法的应用，能够有效地提高学生对体育课学习的积极性和对文化知识学习的兴奋度，让学生通过在体育课上对体育知识和技能的有效学习，充分地了解体育的魅力所在，养成体育运动的习惯。另外，体育游戏的形式多样，也保证了体育游戏教学法在实施中不受严格的人数限制，使得每一位学生都能够在体育游戏过程中获得身体锻炼的机会，同时学习了体育知识和技能，这所有一切都保证了体育课健身功能的强化。

（3）赋予了体育教学的娱乐功能。传统的体育教学多是教法单一、气氛沉闷，体育课给人的感觉是又累又枯燥。而游戏教学法的合理采用，正好迎合了学生繁忙的文化学习后内心的需要，使传统的枯燥教学变得生动有趣，感受到游戏娱乐气氛的学生兴奋性强烈，对体育课中知识和技能的学习表现积极，使体育课教学收到满意的效果。

（4）拓宽了体育课的教育功能。体育游戏都是有一定规则的，学生在积极接受游戏性教学的同时必须遵守游戏的规则。同时，游戏的内容和形式又是多样的，其参与的形式不拘一格，有单个人参与的，也有需要多人分组合作的游戏，而且体育游戏都要根据完成的数量、质量、速度等标准判别胜负，这样就使体育游戏的行为内涵更为丰富，教育功能更加全面。首先，体育游戏培养了学生踊跃参与公平竞争的精神。体育游戏的进行最终分出胜负，参与体育游戏的集体或个人都会产生一种强烈的获胜欲望，并且要求游戏的参与者要遵守规则，公平竞争，这些精神正是现代社会人们所必须具备的品质。其次，培养了学生团结协作的精神。集体性的体育游戏为了获得最终的胜利，特别需要发挥集体的智慧力量，团结一致，相互配合，最终获得游戏胜利。这样的集体性游戏在体育教学中最常用，所以有力地培养了学生的团结协作精神。再次，有利于学生思维的启发和创新能力的开发。在体育教学中，某些技术动作或基本技能尚未被学生熟练掌握的情况下，教师通常采用对技术、技能融入游戏的办法，精心设计游戏，利用游戏的特性引导学生的思维在无形中掌握基本的技术和技能。另外，学生能够通过熟练掌握的技术、技能，在老师的指导下自行组织、创造新的体育游戏，满足课堂体育游戏的需求，这样的体育游戏既能够让学生有效地参与，又能够通过对游戏的创编开发增强学生的自主创新能力。

（二）关于体育教学中游戏选择的研究

从游戏教学法的特点和产生的特殊效果可以充分看出，游戏教学法的应用改变了以往枯燥、乏味的体育课堂气氛，使得体育课生机盎然，对学生各方面能力的培养和课堂教学效率的提高起到了积极的促进作用。在游戏教学法的采用产生各种有益教学效果的同时，游戏的正确选择应用是必要的。比如在课的准备部分选用活动量大的游戏，在教学过程中选用内容不健康的游戏，或者选用危险程度大的游戏等，都会直接影响体育课的教学效果，事倍功半。所以通常游戏的选择会遵循以下几个方面的原则：

1. 体育游戏的内容应是健康向上的

在游戏教学法的实践中，教师都会积极选择或者创编最为有效的游戏形式和内容，来辅助教学目标的实现。但这些游戏内容和形式的选择和创编必须是健康向上的，否则，虽然直接实现了体育课堂活跃的气氛和体育教学的课堂要求，但是却直接影响了体育教学最终的思想教育的内涵。

2. 体育游戏的选择必须具有趣味性

体育游戏的趣味性是体育游戏的生命所在，更是其自身价值的有效体现，一个不富有趣味性的游戏就像一个没有生命的个体，在体育教学中不仅不会起到应有的助学作用，反而会引起学生的反感。正如有些心理学家所说"兴趣乃是最好的老师"，一个富有趣味性的游戏必然会引发学生内心的娱乐冲动，对体育游戏产生浓厚的兴趣。体育游戏是一项较正规的、相对体育比赛又十分轻松的体育活动，对游戏者并没有过于严格的规则要求，所以参加者能够在体育游戏中以轻松愉悦的心态实现自我、表达自我。同时游戏参加者在轻松的氛围中，注意力能够高度地集中在活动内容上。通常游戏竞争性越强、情节生动，其趣味性越强。这样的游戏会使枯燥、乏味的体育活动变得生动有趣，有效地调动学生参与体育锻炼的积极性。

3. 体育游戏要富有教育意义

学生通过参加体育游戏能够有效地使身体得到锻炼，提升身体运动技能，这只能算是体育游戏有益的一个重要方面。体育教学中对选择体育游戏的要求不仅要体现在身体方面，同时游戏的实施更要突出其教育功能。没有教育意义的游戏选择对于体育教学来说是不完美的。在体育课中选择体育游戏要体现出德育、智育、体育的全面教育作用，这也是体育活动自身的魅力所在。通过参加体育游戏活动，使学生学会交往，学会合作，更要学会思维的发散和思路的创新，以适应千变万化的竞争环境。这样的体育游戏才是与体育教学相匹配的，才能辅助体育教学功能的全面实现。

4. 体育游戏的选择要简便易行，富有针对性

在体育教学中游戏教学法实施的首要目的就是要使游戏起到有效的教学辅助作用。这就要求游戏的规则要简便易行，目的突出，既不失游戏的内涵，又要有效地实现教学目标。如果一个游戏的选择过于繁杂，会牵扯更多的精力到游戏的学习之中，这样在体育教学中势必会"喧宾夺主"，浪费大量的课堂教学时间，使教学效果适得其反。另外就是要注意游戏的利用效率，漫无目的的游戏更是会对教学计划的实施和教学目标的实现形成障碍。针对性强，利用效率高，才会取得事半功倍的效果。比如，在课的准备阶段结合本次课的教学目标采用简单有趣、肢体活动针对性强的游戏，既调动了学生进行体育课学习的兴奋性，又着重实现了重点肢体关节的预热效果；而在课的基础部分，简单易行并富有针对性的游戏选择，既能有效地完成旧知识的复习，又能够有效实施新知识的传授；结束部分的游戏选用，自然要实现放松身心的目的，以使学生心态平静地步入下一阶段的文化知

识学习之中。

5. 体育游戏的选择要充满安全性

在当今体育教学实践中，学生安全问题已成为学校体育教学过程中最为棘手的问题之一。在游戏教学法的实施中，体育游戏的选择自然把学生安全问题放在第一位。游戏的实施出现安全问题，其一切教育意义等于功亏一篑。毕竟教育的最终目的是要培养全面发展的人才。所以在实施体育游戏时，教师的注意力必须高度集中，在游戏前期进行有效的安全教育，注意体育器材的合理选用、布置与利用；注意学生的身心发育特点，合理安排活动量；掌握学生的游戏节奏，以免兴奋度过高而发生意外损伤。

（三）体育游戏在教学中实施的理论研究

通过合理的游戏规则，体育游戏的实施成为游戏教学法中最为重要的环节，体育游戏的组织实施效果如何，会直接影响游戏教学法全面功能的发挥，最终影响体育教学的整体效果。科学合理地研究体育游戏教学的组织实施对游戏教学法的实践具有深远的指导意义。

1. 体育游戏的组织实施要把握好体育游戏的质和量

对于体育游戏的质和量的把握，最重要的一点应该是明确体育游戏在体育教学中所充当教学辅助作用的角色。对于游戏的质来讲，游戏的内容一定要符合教学目的，比如在课的准备阶段，体育游戏的实施要尽可能地起到身心预热的作用，为课的基础部分做好全面的身心准备工作；在课的基础部分，尤其是教授新内容时，游戏的采用要注意对新授内容的针对性，起到最有效的引导作用，游戏的针对性和效益性一定要高。对于游戏的量来讲，游戏的活动量太大会直接影响体育课的教学效果，毕竟体育课的目的不仅是锻炼学生的身体素质，更重要的是完成教学计划，授予学生正确的运动技术和技能，为学生终身体育习惯打下坚实的基础。另外，游戏的质量还应考虑学生身心发育的特点，否则也会间接地影响体育教学的效果和质量。

2. 体育游戏的实施要注意发挥游戏的特色

体育游戏是集娱乐性、竞争性、教育性等特性为一体的体育活动。发挥体育游戏的竞争性，就是要合理地编制游戏规则，保证学生公平地完成体育游戏；发挥体育的娱乐性，就是要摆脱体育游戏的正规竞赛性。简单易行，情节生动，又能合理竞争并且实现胜负，这样就能让同学们在体育游戏中乐此不疲。教育性的发挥体现在体育游戏实施过程中的每一个细节上，团结协作、公平竞争、善于创新都是体育游戏教育功能的具体体现。时刻保持游戏自身特色的发挥，才能充分挖掘游戏教学法为体育教学带来的效益。

3. 体育游戏的实施要保证安全第一

体育教学的培养目标就是要培养德、智、体全面发展的人才，游戏教学法在体育教学中的应用也必须遵循这一总体目标。体育游戏自身形式和内容的多样性常常使得体育游戏应用中组织形式不拘一格，而且鉴于体育教学环境的特殊性，安全性自然成了教学过程中需首要注意的问题。首先，在游戏教学法的实施前要进行必要的安全教育，严守游戏规则，保证课堂的组织纪律性。其次，注意检查游戏器材和游戏场地的安全性。再次，要注意控制学生的游戏活动节奏，防止游戏中学生的兴奋性过高，忘乎所以，导致意外损伤的出现或因情绪失控导致学生之间的争执而出现安全隐患等。

第三节　游戏教学法在高校体育教学中应用的实践研究

现今，由于我国高校武术教学仍没有彻底摆脱传统教育的影响，仍然不同程度地存在着各种问题：学生武术学习的起点低且学习难度较大；一周一次两学时的教学课给学生记忆动作造成客观性的困难，如此短的教学时间不利于武术运动的深入学习；教学内容单一，教学方法单调。对于这些问题，不少高校引入游戏教学法，不仅丰富了游戏教学法在体育教学中的应用实践，而且也为其他的体育项目提供了参考和借鉴。以下就以武术教学为例，来展开游戏教学法在高校体育教学中应用的实践研究。

一、武术"游戏教学法"引入高校武术教学的意义与作用

（一）武术"游戏教学法"有利于提高学生认识水平

通过武术游戏教学，学生对所学知识和技能有了更深刻的体验和内化，更进一步认识和理解了体育和武术。在多种多样的武术体育游戏教学活动中，学生找到了自己较为感兴趣的武术运动。武术参与意识的增强，武术知识的掌握，武术技能的运用及同伴之间的相互帮助，也使学生产生了积极的自我调整和自我教育。在教学中，学生对武术知识和技术有了更深刻的情感体验，从而促进学生武术知识和能力的提高。

（二）武术"游戏教学法"有利于学生智力和非智力因素的发展

根据武术教材特点选择各类武术体育游戏教学方法进行教学，能使学生在更和谐的气氛中进行武术学习。它有利于学生武术学习兴趣的产生及保持，有利于激发学生武术学习的动机。经常地采取武术游戏法进行体育教学，能有效地提高学生情绪和情感，促进学生的智力和非智力因素。武术体育游戏往往是通过学生模仿武术动作、体验武术技术以及激烈的武术竞争来实现教学目的，这使得学生的思维十分活跃，当思维活动与身体运动相互协调和统一地配合时，能更好地培养学生感觉、知觉、想象、注意、性格、意志、情感等各类心理品质。学生可以在不断的武术游戏教学中，感觉教学中存在的问题，从而发展自我积极性，增强竞争的态度，对学生的学习、生活、理想、观念及人际关系等都会有极大的促进作用，并使学生在感情上得到升华，这类高校武术教学必然对发展学生的智力和非智力因素起着重要的作用。

（三）武术"游戏教学法"有助于顺利完成学校体育教学计划

体育教学中充分利用武术游戏，对高校体育教学计划的顺利完成起着十分重要的作用。在武术教学中学生的注意力并不相同，兴奋性也各具差异，这样就会影响教学计划的贯彻和执行。体育教师应在教学的开始部分和准备部分中，积极采用各类武术游戏教学，提高学生中枢神经兴奋性，调整学习的心理状态。如武术模仿游戏、武术项目报数游戏可以提高学生的注意力和兴奋性，使人体由相对的安静状态逐步进入教学工作状态，以达到教学的准备活动的基本目的，使学生在生动、和谐的气氛下进入武术教学的基本部分的学习和练习。由于有些武术教材难度较大，学生的情绪容易受到一定影响，这时任课教师就应及时地改变教学方法，有计划地选择一些武术体育游戏法进行适应教学，如在武术耐力教学中，教师根据教学进度和学生的实际水平，可以采用相互监督和促进武术游戏进行教学。

（四）武术"体育游戏"教学法提高了学生心理健康水平

武术教师以"游戏教学法"为基础，考虑武术体育教学的教法选择，适应学生的实际情况，引导学生学习武术知识和能力的发展，保证武术教学的科学性，从而在教学中更好地促进学生心理健康水平。各类武术体育游戏不断引入课堂，活跃了课堂教学气氛，调节了学生学习情绪，使学生在笑声中掌握武术知识和技能，在愉悦中锻炼自己。

（五）武术"体育游戏"教学法有利于学生思想品德的提高

在高校武术游戏教学活动中，满足了学生的基本需求，使学生获得成功的情感体验，提高了学生对武术教学活动的兴趣，使之自觉地把武术锻炼活动贯穿在自己今后的生活中。我们在武术游戏中创造出具有一定难度和更加有趣的游戏方法和手段，不仅发展了学生的体力和智力，更重要的是发挥了教学的思想品德教育的作用，这对于培养学生良好的竞赛道德，勇敢的精神，负责的态度，遵守纪律的习惯，活泼乐观、进取创新的品质都有积极的作用。

总之，高校武术教学中应用"游戏教学法"是上好高校武术课的关键，是提高武术教学质量的必要手段，各类武术体育游戏是发展学生思维、促进学生智力、提高学生身体健康的重要教学活动形式。而且它既可用于发展学生一般性的身体素质，同时又可用于发展武术的专项性素质。也是培养学生遵守纪律、战胜困难、团结互助、热爱集体、积极进取等优良道德品质的基本手段。

二、"游戏教学法"引入高校武术教学的教学设计

随着课改的深入，教师对教学观念、教学手段、教学策略、教学目标、教学评价等方面的把握都有了实质性的进展，发生了翻天覆地的变化，在很大程度上改变了传统教学中存在的一些形式，取代以全新的方式方法。作为教学中的一个重要环节——教学设计是教学目的性、过程性、科学性与艺术性的统一。

（一）"游戏教学法"引入高校武术教学的目标

课程的教学目标是一个阶段性学习指南，所有的教学活动都围绕如何实现目标来进行。学校武术的基本教学目标是传播身心健康、武术运动技术、传统文化知识和思想。体育游戏教学法，作为一种较为新颖的体育教学方法，通过利用体育游戏的趣味性，使学生在和谐的气氛里从事武术练习和锻炼，并使学生乐于接受武术教学。游戏教学法引入武术的教学目标是促进学生参与意识，克服厌学情绪，在游戏中设计武术动作，体会发力、劲力、协调、动静、快慢的武术精髓，同时培养学生的创新精神。

（二）"游戏教学法"引入高校武术教学的内容

如果武术教学内容陈旧、难以掌握动作要领和领会动作深意，将使学生对教学内容产生厌烦和无聊情绪，有些武术动作偏难，也使学生产生厌学和心理障碍。通过对学生教学内容的调查发现，目前学生对武术教学内容不是很满意，更多的学生希望修改教学内容。

现如今，高校的学生更倾向于散打、太极、器械等实用性强的武术内容，学生对武术基本功的学习不太喜欢，对武术套路的态度占中等。我们发现学生更倾向于实用性和适用性较强的散打和太极、器械上，那么游戏教学法所采用的内容也应更激烈一些，同时要强调游戏教学的内容选择。

（三）"游戏教学法"引入高校武术教学的教学结构

1. 武术"游戏教学法"在教学准备阶段的运用

体育教学的基本结构是由开始部分、准备部分、基本部分和结束部分组成。在教学实践中，人们根据教学的规律以及学生在各个教学组成部分中所处的身体、心理状态，总结出了许许多多的有针对性的各类武术体育游戏，发展成较为系统的各个武术项目教学体系和方法。

在高校体育教学中充分利用武术体育游戏对教学任务的顺利完成起着十分重要的作用。学生在开始上体育课的时候，身心状态基本处于安静的阶段，也由于各种原因的影响，比如学生的注意力并不相同，兴奋性也各异，这样就影响了课堂教学计划的执行。如果此时教师在教学的开始和准备阶段，积极采用有利于提高学生兴奋性，调整心理状态的各种武术体育游戏，如"武友相聚""大刀接力"等游戏来提高学生的心理注意力和兴奋性，使人体生理状态由相对的安静逐步进入工作状态，以达到准备活动的目的。

准备活动阶段通常我们采用慢跑、体操等教学手段，它只能达到调节学生生理机能的目的。如果这些手段长期反复使用，就会使学生感到枯燥，产生厌烦心理，而武术的游戏教学法则能在短时间内迅速将学生的心理调节到最佳状态。

所以，在此阶段应结合教学内容有针对性地选择一些提高学生注意力和兴奋性的武术游戏，把高校武术教学准备活动安排得丰富多彩，形式新颖多样，把学生的身心调节到最佳状态，以饱满的热情全身心地投入到课堂教学中，为以后的教学打下良好的基础。

2. 武术"游戏教学法"在教学基本阶段的运用

武术的基本技术、技能的教学是教学的最重要环节，是衡量教学效果的主要部分。这一阶段的主要任务是使学生掌握武术的基本技术、技能，形成动力定型。

为达到这一目的，需要我们根据武术教学课的任务、内容、性质和学生的特点，适当安排一些武术动作的游戏，改变单一枯燥的武术练习形式，提高学生学习武术的兴趣，使学生在轻松快乐的气氛中完成教学任务。

武术游戏内容的选择要以武术课的教学内容为中心，具有较强的趣味性，才能激发学生的学习兴趣，真正达到边学、边练的目的。另外武术游戏教学时机的选择也非常重要，一般在技术动作形成的初期不宜采用游戏法，以免影响技术动作的巩固，应选择在学生开始重复武术动作练习时，这样效果会更好。

由于有些武术教材难度较大，学生的学习情绪容易受到影响，教师就应及时地改变原有的教学方法，有计划性地选择各种武术体育游戏法进行教学，如运用武术的套路教材可以发展耐力素质，有效地提高心肺机能，这在大学体育教学中居于非常重要的地位。

学生对武术耐力教学十分反感，如果教师始终采用普通练习法进行教学，学生就会感到单调和枯燥，其学习情绪和意志品质的培养就会受到一定影响。这时在武术耐力教学中，可以采用武术的一些耐力性游戏法进行教学。

3. 武术"游戏教学法"在教学结束阶段的运用

整理和放松活动在体育课的结束部分，这时学生已经处在疲劳期，需要尽快消除疲劳，恢复身体的机能，使学生的身心由紧张状态过渡到相对安静状态。这时可以运用一些小负荷的武术游戏进行教学。整理放松活动的武术游戏要充分体现趣味的特点，在武术游戏的内容、形式上，力求做到轻松、活泼、精彩和幽默，在欢乐中使学生的身心得到整理和放松。

三、武术"游戏教学法"在高校武术课堂的组织教法

目前针对学生学习出现许多好的教学方法，例如，武术音乐辅助教学法、讲授武术故事法、武术口诀教学法、武术特色教授法、武术情景教学法等，都对学生学习武术动作技术起到一定作用，而在武术教学中运用游戏教学法是一种尝试，将会对学生学习武术产生巨大的吸引力。在高校武术课堂上运用游戏教学法，必须遵循一定的教学流程，才能实现武术游戏教学法应有的效应，提高高校武术教学的质量。

具体来说，武术游戏教学法在高校武术课堂的组织教法应该按照以下的一些步骤和流程进行：

（一）武术游戏的讲解和示范

组织武术游戏，必须给学生讲解武术游戏的目的、方法、规则。可以按照武术游戏基本要求，讲解游戏的目的、任务、内容、规则、活动方法以及相关的要求，让学生了解要注意的一些安全事项，从而使学生在游戏规则允许的范围内享受游戏教学的乐趣。

武术游戏的讲解顺序是：游戏的名称、目的、意义、组织和方法、规则和要求、注意事项等。讲解时，教师应选好讲解位置，做到第一，每位学生都能听到讲解内容，游戏的重点内容、关键的词句要讲清楚；第二，学生处于舒适的位置。同时应注意，讲解与示范相结合，重要的教学内容要做示范，以有利于学生的理解和对游戏的认识程度。

（二）根据武术课的教学的目的和内容来选择武术游戏

各类武术游戏具有很强的针对性，可以服务于各类具体的武术教学活动中。武术课的形式多样、内容丰富，选择何种武术游戏活动应根据武术课的具体目的和内容而定。例如，课的开始与结束部分所选择的武术游戏应有所不同，不同器械武术教学课所选择的游戏也应有所不同，不同拳种教学课所选择的游戏还应有所不同。

作为高校武术教师，应根据不同的武术课的教学内容和形式，选择不同类型的武术游戏。无论选择什么类型的武术游戏，其目的就是所选用的武术游戏既要让学生得到身体的锻炼，又能为武术知识技能教学服务，有效地完成武术课的教学任务。

（三）科学地组织武术游戏教学活动

武术游戏课的组织工作也非常重要，科学地组织课上游戏活动，能调动学生积极性，保障学生的练习时间。武术教师应考虑如何有效地完成武术课的教学任务，如何注意学生的差异性，如何在游戏教学中调动队伍，如何充分利用游戏教学的场地和器材，如何发挥教学中学生体育骨干的作用，如何合理掌握和调节学生的运动量等。

（四）武术游戏中的合理分组问题

一些武术游戏是采用分组或分队进行教学的，这时教师应做到合理分组。在武术教学中，分组和分队的方法主要有：教师分组、报数分组、行政分组、组长分组和固定分组。教师用何种分组方法，应根据具体的武术游戏内容、形式、教学条件，以及学生的具体情况来确定，做到分组和分队人数基本相等、实力大致相当，只有这样在武术游戏活动中才能充分调动学生的积极性、主动性和创造性。

（五）做好安全组织、裁判工作并及时调整

在一些武术集体游戏中易出现拥挤推搡事故，在教学前应做好预防工作，提醒学生易

出现的问题，并加以引导，组织学生有序地进行活动。游戏时应做到公平、合理，判罚明晰，多鼓励和表扬，游戏中的运动量、运动强度和情绪都要加以控制和调节。

（六）做好武术游戏教学的总结

各类武术游戏为达到一定的目的，不仅仅是练习，也包括游戏的总结和奖惩。在武术教学游戏过程中，如果出现问题要适时停止游戏，并当场总结该处存在的问题以及应注意的事项，做到有的放矢的教学，从而达到事半功倍的教学效果。为了让武术游戏活动进行得更精彩，对学生应多鼓舞，多表扬，多评定他们的优点，充分发挥学生的智慧，让学生们不断提高。

（七）预防武术游戏教学中的基本问题

在武术课的教学中，可能会出现一些教学问题，主要问题有以下几种：

（1）游戏教学中的各类伤害事故；

（2）在游戏教学中，由于组织不当，加之学生争胜心强，易出现一些过激行为，如学生不团结现象，学生之间的相互责备、埋怨等；

（3）游戏运动负荷不合理；

（4）学生思想涣散、纪律性不强等现象。

为防止出现游戏活动的基本问题，在教学中必须注意以下问题：

（1）游戏的选择要科学，内容合理；

（2）规则制定准确，裁判公平、公正；

（3）游戏组织严谨认真；

（4）加强学生的纪律性和安全教育。

综上所述，高校武术教学的"游戏教学法"有着丰富的内容和形式，如果我们在武术教学中科学合理地运用，能够激发学生学习和练习武术的自觉性和积极性，从而达到增强学生身体和心理素质的目的，熟练掌握武术的基本技能和技术，保证武术课教学任务的完成。

四、高校武术"游戏教学法"在运用中的注意事项

（一）武术游戏活动的设计应该具备以下特点

（1）武术游戏目的明确针对性强。设计武术教学用游戏时，要先明确游戏的目的，教师应根据教学内容，有针对性地设计武术教学游戏，以提高武术教学质量。

（2）武术游戏有趣味性。只有武术教学游戏新颖、有趣，才能充分调动学生的学习兴趣。

（3）武术游戏科学合理。武术游戏的教学组织要考虑学生知识、技能和体质，根据由浅入深、由易到难、循序渐进的原则，针对不同的学生从实际出发，安排科学合理的游戏。

（4）具有竞争性。即利用学生的好胜心理进行武术教学游戏的设计。

（二）有明确的武术教学目的，教学组织周密而细致

教师对武术教学游戏的选择，要和教学内容统一起来，游戏能够充分调动学生的学习积极性，从而顺利地完成教学任务。同时应考虑学生的性别、性格特点，身体素质等因素，合理地组织教学活动。

（三）武术游戏教学应因材施教

武术游戏教学可丰富教学内容，激发学生学习的自觉性和积极性，增强学生的素质，掌握基本的武术知识技能，保证教师武术课教学任务的完成。但是在具体的教学中，体育教师应根据学生的具体情况，教学的具体情况，学校的实际条件，进行有的放矢的教学，做到因材施教。

（四）注意武术游戏教学活动结束后的评判和总结

武术游戏教学活动结束后要进行公正的评定和总结。体育教师要对游戏教学活动的结果进行评判和总结，指出学生在武术游戏中学习了什么，掌握了什么，游戏有什么值得肯定和需要改进的地方。

总之，游戏教学法在高校武术教学中各个环节的运用非常广泛，内容和形式也在不断创新和丰富。在武术游戏教学中只有精心选择，合理安排，准备充分，才能提高教学质量。

第十二章 程序教学法在高校体育教学中的应用创新

随着我国教育事业的改革和素质教育的不断推进，倡导并培养学生心智能力、实践能力和创新能力成为教育改革和发展的方向。为此广大教育者积极进行教学尝试，把心理学和教育学的教学方法交叉融合，取得了可喜的教学效果，从而加快了素质教育的进程。认知心理学的观点和一些新的教学方法被广泛应用于体育技术教学和训练中。其中最典型的就是通过对程序教学和时空认知的研究，通过二者的结合并应用于某些体育项目上，来为程序教学与时空认知相结合的教学方法在高校体育教学的应用提供理论基础，促进高校体育教学卓有成效地进一步发展。

第一节 程序教学法的研究现状

一、程序教学法的国外研究现状

程序教学法最早起源于美国。20 世纪初期，美国心理学家普莱西首先开始研究程序教学，从此，这一教学方法逐步走向实际运用阶段。美国著名心理学家斯金纳是第一个把程序教学应用于实际中的人，他通过大量的动物实验研究，提出了条件反射和积极强化理论，为后来的程序教学奠定了理论基础，并且他在 50 年代发表了《学习的科学和教学的艺术》和《教学机器》两篇文章。

60 年代，一些国家开始了程序教学研究，典型的有苏联教育学博士叶里尼克和保加利亚教育学博士基耶特夫于 80 年代初同时在国内进行实验，取得突出效果。1980 年叶里尼克提出，在编制动作技术学习程序时，首先应培养学生保持动态姿势的能力，然后再掌握所学动作整体编程系统，学习过程按照每一步的程序进行，每一步的学习内容都是通过全部作业的必要环节。这一教学法非常适合对体育基本技术的教学和训练，在教学应用中能够降低练习失误率，降低教学难度，提高学生的学习积极性和主动性，缩短教学进程，提高教学质量以及优化教学手段；同时，对于提高学生独立学习能力起着重要的作用。现代程序教学法将控制论和信息论的思想融入其中，把程序控制自动化和计算机模式化作为教学过程的基础，自动化地控制了整个教学过程。当今世界大多数国家的体育教师和教练员已经把程序教学法作为一种提高体育教学和训练的有效的教学方法。

二、程序教学法的国内研究现状

20 世纪 60 年代初期，程序教学法传入我国，直到 90 年代后程序教学法才被众多的研究学者通过实验的方式应用于体育技术教学实践中，且都获得了良好的研究成果。近年来程序教学理论在我国被大量地应用于体育技术教学实践中，一些理论研究者通过教学实验研究，已取得不错的成绩。

理论方面的研究有：1998 年 9 月，师小蕴著《程序教学法的运用与探讨》（体育学刊）；1998 年，主跃凤发表的《体育程序化教学新探》（体育学术研究）；2001 年 3 月，涂绍生、肖红青著《体育程序教学法浅释》；2001 年 6 月，张先松著《略论体育程序教学法的运用技巧》（武汉教育学院学报）。

实践方面的研究有：1990 年 2 月池建的《程序教学法及其在体育教学中的应用》（北京体育师范学院）；1995 年 9 月，李登光著《铅球程序教学实验研究》（陕西师大学报）；2000 年 2 月，曹策礼著《跨栏程序教学"小步子"设计的实验研究》（浙江体育科技）；2000 年 7 月，刘宏宇的《浅谈篮球"程序教学"的控制作用》（西安体育学院学报）；2000 年 9 月韩桂凤、张学纲、何丽娟合作发表的《程序教学法在体操普修课跳跃项目上的实验研究》（北京体育师范学院）；2001 年，杨增平的《程序教学在体操教学中应用的实验研究》（教学探讨）；2002 年，陈亮著《程序教学法在运动技能教学中的运用》（福建财会管理干部学院学报）；2002 年 6 月，李霞著《程序教学在排球技术教学中的应用》；2003 年 2 月，黎珍的《程序教学法在跨栏教学中的应用研究》（体育科技）；2004 年 5 月，尚保春著《"台阶式"程序教学在排球教学中的应用》；2005 年 3 月，程毅著《网球课程序教学法中两种形式与效果的研究》（沈阳教育学院学报）；2007 年 7 月，冯达著《程序教学法在速度滑冰教学中的应用》（高师理科学刊）；2009 年 3 月，张庭华著《程序教学法在挺身式跳远教学中的应用》（海南广播电视大学学报）；2013 年 11 月，李睿珂著《程序教学法在乒乓球教学中的应用研究》（体育世界）。

以上研究成果充分说明了程序教学法在体育技术教学中应用的可行性和有效性。虽然应用十分广泛，但大多数应用于球类和其他项目上，而在田径技术教学中应用得较少。

第二节　程序教学法的理论基础

程序教学法的理论是由控制论、信息论、心理学、运动技能形成规律所构成。以反馈信息为主线，把控制、反馈、强化应用于整个教学过程中，改变了传统教学中"模仿—记忆"的学习形式，倡导学生利用"发现—解决—记忆"的学习方法。改变了传统教学中教师为主的满堂灌的教学形式，重在培养学生发现问题、解决问题和自学的能力。

一、操作性条件反射原理

操作性条件反射是斯金纳通过动物实验得出的。斯金纳从小白鼠实验中得出人的行为可以分成两类：其一是应答性行为，是由原来的刺激所得的反应；其二是操作性行为，是有机体本身做出的反应，和其他任何刺激物无关。行为主义理论的核心思想是操作性条件反射。另外，他把条件反射也分为两类，与应答性行为相应的是应答性反射，称为 S（刺激）型，S 型名称来自英文 Simulation；与操作性行为相应的是操作性反射，称为 R（反应）型，R 型名称来自英文 Reaction。S 型条件反射是强化与刺激直接关联，R 型条件反射是强化与反应直接关联。例如在网球教学中，学生对每个技术动作反复练习，通过对球的落点控制与挥拍动作这一行为的强化，逐步加强对技术动作的熟练程度，从而能够熟练地掌握每个技术动作。通过对各个技术的小步子学习逐步形成正确的完整的动作定型，符合操作性条件反射原理和动作学习规律。

二、强化理论

斯金纳通过实验研究指出：学习的过程就是对所学知识的不断强化的过程。为了增强某种行为的过程必须对某种行为进行不断的强化，这个过程就需要利用强化物对某一行为增加一定的刺激，才能保证这种行为不断地进行下去。根据斯金纳理论可把强化分为积极强化和消极强化两种。积极强化就是获得一定的强化物以增强某个反应，如小白鼠按压杠杆可得到食物。消极强化就是去掉讨厌的刺激物，由于讨厌的刺激推出而加强了积极强化的效果，如鸽子用啄键来免除电击伤害。在教学中的积极强化就是教师的夸奖和自我良好的体验等。教学中消极强化表现在教师的皱眉和语言提示等方面，这两种强化都能增加某个反应再发生的可能性。斯金纳指出不能混淆了积极强化和消极强化的作用。他通过系统的实验分析得出了重要结论：惩罚就是企图体现消极强化物或去除积极强化物去刺激某个反应，仅是一种治标的办法，它对被惩罚者和惩罚者都是不利的。他的实验表明，惩罚只会暂时降低某个动作的反应概率，而不能减少消退过程中反应的总次数。在他的实验中，当白鼠牢固建立按杠杆得到食物的条件反射后，在它再按杠杆时给予电刺激，这时反应率会迅速下降。如果以后杠杆不带电了，按压率又会直线上升。斯金纳对惩罚的科学研究，对改变当时美国和欧洲盛行的体罚教育起了一定的改善作用。斯金纳用强化列联这一术语表示反应与强化之间的关系。强化列联由三个变量组成：辨别刺激、行为或反应、强化刺激。刺激辨别发生在被强化的反应之前，它能使某个行为得到建立并得到及时强化。学到的行为得到强化就是刺激辨别的过程。在一个列联中，在一个操作—反应过程发生后就出现一个强化刺激，这个操作再发生的强度就会增加。斯金纳认为，教学成功的关键就是精确地分析强化效果并设计特定的强化列联。强化原理在球类技术动作的学习中是非常重要的，在教学过程中对每个小步子（程序）进行多次练习以强化其对某一动作的认识程度，通过不断地去打球强化动作的完整性，从而使学生能够深刻地掌握每个技术动作。如在发球教学中，学生通过一定的程序对发球技术进行学习，对于每一次的成功发球都是对某个动作的进一步强化，直到学习者能够发出有效并高质量的球。球类项目中的任何技术都可以通过设计程序教材对动作进行不断的强化从而增强学生对球类技术动作的掌握效果。强化原理不仅在球类教学中有重要的作用，在体育的各个项目中都起到非常重要的作用。

三、程序教学法的控制论基础

程序教学是一个闭环式的循环控制系统，在这个系统中，要使学生沿着一定的路径达到教学目标，就必须对这个过程进行控制。而反馈是实现控制的必要条件，教学中只有通过学生的信息反馈发现问题，然后才能及时改进程序序列和教学方法，这就实现了反馈控制这样一个循环控制系统。体育教学过程符合这样一个控制过程。在体育教学活动中，教师通过正向控制运用教学手段和程序教材控制学生学习某项技术过程。利用反馈控制渠道，通过一定的评价方式和检验方法了解学生对运动技术的掌握情况，及时纠正程序中不合理的地方，然后根据程序教材施行更合理的教学程序，这样，就能不断地提高所编程序的科学性。经过如此多的闭环式的控制过程，使学生的学习结果科学地接近程序制定的预定目标。

四、程序教学法的信息论基础

一位学习者学习动作的过程可以看作是一个信息加工的过程。简单地说就是一个传递信息、获取信息、存储信息、检索信息和使用信息以及信息反馈的完整过程，而且是以大脑皮质对动作的掌握以及调节为基础的。研究表明：在日常的信息中，只有15%～20%的信息来自听觉，60%～80%的信息是通过视觉接受的，而且视觉信息的内容比听觉信息的内容更丰富、更细腻、更形象。各个体育项目的教学有其特殊的信息传递规律，但在一定程度上也反映了这一规律，即教师获取学生完成动作的反馈信息。体育教学过程是一个以身体练习为主的教育过程，在体育教学过程中学生通过听觉获取信息的时间要比其他教学过程少得多，这样也无形中提高了视觉信息在体育教学中的重要性。教学信息反映着教学系统自身的各种状态和特征。信息在现代教学训练中的运用主要表现在以下几个方面：运用控制信息有效地调节和控制学生的学习；运动信息反馈对正在进行学习的过程进行有效的检测和调控；运用信息对学生学习过程与状态进行诊断，了解学习过程的进展情况，评价学生的学习效果；运用获取的信息改进教学工作不断地创造新的技术、教学手段与方法；用扩大知识信息获取量提高教师和学生的知识和技能水平；运用各种不同的信息对教学、学习过程进行多学科综合调控。

信息论的观点是把教学系统看成是信息系统，研究教学信息的传递、处理和储存，以揭示教学信息系统的活动规律和控制规律。程序教学过程中及时反馈、及时强化的控制作用是通过信息的传递、储存、处理而实现的，因此研究体育技术教学，运用信息论方法是十分必要的。体育教学中教师通过一定的手段把信息（也就是技术动作）传递给学生，学生通过对信息的加工处理进而形成正确的动作概念。所以在体育教学中运用程序教学也是有信息论基础的。

五、程序教学法的心理学基础

（一）行为主义心理学

美国心理学家认为：学习过程实际上是一个刺激—反应，强刺激—强反应的过程，有怎样的刺激，就将产生怎样的反应，弱的刺激将产生弱的反应，强的刺激将产生强的反应。同时很多学者认为繁重的学习任务将提高学生的学习焦虑水平，而过高的学习焦虑水平反而会降低学生的学习效率。如何一方面让学生的学习任务增强另一方面又不会使学生产生过高的焦虑，是体育工作者面临的重要课题。因此，在程序教学中科学合理地编制教学程序是非常重要的。

（二）体育心理学原理

体育心理学原理表明，动机是激励人去行动以达到一定目的的内在动因，它以欲望、兴趣、理想等形式表现出来，是个体发动和维持其行动的一种有意识的心理活动倾向。体育教学中学生的学习动机是指推动学生学习运动技术、经常参加体育活动的心理动因，是学生掌握运动知识、技能的前提。学习动机一般是由学习的自觉性和对学习内容的直接兴趣这两种心理成分组成的。学生对体育活动的学习动机，其自觉性和直接兴趣是互相促进并在一定条件下相互转化的。学习的自觉性可以进一步提高其直接兴趣，而直接兴趣也有利于培养其学习的自觉性，使学习效果更加理想。利用程序教学法对体育技术进行教学能够提高学生的学习兴趣进而提高其自觉性，使得其学习是主动学习而不是被动灌输。

（三）运动技能形成规律

从运动技能形成原理来看，形成运动技能就是要在刺激不断重复下建立"运动条件反射短时性神经联系"，形成正确的技术动作。只有外部刺激才能形成运动技能，在学习中除了外部刺激其内在的心理活动如情感、态度、思想活动等的作用对学习效果的影响也很重要。如情感在技能认知中进行活动定向，意识的作用在于支配动作的实施。学生在学习中表现出的主动性和积极性是建立在情感上对教学信息的接受上，并认识到学习内容的价值，这时意识控制才会加强。虽然在练习中会出现错误动作，但由于可以得到及时的信息反馈，能够在主观上朝向练习目标。随着学习者控制能力的提高从而形成熟练的运动技术。运动技能从开始学习到熟练掌握全过程可以分为"泛化过程、分化过程、巩固过程、自动化过程"四个时期，这四个时期是一个完整的动作技能形成过程，这个过程是互相联系、互相影响、统一且不可分割的。从体育教学具体实践方面来看，所谓"程序教学"就是借助一定的方法（控制论中叫"算法"），按一定的顺序有控制地学习任何一种动作技能的教育过程，是一种新的具有综合性特点的教育过程。程序教学训练师根据控制论、信息论、系统论的一般规律确定的一种运动技能教学训练的方法与过程。程序教学的实质和核心是提高练习者掌握知识技能过程的控制性，即把学习知识和掌握动作技能的过程置于体育教师的最科学合理的控制之下，使这个过程的顺序性、经济性和实效性均达到最佳的程度，从而大大提高体育教学的效果。在体育教学中，教师根据具体的技术动作编写合理的教学程序，实质上就是对动作技能进行科学合理的控制，通过信息的传递与反馈控制学生学习技术的程序，使其有一定的顺序性，避免学生盲目学习，从而提高学习的经济性与实效性。

第三节　高校体育教学中程序教学法的编制及应用

一、程序教学法的编制方式和应注意的问题

（一）程序教学法的编制方式

1. 直线式程序教学

"直线式程序教学"是将教材分成若干个小的"步子"，并按一定顺序进行教学训练。其基本特点是练习者提出的所有问题都是按一定的直线单向序列进行的。它是一种相对比较简单的模式，对于简单的技术项目可以采用此程序。

2. 分支式程序教学

"分支式程序教学"是将教材分为比直线性程序更大的"步子"，每个大的步子中再确定一些具体的算法程序（即具体的方法和手段），根据选择的算法从每步所要学的教材中向学生提出各种检查性的问题，或是对前面学过的教材作补充性的解释，然后再给新的检查性问题。例如，网球教学时，将正手动作分为引拍、击球、随挥几个大的步子，然后按以上办法分几步教学。每一步采取各种具体的算法进行练习，并用检查性的问题或手段进行检查或考核，完成一步后再进行下一步教学。分支式程序教学在教学中往往用于促使练习者动作技能提高和技术结构较为复杂的运动项目的教学。例如，网球的动作复杂，所以

适合用分支式程序教学模式进行教学。

（二）网球程序教学法编制应注意的问题

（1）了解网球动作结构，遵循动作技能形成规律。网球技术是一项复杂技术，在教学中应遵循运动力学和运动心理学原理。在网球技术教学中必须遵循动作学习规律，编制程序时要考虑动作学习的先后顺序和内在逻辑联系，先学哪个动作后学哪个动作，哪个动作的学习对下一个动作有正迁移作用，这些都是编制程序时必须考虑的问题。在编制程序时要遵循程序中的"小步子"原则，注意步子与步子之间的衔接要得当。科学合理的程序教材能使正确的动力定型更容易形成，能够使每一步骤的教学做到有目的、有重点地进行。例如正手抽球动作教学中要注意引拍—击球—随挥动作的连贯性，重点强调动作的完整性。发球教学中抛球与击球的连贯性和身体的协调用力。整个发球动作身体的各个部分就像一个链条系统中的各个链环，一个链环产生的力量连续不断地传递到下一个链环。在用力过程中大肌群先用力然后扩展到小肌群，肌群用力由大到小产生最佳用力效果，保证动作流畅。

发球力量来源并非依靠躯干和手臂产生的爆发力，而是来源于腿部动作中的膝盖屈伸。正是这一动作产生的爆发力传递至整个链条系统。所以在编制网球程序教材时一定要了解网球动作结构，才能有效地提高教学效率，达到事半功倍的效果。

（2）了解学生的初始状态和学习过程中可能出现的心理状态。在进行程序教材编制前应全面了解学生的网球基础及身体素质，包括身体形态、健康状况和技术水平。根据学生的网球水平制定技术动作学习框架和顺序。从简单到复杂，让学生体验到学习的兴趣并培养其自学能力。学生学习中的心理状态包括兴趣、恐惧、焦虑等。应根据出现的心理状态调整教学内容和程序序列。

二、高校网球课程的教学程序编制

（一）网球技术的教学内容及程序序列

在程序教学中，编制程序时要深入了解网球技术特点和教学内容，要根据教学内容来制定程序。本书是根据高校公共体育教学大纲和网球技术教学内容来编制程序的。网球技术教学内容见表12—1：

表12—1 网球技术教学内容

一级指标	二级指标		
正手	平击球		上旋球
反手	平击球		上旋球
截击	正手截击		反手截击
发球	平击发球	上旋发球	侧旋发球

程序教学中教师在编制程序时要了解教学的内容，根据内容制定教学程序。本文是根据体育教学大纲以正手和发球教学为例编写网球技术教学程序。编写程序时严格按照程序教学编写原则，采用"小步子"教学原则进行编写，整个过程符合技术动作学习规律，有利于不同层次的学生进行有效学习，能够提高学生的学习效率和学习网球的兴趣。网球正

手抽球教学程序如下：

    （1）准备姿势及握拍方法

    （2）后摆引拍

    （3）转肩、转腰及上步（要求重心要低）

    （4）挥拍击球

    （5）利用简单模型固定徒手击球动作

    （6）原地击打定点球（体会击球空间感觉）

    （7）随挥跟进

    （8）隔网击打老师送来的慢球体会随挥动作

    （9）移动中连贯完整的正手抽球动作

（二）程序教学法的特点

1. 教学内容的时序性

这种时序是根据项目的点按照一定的逻辑顺序而编制的，并按照一定的教学手段执行。另外程序教学的控制作用比传统教学更强。这是由于程序教学比传统教学更重视对教学过程的监督和考虑这个反馈来实现的，因而对教学过程的控制（约束、限制）就比传统教学多很多。

2. 程序教学比传统教学的实际教学效果要好

程序教学比传统教学实际教学效果好，主要表现在：程序教学能更有效地提高练习者学习动作技能的积极性与自觉性；在分组教学与训练时，程序教学仍可以进行个别的教学与训练；程序教学是建立在各阶段教学效果得到保证的基础之上的，因而最终的教学训练效果不仅较好，而且教学训练过程也能得到保证。传统教学中教师大多是根据"经验"来进行教学的，缺乏必要的教材研究与分析，容易造成与学生的学习能力不相符合的情况。另外，传统教学缺乏严格的、周密的评价方式，对学生的运动技术掌握情况往往是经过一段时间后才进行检验与考察。所以，教师不能得到及时的反馈信息，这就容易使体育教师传授教材与学生学习掌握教材之间出现失调现象，学生未能掌握的教材也会因为教师未能及时发现而产生恶性积累，直接影响以后各步子程序的掌握，从而影响整个教学的效果。程序教学并不完全排斥传统的教学，因为它是在传统教学方法的基础上发展起来的。目前，很多国家都在研究如何将传统教学与程序教学密切地结合起来进行动作技能的教学，以做到严格的程序与教师的经验及掌握教学过程的灵活性相结合。

3. 程序教学法是在规定的程序教材中完成的

程序教学是一个完整的控制系统，这一系统是学生与教师之间的信息传递过程。教学中先由教师传授信息，学生接受信息，在动作学习的具体环节上教师又通过学生在练习过程中反馈的信息进行重新组合，找出该过程的优点和不足变换成更科学合理的、更适合学生接受的信息而输出，使信息不断频繁交换，使学习内容不断深化和提高。

（三）程序教学原则

1. 小步子原则

程序教材是把所学内容进行整理设计，把所要学习的内容分成几个部分，每部分就是一个知识段，也就是所谓的"小步子"，把这些小步子科学地连起来编制成很长的序列，后面的步子比前面的步子增加一点难度。学习过程中学生按照此序列完成到最后一步也就掌握了本次的学习内容，遇到难题只要返回上一步重新巩固就可以了。学习内容是逐步呈现的，学习者能够循序渐进地掌握所学内容并最终完成学习任务。

2. 即时强化原则

学习过程中如果没有教师的及时指点，学生遇到困难进行思考仍解决不了时很容易放弃对本内容的学习。但是学生根据程序教材学习时，学习者自己能够及时地找到解决问题的方法，也就是返回到上一步的学习，这样就可以对所学内容加深印象，在一定程度上相当于对学习的强化，更容易对学习内容的掌握。心理学研究表明，人对知识的学习是不断强化的结果。而知道答案也是一种强化，因为学习者可以增强其自信心并获得奖励，从而使学习者对学习内容更有兴趣，能够不断地进行学习。

3. 自定步调原则

在传统的体育教学中，教师是根据学生的技能水平和教材内容进行教学的，这种方法忽略了学生的个体差异，结果造成差生跟不上教学进度，优生不能满足其对内容的学习。对体育教学来说，由于身体素质的差异导致这种教学方法教学效率不高。程序教学中学习者可以根据自己的实际情况掌握学习进度，学生可以根据对学习内容的掌握程度自定步调按照自己的进度进行学习。自定步调体现了以学生为主体的指导思想，使不同水平的学生都能按自己的学习进度对教材进行学习。

4. 主动反应原则

程序教学内容是由每一小段（步子）内容按照一定序列组合起来的完整的内容，是一个完整的链条，学生能够不断地按照程序所提供的问题或方法进行学习。学生学习完一个内容后可以立即被强化或奖励，这样既保证了学习者能够处于积极的学习活动中，又增强其对学习的兴趣。

（四）程序教学目标

程序教学是在高校体育教学改革的背景下为弥补传统教学的不足而提出的一种教学方法。传统的教学中老师强调的是达标，就是要求所有的学生达到同一个教学标准，它忽视了学生的个体差异，往往导致基础好的学生稍加努力就达到了教学目标，而基础差的学生付出很大的努力仍然达不到教学要求，这就容易挫伤学生的积极性。程序教学的目标是能够让90%以上的学生掌握基本技术动作，了解技术原理。另外，能够提高学生的自学能力，培养学生的体育兴趣，为终身体育奠定基础。

（五）程序教学的控制系统

我们可以把程序教学过程看成一个控制系统，这一控制系统是教师与学生之间的信息运动过程。在程序模式的教学中，先由教师将信息传递给学生，学生接受之后在具体实践中提出反馈，教师利用反馈的信息重新调整教学程序与内容，然后再将调整后的信息传递给学生。如此循环往复，使得教学内容不断深化，教学效果不断提高。

程序教学具有严格的逻辑顺序控制系统和连贯的动作技术要求，对动作技术的程序化教学的调控过程都是利用信息反馈来实现的。为了获取最优的教学效果，必须建立快速而有效的信息反馈控制系统。学生通过程序教学控制系统的调节，对所学动作与正确动作进行比较，发现问题，提出改进动作程序，不断修正错误。例如，在完成正手抽球动作技术时，中枢神经系统不断获得有关动作的用力大小、动作节奏、动作方向等方面的信息，然后再通过新信息去纠正错误动作，从而提高正手抽球动作的质量。这样，在每个技术教学的阶段都有一个合适的信息传递给学生，保证了学生的学习质量。另外，从反馈调控的角度看教师能及时在每一程序得到学生的反馈信息，便于了解学生学习状况，及时调整、控制输出的信息，使学生在不同的序列里能获取最佳适宜信息最后达到总体优化的目的。

第四节　程序教学法在高校体育教学中的实践创新

程序教学法作为一种有效的新式教学法，在改善并促进体育教学的不断发展。然而，当前不少体育教师不满足于程序教学法的教学效果，提出程序教学法与时空认知相结合的体育教学法，即"程序—时空认知"教学法，不断地对程序教学法进行创新研究并应用于实践中。

一、程序教学法与时空认知相结合的体育教学法

（一）时空认知

时空是一种客观抽象的概念，是万事万物存在的基本属性，能被人们所感知，它是人们感知的一切事物的存在形式。而认知则是一种主观抽象的概念，是对外界事物的认识过程。时空和认知是作为人类认知事物的客观和主观的两个方面。认知心理学认为："人不是被动的刺激物接受者，人脑中进行着积极的对所接受的信息进行加工的过程，这个加工过程是认知过程。"即人的感觉器官对外界事物带来的刺激进行信息加工的过程。所以时空与认知结合在一起的理解就是：人脑对所感知到的外界事物的存在形式进行信息加工处理的过程。

（二）时空认知教学的国内外研究现状

1. 时空认知教学法的国外研究现状

时空认知简单来讲就是对事物时空特征的认知过程，属于认知心理学的范畴。认知心理学是 20 世纪 50 年代在西方国家掀起的一种心理学思潮，它的核心是信息输入和输出之间发生的内部心理过程。当时的认知心理学已经拥有了许多实验研究成果和自己独立的内容体系，成为心理学中最富有生命力的一个分支，同时也在心理学的研究领域占据了主导地位。认知心理学将人看作一个信息加工的系统，用信息加工理论的观点研究人的感知、注意、记忆、思维推理、知识表征、创造力和解决问题等心理过程和认知过程，促进了人类认知能力的发展和智能的开发。随后认知心理学被应用到体育运动领域，对整个体育运动领域的研究影响力越来越大。

在 1977 年马奥尼（Mahoney）首次提出运动行为的认知技能和 1984 年斯特劳（Straub）和威廉姆斯（Williams）首次出版《认知运动心理学》以来，通过认知心理学的认知方法提高运动行为和运动技术已经统治了运动心理学的研究方向。斯俚瓦（Sliva）曾提出运动员认知干预的三个不同阶段，即认同阶段、认知重组阶段、配对阶段。运动员将自我教育的表象和语言符号线索、具体的思维方式应用到实际操作中，运动员每天通过学习这些表象并使新的思维自动化。同时，认知干预能不断地改进运动员的成绩。格林斯潘（Greenspan）和福尔茨（Foltc）在 1989 年发现在 11 个有关认知重组干预研究中，全部报告有积极的结果。近些年来，社会认知理论（social cognitive theory）对体育运动领域整个动机研究的方向所起的影响作用越来越大。随着社会认知理论的发展，班杜拉提出自我

效能感理论。认知心理学（Cognitive Psychology）的核心理论观点是信息加工论。因此，认知心理学又被称作信息加工学。它兴起于 20 世纪 50 年代中期，认知心理学以其丰富的实验研究成果，对后来心理学的逐步分化产生了巨大的影响，当前认知心理学已成为占主导地位的心理学思潮。在此期间，认知心理学在丰富的研究成果的基础上，又有了自己独立的内容体系，因此它被看作心理学的一个最具有生命力的新的分支。认知心理学运用信息加工理论观点来研究认知活动，其研究范围主要包括感知觉、注意、表象、学习记忆、思维和语言等心理过程或认知过程，以及人类的认知发展和人工智能。

2. 时空认知教学的国内研究现状

20 世纪 90 年代，体育科学研究领域引进了国外的一些观点，取得进一步的发展。此时，认知心理学并未被广泛地应用到体育运动领域，而是部分教师受到启发后在个别体育教学实践中运用了认知心理学的观点，进行了教学尝试，同时也验证了认知心理学对提高教学效果有促进作用。此时，最著名的是我国河北师范大学体育系的教师刘建国首次提出程序教学与时空认知相结合的教学法并应用到田径技术教学中，通过在教学中进行对比实验研究，用实验结果分析证明了程序教学与时空认知相结合的教学法不仅在教学进度、教学效果而且在培养学生思维能力和认知能力等方面都具有非常好的效果。1995 年刘建国在《河北师范大学学报》上发表了《对推铅球技术程序教学与时空认知相结合的教学研究》。进入 21 世纪后，我国的学者在认知心理学方面的研究呈现了百家争鸣的状态，在针对程序教学与时空认知相结合的教学法的研究的侧重点各不相同，但都应用了相同的研究方法。2007 年许莉在《教学与管理》期刊上发表了《程序教学与时空认知相结合的体育教学法研究》；2011 年李鸿亮在《教育与职业》期刊中发表了《体育教学中程序教学与时空认知的相互融合及应用范式构建》；2015 年袁博在《延安职业技术学院学报》中发表了《程序教学和时空认知结合教学法在篮球技术教学中实验研究》，在这几篇文章中，他们都论证了在体育教学中运用程序教学与时空认知相结合的教学法的可能性和可行性，为体育实践教学的运用提供了可靠的理论基础。

（三）"程序—时空认知"教学法

"程序—时空认知"教学法是教师根据不同体育技术项目的教学程序与学生时空认知的时空感觉、时空表象以及时空认知建立、发展和巩固的规律紧密结合在一起，在教学过程中将两个程序结合起来进行教学尝试的教学法。

这一教学法对体育教学训练中基本技术动作的教学非常适用，能够提高教学进度与质量，提高练习成功率，缩短教学时数，对有效提高学生自主学习效果起到了重要作用。同时这两种教学法有机结合，能充分调动学生学习的积极性和主动性，培养学生思维能力和认知能力以及创新能力。另外，在教学过程中把教材分成严密的逻辑顺序单元，使学生对技术认知和技术的掌握逐步进行，从而降低教学难度，以提高学生的学习自信心。在教学过程中应对学生的每个反应做出反馈和调整，并及时对错误动作进行纠正，这样连续的信息反馈可以使学生沿着正确的学习方向进行学习，学生的学习不会因为个体素质及基础的差异而影响整体的学习进程。学生可以按照教学程序的要求在适合自己的学习速度上进行学习。再者，教师对每次的学习情况都应详细了解，从而发现教学程序的不足之处，并及时对教学程序进行修改、补充和完善。

二、"程序—时空认知"教学法在高校体育中的应用

（一）高校跳远教学中"程序—时空认知"教学法的实验研究

1. "程序—时空认知"教学法在跳远技术教学中的实验设计基本程序

（1）实验编制的理论依据。程序教学与时空认知相结合的教学法的理论依据是由教学思想、教学理论、学习心理、控制论、信息加工论、体育新课标指导思想、运动技能形成规律等学科内容构成。程序教学把教材编制成若干逻辑单元，在每个单元学习中以步步反馈为主线，把对学习的控制、学习信息的反馈、正确动作的强化贯穿在教学的整个过程中，提倡学生"发现问题—分析、讨论问题—交流意见—提出解决方案—纠正错误"的学习活动，重在培养学生主动发现问题、解决问题的能力。时空认知教学法通过对理论知识的初步了解，在练习中形成时空感觉，建立时空表象，通过对信息的反馈、强化和巩固，使学生以意识为中介，通过感知—理解—领悟—主体动作的完整学习过程，学会分析、思考和用心脑解决问题的能力，从而形成完整的动作动力定型。这种教学法以培养学生学习的主动思维意识、积极创造性、适应性素质为出发点，体现了新教学法的优点、作用和意义。

①体育新课程理念下的教学思想转变。教学理念是人们对教学活动内在规律认识的集中体现，同时也是人们从事教学活动的指导思想。随着社会的发展，人们对教育规律的认识正逐步深化，教学理念也在不断更新发展。在 21 世纪初期人们提倡培养终身体育能力和习惯的指导思想下，体育课程理念有了新的突破，对课程的性质、价值有了新的界定，明确提出了新的课程理念（"健康第一"指导思想；激发兴趣，培养终身体育意识；以学生发展为中心；全面发展每一个学生），体现了当今教育以学生身心发展为本，关注每一个学生的个性发展、全面发展和可持续发展的新特点、新趋势。新课程标准拓宽了课程内容的范围，拓宽了教师对教材、教学内容选择的自由度，扩大了教师的思维空间，改变习以为常的教学方式、教学行为，呈现"以学论教"的特点，激发兴趣，培养学生终身体育意识，充分体现学生的教学主体地位，强调不再以"本"为本，挖掘更适合学生身心发展的课程资源，结合实际包装"教材"，使"教材"更具情趣化、生活化、活动化。同时，在体育教学中教师要抓住两个构建（认知构建和心理构建）和三个培养（兴趣、习惯、能力），结合学生的实际生活引导学生去关注、去探讨、去体验体育与健康知识、技能。

②控制论基础。在 1984 年美国心理学家伯特·维那所著的《关于动物和机器中控制和通讯的科学》一书中，对控制论狭义的定义："是指在研究机器和动物中信息过程和有目的行为之间的关系。"广义的定义："控制论应用于社会系统，提出用一种新的途径，用信息过程和信息流的术语去分析复杂的社会系统。"

控制论中的反馈控制理论是实施程序教学的重要基础。在教学中，要实现预定的教学目标，就必须进行反馈与控制，把学生在学习中的信息及时反馈给学生，使学生及时了解自己的学习情况，进行纠正练习，教师也可以及时调整教学方法，因材施教提高教学质量。

③信息加工理论。"信息加工理论"基本理论思想是把人看成计算机式的信息加工系统，认知行为是由大脑内部的信息流程决定的。学习实质上是由习得和使用信息构成的，是分析信息的加工和传递过程机制。掌握和运用其规律，是提高教学和训练效果的重要

途径。

依据学习的记忆过程和信息加工理论，加涅提出了学习结构的一个典型模式，用以阐明学习的一般过程。他认为信息经过选择性知觉的加工而进入短时记忆这一结构，这样就形成短时记忆。通过语意编码，在短时记忆中作为知觉的主要特征的有用信息转换成了概念的或有意义的样式。显然，这种方式储存的信息形成可理解的并能在环境中加以参照的概念。根据信息加工理论，我们编制了跳远程序和跳远时空口诀，以便让学生在学习中加深对跳远技术的理解，充分掌握动作技术要领。

④格式塔学派的完形——顿悟说。格式塔心理学家苛勒在 1913～1917 年间，通过对黑猩猩的问题解决进行了一系列的经典实验研究，提出了与当时盛行的桑代克的联结主义学习理论相对立的第一个认知学习理论——顿悟说。在他的认知学习理论中，着重强调顿悟在学习中的重要性，他认为学习不是动作的积累或盲目的尝试，而是学习主体利用自身理解力与智慧对情景及自身关系的顿悟。对于刺激与反应或环境与行为之间的关系，格式塔心理学同联结主义是以意识因素为中介的，它是一个三项式，即 S—O—R，因此，在跳远技术教学中，对跳远技术动作和操作方式等知识结构进行合理的组织以及从认知角度对跳远时空口诀的建立都是十分必要的。

（2）"程序—时空认知"教学在跳远技术教学中的编程方法及应注意的问题。

①直线式教材编制的方法。直线式教材编制的方法是指：把教材按照直线形式编制成一些严密的逻辑小单元，按照直线的正向步骤进行每一单元的教学和学习活动，在学生掌握了第一单元的练习内容后，再学习第二单元、第三单元的内容，依次类推，最后进行完整的技术学习。直线式编排法一般按照动作技术的技术环节的先后进行编排，但有些教师、教练员根据教学实际需要对技术环节的先后顺序进行调整。

②编制教学法的程序应注意的问题

在编制跳远程序时应结合现代跳远技术特点，技术动作的结构，合理安排技术教学步骤，同时，要考虑两种教学方法各自的独立性和共性，在运用时必须根据实际情况，将两种教学方法优化组合，取长补短，使整个教学过程趋于合理化，从而提高教学效果。在本实验研究中，根据跳远技术结构，在建立教学程序的每一步中都渗透着对学生时空认知能力的培养。在整个教学过程中既遵循了程序教学方法的特点，又结合了对学生时空认知能力的培养，使学生在学习每一步练习时，通过信息反馈、强化练习，进而转入下一步学习，最后完成完整技术学习。

第一，教学中要考虑同时实现多方面教学目标。每一种教学方法都有其各自的优点，所以每种教学方法对教学效果是有区别的，几种教学方法的优化组合能够保证学习者效率最高和目标实现最优。在制定跳远技术程序与时空感口诀时，就应考虑两种教学方法的最优结合，制定合理的步子和跳远动作时空感认知口诀，从而降低教学难度，提高学生的学习积极性，培养学生情感意识和对事物的认知能力和思维能力。

第二，教师在编制教学程序时应注意的因素。程序教学与时空认知教学法在跳远技术教学中的编程，应了解学生实际，结合现代跳远技术特点，将两种教学方法相互渗透，同时要考虑教学目标和教学效果。另外，还必须考虑前后步骤间的安排，应有利于各环节技术衔接，能促使动作定型朝着正确的方向形成，避免教学走弯路。在教学实践中，普遍存在着由于教学方法选择不当，教师和学生精力体现出高耗低效的现象。故在选择教学方法时，应充分考虑教材和学生实际情况，制定出适合学生接受能力又能充分提高教学效果的教学程序。

（3）"程序—时空认知"教学法在跳远技术教学中教学程序的建立。根据现代跳远技术特点、结合程序教学法的编程方法及其特点，同时依据程序教学与时空认知相结合的教学法在跳远技术教学中教法程序的构建基础，制定出跳远程序与时空认知程序流程。

程序教学与时空认知相结合的教学法在跳远技术教学实验研究中，把对学生的运动思维意识培养贯穿在教学的始终，通过课前对时空口诀的学习，结合课前技术动作演练，加强学生对跳远技术动作的整体认识，课中教师对学生技术动作学习的及时评价和信息反馈，对学生学习中产生的错误动作给予及时的纠正，对正确技术给予及时的强化，来促进学生对技术动作的掌握；在教学中通过时空口诀的学习和演练，使学生形成广泛的"感性认知"，通过课堂教学强化、信息反馈和调整，使学生对跳远技术进行理性概括并逐步上升到"理性认知阶段"。

2. "程序—时空认知"教学法在跳远技术教学中的实验实施

（1）教学实验整体阶段安排。结合程序教学和时空认知教学以及现代跳远技术特点，在教学实验中把教学实验整体阶段划分如表12—2：

表12—2 教学实验整体阶段安排

	第一阶段	第二阶段
教学内容	初步学习助跑、起跳、腾空、落地技术	完整技术教学（改进技术和巩固、提高技术教学）和统一技术考评（达标、技评）
教学目的	提高运动技术成绩，培养学生的时空认知能力和观察、分析、解决问题的能力	改进和提高技术动作，建立巩固的技术动作动力定型
教学组织与教法	教师讲解跳远"程序—时空口诀"并进行动作示范，学生进行演练和强化练习，并通过信息反馈、强化、师生相互评议的方法，加强学生对技术动作的掌握	学生在练习过程中通过教师与学生观察、分析，不断地改进技术动作，通过信息反馈和强化练习，加强学生对跳远时空口诀的学习和对技术动作的巩固和提高
教学评价	教学过程评价：学生学习的积极主动性，学生认知能力和心理能力的提高以及学生发现、分析、解决问题能力的变化情况	终结性评价，对教学目标的完成情况，学生学习成绩的掌握情况（评价标准按照统一的教学大纲），教学方法的实效性和有效性的评价以及学生对新教学方法的满意度进行评价

（2）教学实验课堂操作流程。

第一步，在课的开始前教师要做好准备工作，首先应分解好教学目标、确定本节课的学习内容，教给学生跳远时空感口诀，并进行演练。在课的开始部分，教师先进行课堂常规教学，然后进行讲解示范，并让学生观看技术图片，加强跳远运动时空感训练。

第二步，自学练习阶段，教师引导学生进行自主练习，通过学生之间的相互交流，互相反馈意见，找出产生错误动作的原因，同时教师根据学生产生错误动作的原因，及时帮助和指导学生进行改进错误动作，再进行强化练习，来完成技术学习。

第三步，教师通过测试，测试结果分为三种：通过就是学生能熟练地完成技术动作；基本通过就是学生能完成技术动作，但不熟练、动作不连贯、僵硬，必须通过强化训练后才能通过；未通过就是学生不能完成技术动作，需要重新讨论分析教师与学生之间、学生相互之间的交流，反馈学习过程，找出解决办法，经过强化练习后通过的，进入下一单元学习，未通过的继续学习，直至学会才能进入下一单元学习。

第四步，每次课结束前填写时空认知问卷，课后回忆课堂教学程序、手段和自己的感觉与体验。

3．"程序—时空认知"教学法在跳远技术教学中的应用原理分析

（1）教学目标控制分析。通过程序教学与时空认知相结合的教学法在跳远技术中的实验研究，培养学生热爱集体、团结互助的品德，使学生能够正确理解跳远技术原理、掌握跳远的基本技术，提高学生技术技能水平；通过课堂中学生积极主动的观察，分析学习中存在的问题，并能够主动提出解决方案，预期达到提高学生发现、分析、解决问题的能力，使学生养成自主学习习惯和良好的体育意识，从而提高学生的技术技能水平。

（2）教学原则应用分析。

①优化组合原则。程序教学与时空认知相结合的体育教学法是教师根据不同体育技术项目的教学程序与学生时空认知的时空感觉、时空表象及时空认知的建立，发展和巩固的规律紧密结合在一起，在教学过程中将两个程序优化结合起来的教学法进行教学，有利于学生对技术动作的掌握和运动成绩的提高。

②自定步调原则。在整个教学中把教材分成若干小步子，并结合时空认知口诀进行教学。在学习过程中学生可以根据自己的掌握情况，进行自定步调，鼓励每个学生以自己最适合的速度进行学习，同时，在教学过程中教师对学生的学习及时做出反馈，对错误的技术动作让学生及时思考，找出解决问题的办法。另外学生在每个学习单元中除了课前预习时空口诀，还得在课堂中不断地进行想象和体会。

③小步子原则。程序教学把教材分成若干小的逻辑顺序单元，编成教学程序，使后一步难度略高于前一步。分小步按顺序学习是程序教学的重要原则之一。程序教学的基本程序是：教师讲解示范—学生练习—教师对学习给予确认—学习第二小步……如此循序进行直至完成一个完整的教学单元。

④学思结合原则。将这两种教学法结合起来，对有效提高学生独立学习效果起到重要作用，它能充分调动学生学习的积极性，培养学生思维能力，在教学过程中学生结合时空口诀和编制的教学程序，边学习边思考，可以加深学生对技术动作的认知程度。

⑤及时反馈与强化原则。在教学过程中应对学生的每个反应立即做出反馈，对存在问题的学生，通过学习编制的教材程序和时空口诀，对自己的动作进行对比分析，积极思考，找出解决问题的办法；对于正确的学生，教师应及时给予肯定，这样及时的反馈与强化能使学生形成正确的动力定型，反馈越快，强化的效果就越大。这种强化方式有利于提高学生的学习信心。

⑥提高成功率原则。在教学程序编制中，把教学分成逻辑顺序单元，使学生对技术认知和技术的掌握逐步进行，从而降低教学难度，提高学习信心和练习成功率。

⑦尊重个体差异原则。在本书实验研究中，把教材编制成一些小步子，学生可以根据自己学习掌握情况自定步调，基础较好的同学可以学得快一些，基础差的同学可以根据自己的掌握速度进行学习，在掌握第一个学习单元后，依次学习下一单元。另外，在编制教学程序时，根据学生个体差异和各自特点，设计教学程序，这样既结合学生的个体差异又能调动学生学习的积极性。

（二）高校排球教学中"程序—时空认知"教学法的实验研究

1. 排球技术教学程序和时空口诀的编程方法及注意事项

排球技术教学程序和时空口诀的编制是进行实验研究的前提，它的合理与否直接关系到教学能否顺利进行，还会影响到教学效果，所以教师在编制程序和时空口诀时一定要按照程序编程方法，了解注意事项，遵循由易到难、由简到繁、循序渐进的原则，才会编制出符合实际情况、满足学生实际要求的教学程序。合理的教学程序和时空口诀是教学实验成功的第一步。

（1）程序编制方法。直线式程序的编制方法：把一个完整的技术动作分成若干个小步子，也就是有若干个学习目标，学生在学习中掌握了第一个学习目标后，再学习第二个、第三个……按照顺序依次完成全部的小步子后，进行完整的技术动作练习，反复强化巩固，直到熟练掌握为止。

集中式程序的编制方法：学生先学习前几个小步子的内容，当前几个目标掌握并巩固后再进行下一个目标的学习，直到最后完成整个技术动作。

交叉式程序的编制方法：遵循"整—分—整—分—整"的学习模式，即先了解完整技术动作，再学习第一步的内容，掌握了第一步内容后重新学习完整技术，接着再学习第二步，掌握了第二步后再重新学习完整技术，以此类推，直到熟练掌握完整技术动作。

（2）编制排球技术教学程序和时空口诀应该注意的事项。在编制排球技术教学程序时要遵循编程方法，结合排球运动的技术特点、技术结构和内在规律，将排球四大技术分别分解成几个小步子，再合理重组每一项排球技术的教学步子，形成一个新的教学程序。同时在课堂前设计的"时空口诀"是根据教学程序的小步子编制的，它的作用就是让学生更好地理解排球技术的时空特征，使学生更快地掌握排球技术。所以在设计时空口诀时一定要结合排球技术动作要领，口诀要简单明了，便于学生理解和记忆，让时空口诀在辅助技术动作的学习中发挥最大的作用。在排球技术教学程序编程中，必须注意教学程序的合理性，才能保证时空口诀的合理性，两者合二为一才能使学生又快又好地掌握技术动作。

在编制排球技术教学程序时随着程序的深入，动作难度加大，为了减少给学生学习带来困难，就要对排球技术动作进行结构分析，剖析出动作的关键点、难点和重点，并在技术上合理地调整小步子，此时可以采用集中式或交叉式的编程程序，让整个技术的衔接更顺利、更完整，也更容易形成正确的动力定型。针对动作的关键点和难点，应着重强调和反复练习，避免形成动作脱节的现象。从结构上可以把一个动作分成若干个小环节，难点就是对于学生来说比较难掌握、难理解的环节，它对学生完成动作的好坏和技评的高低有着重要的影响。关键点和难点有时相同，有时不同。但是重点就复杂点了，有时重点就是关键点和难点，有时重点只是一节课堂中所要侧重解决的那个问题。所以，在教学中分清楚关键点、难点和重点对学生的学习效果有很大的影响。

在教学中要实现的教学目标不止一个，而是多方面的。不同的教学方法都有着不同的优点和不同的教学效果，为了实现多方面的最优目标，可以将几种新的教学方法以最优化的结合方式融合在一个教学中，不仅能克服以往教学中所遇到的困难，还能使学生提高学习效率达到最佳的教学效果。但是必须注意，在编制排球技术教学程序与时空口诀时，既要考虑其合理性，又要考虑到两种教学方法的特点，必须要把这两种教学法的优点结合起来共同融入教学中，才能使教学效果最大化，同时完成提高学生运动技术水平和终身体育意识以及培养学生思维认知能力和自学能力等多方面的教学目标。

编制排球技术教学程序主要是为了让学生更容易掌握排球技术，所以在编程过程中应事先了解学生个体情况的差异，以及对排球运动的认识程度和感兴趣程度，只有在了解了这些信息后编制出的教学程序才能符合学生的实际，被学生完全接受，才能在教学中取得理想的效果。

2. 排球技术教学中教学程序的设计与编制

（1）排球技术的总体教学程序。在编排程序时，只有根据教学大纲的要求和教材的内容才能编制出合理又实用的教学程序。其教学内容安排见表12-3：

表12-3　排球技术教学内容

一级目标	二级目标
准备姿势和移动	准备姿势、移动
垫球	正面双手垫球
传球	正面传球
发球	正面下手发球、正面上手发球
扣球	正面扣球

（2）排球正面双手垫球教学程序。正面双手垫球是各项垫球技术的基础，也是最常用的一种垫球技术。它主要适用于接发球、接扣、吊球及接拦回球，有时也用来组织进攻。正面双手垫球的完整技术分析是：准备姿势—击球手型—击球部位—击球点—击球用力—协调配合。通过专家访谈制定的正面双手垫球的学习顺序，按照教学程序编写的时空口诀（见表12-4），提高垫球技术的单元辅助练习（见表12-5），垫球练习中常犯的错误及纠正方法（见表12-6）。

表12-4　正面双手垫球的时空口诀

各个单元	时空口诀
准备姿势	面对来球成半（稍）蹲，重心前倾
击球动作	"插"——两臂前伸插球下
	"夹"——双臂夹紧、腕下压
	"抬"——蹬地跟腰、提肩顶肘、抬臂
击球后动作	身体重心伴送球

表12-5　正面双手垫球的辅助练习

各个单元	辅助练习
准备姿势	两名同学面对面互教互学；听口令做动作反复练习
击球动作	一人持球另一人垫球；对墙垫球；两人移动垫球；多人垫球
击球后动作	自抛自垫；从坐姿到离椅击球，体会身体协调用力及抬臂击球和手臂伴送球动作

表12-6　垫球技术常犯错误及纠正方法

常犯错误	纠正方法
手型不正确，两臂不并拢，垫击面不平	徒手练习两臂夹紧动作，垫固定球或抛球；原地自垫
移动不及时，对不正来球	徒手做准备姿势身体前倾动作；多练各种步法移动；移动后垫抛球
身体动作不协调，抬臂动作过大	徒手模仿垫球协调动作；垫击固定球；对墙垫球
垫球不抬臂，身体向上顶，耸肩或上体后仰	徒手模仿抬臂垫球的全身协调动作、两臂前插动作；穿过网下垫固定球；向前垫球过网练习

（3）排球正面传球教学程序。传球是排球最基本、最重要的技术之一。它主要作用于将接、防起的球传给进攻队员进攻。它是一项细腻精确的技术动作，不仅需要有较高的手指指腕控制和调整球的能力，还需要有较协调的上下肢动作的配合。传球技术的好坏直接影响到战术配合的质量和扣球技术的效果。正面传球的技术分析是：击球点—手指手腕的击球动作—全身协调配合。通过专家访谈制定的正面传球的教学程序，对应的时空口诀（见表12—7），提高传球技术的单元辅助练习（见表12—8），正面传球练习中常犯的错误及纠正方法（见表12—9）。

表12—7　正面传球的时空口诀

各个单元	时空口诀
准备姿势	两脚开立，脚跟微提，膝稍屈，上体直，重心前，眼盯球
迎球动作	蹬地伸臂对正球，额前上方迎击球
击球动作	手腕后仰，触球手型成半球，指腕缓冲反弹球
协调用力动作	蹬地、伸膝、伸腰、伸肘、伸臂、指腕屈伸

表12—8　正面传球的辅助练习

各个单元	辅助练习
迎球动作	徒手反复做迎球手型；自己抛球至头顶上方，用传球手型接住
击球动作	对墙连续传球；两人一组，一抛一传练习；两人隔网对传
协调用力动作	两人远距离对传，一人用传球手型持球置于额前上方一球距离，另一人用手扶住球，持球者做向前上方伸臂的传球动作

表12—9　传球技术常犯错误及纠正方法

常犯错误	纠正方法
手臂不正确、形不成半球状	一抛一接轻实心球，自抛自接，接住后自我检查手型。距墙40厘米左右连续传球，并且不断检查和纠正手型
击球点过前或过高	击球点过前多做自传；击球点过后多做平传或平传转自传，传固定球，体会正确的击球点
传球时臀部后坐，用不上蹬地力量	将接球时协调用力的重要性；一人手压球，另一人做传的模仿练习
传球时上体后仰	两人对传，传出球后立即用双手触及地面
两肘外张过大或紧张内夹	示范正确动作后，反复做模仿练习（两臂上抬和自然放下动作）
传球时有推压或拍打动作	多做原地自传或对墙传球，增加指腕力量，体会触球感觉

（4）排球正面上手发球教学程序。发球是排球技术中唯一不需要与同伴合作的进攻技术。正面上手发球是发球技术中最常用的一种发球方法，它是指发球队员正对球网站立，一手抛球的同时另一只手引臂，利用转体收腹的力量带动手臂加速鞭打，在右（左）肩前上方的最高点处，用全手掌将球击过球网的发球方法。完整的发球技术分析：准备姿势和发球取位—抛球与引臂—挥臂击球。通过专家访谈制定出的学习程序，对应的时空口诀（见表12—10），提高发球技术的辅助练习动作（见表12—11），发球练习过程中常犯的错误及其纠正方法（见表12—12）。

表 12－10　正面上手发球的时空口诀

各个单元	时空口诀
准备姿势	面对球网，两脚开立，持球体前
抛球与引臂	平托垂直上抛，右（左）肩前上 1 米高，抬头、挺胸、展腹、上体右（左）转、重心移右（左）
挥臂击球	转体收腹带挥臂，弧形鞭打加速快
击球手型	全掌击球中下部，手腕推压球上旋

表 12－11　正面上手发球的辅助练习

各个单元	辅助练习
抛球与引臂	每人一球，做不离手的抛球练习，同时做引臂和挥臂击球（不实击）练习；在篮球球筐下反复做抛球练习，要求平稳上抛，球不旋转
挥臂击球	一人双手持球在击球点，另一人做挥臂击球练习，不要击出球；击固定吊球；对墙正面上手发球
击球手型	两人面对面相距 10 米，对发练习；进退法隔网发球练习

表 12－12　正面上手发球技术常犯错误及纠正方法

常犯错误	纠正方法
击球点偏前或偏后	找一高度适合的悬挂物，反复向上抛球或设一圆圈使垂直上抛的球落入圈内
转体过大	击固定球，徒手练习挥臂动作
没有推压带腕	对墙近距离发球，要求手包住球，使球旋转
全身协调用力不好	上手抛羽毛球或实心球，注意抛和挥的配合

（5）排球正面扣球教学程序。扣球是队员跳起在空中，用一只手臂做鞭甩式挥动，将本方场区上空高于球网上沿的球有力地击入对方场区的一种击球方法。正面扣球是最基本的扣球方法，也是排球技术中攻击性最强的一项技术。虽然近几十年来出现了许多新的扣球技术，但是那些技术都是在正面扣球技术的基础上发展或派生出来的。正面扣球的完整技术分析：助跑—起跳—空中击球—落地。通过访谈专家制定出的学习程序，其对应的时空口诀（见表 12－13），提高扣球技术的辅助练习（见表 12－14），正面扣球学习过程中常犯错误及纠正方法（见表 12－15）。

表 12－13　正面扣球时空口诀

各个单元	时空口诀
原地挥臂击球	屈臂敞肩拉得开，腰腹发力要领先，向上挥臂如甩鞭，全掌包住打满球
助跑起跳	助跑步幅小到大，一步定向两步跨，双脚起跳猛蹬地，两臂积极向上摆，依球落点定起跳点，依球高度定起跳时间
空中击球	挺胸展腹上体右转，腰腹发力带动臂，弧形挥臂成鞭打，击球要在最高点，全掌击球呈上旋
落地	双脚着地，屈膝缓冲，自然落地

表 12—14　正面扣球的辅助练习

各个单元	辅助练习
原地挥臂击球	徒手模仿扣球挥臂；对墙扣抛球；两人原地对扣
助跑起跳	原地双脚起跳；两步助跑起跳摸高；变向助跑起跳
空中击球	助跑起跳扣吊球；4号位扣固定球；网前一抛一扣

表 12—15　扣球技术常犯错误及纠正方法

常犯错误	纠正方法
助跑起跳时机把握不准	以口令、信号限制启动起跳时间，固定二传弧度练习扣球
起跳后人球位置控制不好	多做完整的徒手练习，再多练习上网扣固定球，体会合适的人球位置
击球时手臂无鞭打动作	徒手做挥臂鞭打动作体会手臂放松或两人一球互相甩球练习
挥臂屈肘，击球点偏低	连续甩臂击打适当高度的固定球
击球手法不正确，手未包满球，击出的球不旋转	击固定球，对墙平扣，打旋转；低网原地扣球练习；反复练习手腕推压、甩鞭动作

3.“程序—时空认知”教学法在排球技术教学中的实验实施

（1）对实验组的学生教师采用的是程序教学与时空认知相结合的教学法进行教学，课堂操作分为以下 5 个具体的步骤：

第一步，在上课之前教师要做到三点：“教材”“学生”“方法”。具体而言，“教材”就是课前教师已经预先编好的教学程序和时空口诀；“学生”是指在课前要让学生记住时空口诀，对排球技术有一个初步的了解，为课堂上的练习提供理论基础；“方法”就是将教材和学生结合在一起，即将技术动作和时空口诀进行动作演练，让学生对排球技术动作建立起正确而完整的认识。

第二步，在上课的开始部分依然是常规教学模式，教师给学生进行技术动作的讲解与示范，强化学生已经形成的动作时空感觉，从而诱发学生进行自觉练习。

第三步，在学生自学自练阶段，教师为了提高学生的自学能力，引导每一位学生根据自己的能力和水平选择适合自己的学习程序，这样不仅能提高学生的学习兴趣，也能收获更好的学习效果。鼓励学生之间相互沟通，交流意见，互相帮忙找出对方的问题所在，分析原因解决问题。同时，教师与学生之间也要经常交流，给予学生及时的评价和反馈，纠正其错误动作，强化和巩固正确动作，帮助学生顺利完成课堂目标。

第四步，教师的主观测试。有三种情况：①学生很顺利地完成动作——通过。②学生动作完成得不熟练，还需要加强练习——基本通过。③技术动作完成不了或动作错误——未通过。针对未通过的学生要重点去抓，更需要教师和其他学生的帮助和关心，而且未通过的学生应该主动找老师和其他学生交流讨论，找出问题及解决方法，纠正自身错误动作，强化正确动作的练习后再通过。如果一直没有通过的话，就一直练习直到通过为止。

第五步，在每一节课下课前都要填写时空口诀信息反馈表和自评细则表，了解学生的学习信息和课堂体验情况。

（2）对照组的学生采用的是传统教学法，一节课分为 3 个部分。

第一部分，准备部分就是让所有学生集合列队，清点人数，宣布本堂课的教学任务和课堂目标。通过各种一般性的走跑练习、徒手操或球操练习、集中注意力练习、提高积极性练习、游戏和专门性的活动练习，使身体各器官系统机能尽快进入工作状态。

第二部分，基本部分的内容从讲解动作要领和示范动作以及组织学生练习开始，然后再最大限度地利用场地、器材进行辅助练习、分解练习，最后完成完整的技术动作并进行反复练习直到掌握技术动作。

第三部分，结束部分一般采用一些放松练习，让学生的机体逐渐恢复到相对安静状态。同时简要地进行课堂讲评和小结，布置课外作业等。

（3）在学习期间，对实验组进行调查测试。测试项目包括：每次课结束前填写时空认知口诀调查表，每一项技术学完后对学生进行技术学习的反馈调查。

4．"程序—时空认知"教学法在排球技术教学中的实验效果分析

（1）两组学生运动技术、技能评定成绩的对比分析。"运动技术是指完成体育动作的方法，是运动员竞技能力水平的重要决定因素。""运动技能是指人体在运动中掌握和有效地完成专门动作的能力。"运动技术、技能作为体育课的知识主体，对它的掌握是体育教学中最基本的要求。对于高校体育专业的学生来说，对体育运动应该有浓厚的兴趣和很高的运动自觉性，只有采用更好的教学方法形成规范的运动技术动力定型，提高他们专业的运动技术、技能水平，才能使体育教育更好地发展。因此，本书的主要内容之一就是在体育专业排球普修课技术教学中分别应用程序教学与时空认知相结合的教学法和传统教学法，比较这两种教学方法带来的技评效果。

实验组的成绩高于利用传统教学法的对照组的成绩，证明了程序教学与时空认知相结合的教学方法在传球技术教学中的应用效果比传统教学法的效果更明显，真正做到了尊重学生个体差异，自定步调，最终都能很好地掌握技术。这也充分体现出程序教学与时空认知相结合的教学法在提高学生运动技术、技能方面的优越性。具体原因从以下几方面进行分析：

①教学方法对比。传统教学方法在体育实践教学中重教师轻学生、重训练轻思考、重模仿轻理解。教学活动过于死板，教师是课堂的中心，过分控制学生，整个教学过程就包括教师反复地讲解示范，学生反复地模仿练习，学习气氛沉重，学生兴趣低落，使得学生只能被动接受教师一味灌输的知识。教师从不站在学生的角度考虑他们是否能接受，是否能满足学生的需求，忽略了学生在教学中的主体地位。简单说就是传统教学法只注重教师的教，却忽视了学生的学。同时，还一味要求大量的身体练习，忽略了学生能力的锻炼与培养。而在本教学实验研究中，该教学方法凝结教育学、心理学、教学论、控制论、信息论等理论观点，充分体现和应用了新的教学理念。在本教学实验中运用的新教学方法是将教学内容分成若干个独立但又相关的小单元，每个单元的动作都有相应的时空口诀，可以帮助学生更好地掌握技术动作要领。从整个教学过程中看，该教学方法是以学生的自学自练为主，教师的讲解示范为辅，以信息反馈为主线。所以在教学中不仅有教师的教也重视了学生的学，有效提高了学生对技术动作的思维能力和认知能力，也培养了学生的自学能力。因此，在教学方法对比方面，可以看出程序教学与时空认知相结合的教学方法优于传统的教学方法。

②教学目标分析。顺利实施教学的重要保证就是建立一套科学合理的教学目标体系，这也是影响教学效果的一大因素。传统教学法中最大的、唯一的教学目标就是：学生最终掌握知识技能的程度，教师都是围绕这个教学目标而展开所有的教学工作的。在本教学实验中，程序教学与时空认知相结合的教学方法将教学大纲中的教学目标与实验设计的课堂目标相结合，教学中对每个阶段的教学内容进行分析并确立教学目标，再把各阶段的教学目标落实到课堂教学中。本教学方法将教学内容优化分成多个小步子，并结合排球时空口诀的学习和演练，将教学中每个小步子的目标逐渐呈现给学生，使学生更加明确了学习的目标。在完成教学目标的过程中，学生可以根据自己每个小目标的完成情况，选择适合自己的小步子，尊重学生间的差异性，同时调动学生学习的自主性和自信心，教师根据学生的实际情况，给予及时的信息反馈，使学生明白自己对在哪错在哪，及时纠正错误动作，从而提高学习效率。

③生理学角度分析。程序教学与时空认知相结合的教学方法在实践操作中是以刺激—反应—反馈—强化为范例而建立的强化关联，运动技能的形成过程，就是在多种感觉技能参与下和大脑皮质动觉细胞建立暂时性神经联系的过程。本教学方法，通过演示优秀运动员完美、精湛的技术动作的视频录像，结合所学的时空认知口诀，再加上练习中教师的评价和学生的互评反馈，可以刺激学生的大脑皮层而发出正确的指令，形成更加准确的正反馈信息，同时也强化运动技能的形成。

④认知心理学方面。在程序教学与时空认知相结合的教学原理中可以看出，教学程序可以使学生在学习动作时降低难度，当技术动作再配合时空口诀时，开启学生的思维意识，做到想练结合的学习状态。这样会使学生对技术动作有一个很正确的理解和记忆，也加快了学生掌握技术动作的速度，降低了动作的错误率。该教学方法可以激发学生的思维认知能力，促进学生对整个学习内容都能融会贯通，让学生在每一步的学习中都有自己明确的目标，从而提高学生的学习效率。

（2）两组学生观察、分析、解决问题能力对比分析。我们要想落实素质教育，就必须要提高学生的观察、分析、解决问题的能力，也是人类智力的重要构成部分，是学生必须掌握的一种基本能力，也是一种知觉，一种有计划、有目的的反应、思考、理解的思维知觉。体育教学不仅只是传授学生基本的体育知识和运动技术、技能，还要重点培养学生体育运动的自学能力和运动技术的分析研究能力。在传统的教学中，只要求学生掌握好技术，从不注重对学生其他能力的培养，这就导致好多学生一方面只会做动作，但不理解动作，更不会教别人动作；另一方面，当技术动作出现问题时，自己解决不了。而程序教学与时空认知相结合的教学法可以弥补传统教学法在这方面的不足。为了证明这一观点，在实验后对比分析了两组学生观察分析解决问题能力的测试结果。

实验组学生的观察、分析、解决问题的能力比对照组学生高出很多，说明程序教学与时空认知相结合的教学法比传统教学法更有利于培养学生观察、分析、解决问题的能力。其原因是：程序教学与时空认知相结合的教学法以学生自学和步步反馈为主，在练习中出现问题后，及时进行学生与学生、教师与学生之间的讨论和分析，通过教师的反馈和学生的反馈提出解决问题的方法，再强化练习，巩固正确动作。在整个过程中，学生都在积极地参与问题的分析和解决，这样的锻炼会使学生的能力不断地提升。

（三）对高校体育教学中"程序—时空认知"教学法应用的再认识与建议

1. 对高校体育教学中"程序—时空认知"教学法应用的再认识

程序教学与时空认知相结合的教学法在教学中，先让学生通过时空口诀的学习，初步建立起技术动作的时空感觉，再将技术动作和时空口诀结合起来进行演练，加强学生对技术动作的认知，形成正确的动作概念和时空表象，降低了动作的学习难度，也减少了动作的错误率。通过录像、视频等教学手段反馈和强化学生自己的技术动作，进而达到提高学生运动技术和技能水平的效果。

程序教学与时空认知相结合的教学法可以将总体教学目标有机分解，很大程度上降低了技术学习的难度，最后将分解的目标再优化组合，更容易完成总的教学目标。除了一般目标以外，程序教学与时空认知相结合的教学法在课堂教学中，以教师评价、学生互评、学生自评的方式反馈信息，激发学生的思维认知能力，在学习中主动发现问题、分析问题、解决问题。不但提高了学生的自主性，更重要的是培养了学生的能力。

2. 对高校体育教学中"程序—时空认知"教学法应用的建议

课堂前设计的"时空口诀"是为了帮助学生理解和记忆技术动作的，它是形成正确动作概念的前提，因此时空口诀的设计一定要紧紧围绕动作的技术要领，使口诀简单准确，更方便学生的理解和记忆。

程序教学与时空认知相结合的教学法将教学内容合理分解，虽然降低了学习难度，适应了不同水平的学生，但在教学中也要采用适当的辅助手段（语言、动作、电脑课件等），充分调动起学生学习的自信心和积极性，更要注意引导学生练习的同时不断地思考，做到学思结合，反馈与强化并存，这样才能提高技术动作的正确率。

在教学程序编程和时空口诀编制的过程中，不单要考虑教材内容的特点和两种教学方法的优化组合，更重要的是必须结合学生的实际水平，才能编制出合理有效的教学程序。

程序教学与时空认知相结合的教学法在具体的教学课堂中，不能简单地套用程序，也要结合其他教学方法的优点和教学经验辅助教学，这样才能使教学效果最大化。

第十三章 现代运动训练的发展与创新研究

第一节 现代运动训练发展的内涵与特征

运动训练是竞技体育的重要组成部分，是有计划地提高和保持运动员竞技能力的实践活动，这种实践活动的目的是通过运动竞赛，在与对手的较量中取得优异的成绩。纵观现代体育的发展过程，始终是人类不断向自身极限挑战的过程，每一优异成绩的出现，无不是运动训练理论发展的结果。发展就其本身来说属于一种创造性的活动，是在特定的领域体系内并在一定的物质技术基础上所进行的发明或改进。运动训练理论的发展则是指在现在运动训练理论和技术实践的基础上，发展主体在运动训练理论领域中对发展客体所进行的发明或改造，并实现一定社会价值的创造性实践活动。

一、运动训练发展的内涵

运动训练理论的发展是竞技运动水平得以发展的重要动因，只有不断的理论发展，才有各个项目的技术水平的不断提高。

（一）发展是运动训练的本质要求

竞技体育是在最大限度地挖掘和发挥人在体力、心理、智力等方面的基础上，以提高运动技术水平和创造优异运动成绩为主要目的的一种运动活动过程。竞技体育的核心是不断提高运动员的竞技水平，创造优异运动成绩。运动训练是竞技体育实现其目的的实践活动之一，具有创造性探索和研究的性质，也就是说运动训练是一个不断探索创新和不断发展的过程。现代竞技运动水平的高度发展，新纪录的不断涌现是与运动训练的创新发展分不开的。

（二）现代科技的进步促进运动训练的发展

科学技术的发展是现代运动训练理论发展的基础，可以说，没有科技的发展就没有现代运动训练的发展。现代科学技术的发展，特别是高科技、新材料在竞技体育中的广泛应用，给运动训练的发展带来了一场深刻的革命，大大提高了训练的效益和效率。

（三）运动训练理论的发展是运动竞赛的需要

运动竞赛是竞技体育最主要的特征，是竞技体育的核心。运动训练的成果必须通过竞赛来体现，只有通过竞赛才能实现竞技体育的目的，没有竞赛就不能称之为竞技体育。体育竞赛永远不会只停留在一个水平上，而是不断地向前发展。激烈的竞争以及迅速提高的竞技水平，对比赛的参与者必将带来新的问题和新的要求，竞争的激烈性迫使技术、战术和体能的训练必须不断提高，才有可能赶超先进水平。

二、运动训练发展的主要特征

（一）运动训练理论项群层次的界定

一般和专项训练理论各有着自己的研究领域和适用范畴。但一般训练理论对各个专项的训练有着普遍的指导意义。随着运动训练实践的发展，这两个层次中间出现明显的断裂。由于一般训练理论不断细化的发展趋势和专项训练学受到视野的局限及训练中多种因素并存，运动训练理论逐步有了项群区分。高深的专项训练特点各异，只有借助项群的梯阶方可宏观立论。项群的划分主要是依据竞技能力的主导因素，这样就可以准确地把握项目的项群特点和制胜规律，以至于在艰苦的训练中方向性地加强各竞技能力的练习——这就是项群思想的重要价值。此外，项群理论也有助于重新确定训练手段的分类、归属。

（二）运动训练的专项化

现代运动训练的发展特别重视对决定各项目成绩的关键因素及项目特征的研究和探索，不断加深对专项规律和特点的认识，从而设计在动作结构、肌肉用力特点、动作幅度、角度和速度等方面均与专项技术动作相似或一致的练习手段。专项的训练和提高是项目运动训练区别于其他体育项目的典型特征。这一特征是由运动训练的最终目的所决定的。运动训练的最终目的是要创造前人所未达到的运动成绩，而运动成绩的发展证明，一个运动员要想在几个不同性质的比赛项目上同时达到世界水平是很困难的，甚至是不可能的。这不仅是因为运动员的运动生涯短暂，必须从开始就要集中精力进行某一专项训练方能有所成就，而且现代比赛规则的改变大都利于专项本身技术的发展，因而规则也促使训练内容更加突出专项。现代高水平训练的特点是围绕专项的需要设计训练内容，根据专项运动的规律有针对性地进行训练。

（三）运动训练负荷以强度为主的极限性

运动负荷由负荷量和负荷强度组成，训练中，通过增加负荷量和负荷强度，打破原来有机体的技能平衡，并使之达到新的平衡，以此周而复始地进行，逐步提高运动员的运动水平。运动训练使运动员机体功能呈螺旋形上升的过程，其实质就是运动负荷适宜刺激的过程。在以前的运动训练中，人们将重点放在大运动量方面，长期进行大运动量、低强度的训练使运动员出现疲劳状态，完成动作的速度减慢，训练质量得不到保证，不符合专项训练的特点，尤其对快速爆发力项目不利。如今训练的负荷安排以强度为主，或者说以强度作为训练负荷的灵魂，即使在准备期训练中，也有一定比例的大强度训练，主要是专项完整技术和速度爆发力训练，而训练时间和负荷数量相对减少，这样的训练，针对性强，可以有效地发展专项素质与改进专项技术，而且易于培养和控制运动员的竞技状态，更加适应比赛的要求。

（四）运动训练的系统科学性

1. 大运动量训练的长期性、计划性和科学性

通过长期的训练，能够产生训练适应。人体机能的适应性改造包括中枢神经系统的改造，都不是在短期内所能奏效的。训练对提高运动员竞技能力的影响，只有通过人体内部的适应性改造才能实现。由训练产生训练适应必须适合生物学规律，应使运动员在生物学方面发生有益的变化，使其成为运动员有机体良性的积累反应。由于长期训练过程中易受多种因素的影响，因此，必须对训练过程加以科学的控制。而运动训练的系统性和计划性，就体现在依据科学知识和成功经验所制定的训练结合上，因此，它又是运动成绩系统发展的保证。

2. 运动训练的个体针对性

由于运动员个体之间存在着差异，即包括先天性差异和后天性差异。而运动训练对个人来说是要充分发挥长处、弥补不足、挖掘潜力的过程。在集体项目中，运动员由于位置

和分工不同，也需要据此和运动员的特点合理安排训练，所以说运动训练基本上是一个个人的训练过程。

（五）以赛代练，追求运动训练手段和内容的实效性

比赛是训练的杠杆，只有通过比赛，运动训练的成果才能得到社会的公认。比赛对运动员所处的状态有着特定的要求，在大多数情况下，运动员在比赛中都怀着强烈的取胜欲，以充沛的体力投入到预定的比赛中去。因此，比赛的安排对训练活动的组织有着重要的影响。此外，人们还常常将某些比赛作为特定的训练手段，发展重大比赛所需要的某些专门品质和能力，或通过准备性比赛及适应性比赛检查训练的效果，检测新的技术是否稳定、新的战术是否具有预期的威力。运动训练的最终目标是创造优异的成绩，而优异的成绩只有通过比赛才能获得。由于受多种因素的影响，在比赛中并不是所有运动员的水平都能得到体现，因此，通过不断地参加比赛，以此提高临场比赛或者说是参赛能力也便成为运动训练的一个重要组成部分。

（六）运动训练调控的必要性及应变性

现代信息科学中的控制论的发展，为科学地调控运动训练过程提供重要的理论依据。运动训练过程是一个有组织的社会性行为，因此，需要对其进行有效的管理。其中，对运动训练的全过程实施科学的调控，制订科学的训练计划，是实施科学训练、取得理想训练效果的重要环节。而在竞技比赛和运动训练中，由于经常会受各种因素的影响而使训练和比赛过程产生意想不到的变化，原已确定的训练计划和对训练和比赛过程的设计都需要给予相应的调节，实施必要的变更，以力求原定训练目标的实现。而在内外条件产生巨大变化、原定目标已不可能实现时，则应调节训练目标及各相应环节训练工作的要求。

（七）运动医务监督的超前性与运动营养结构的科学性

在运动训练的实践中，疲劳是客观存在的，运动损伤也是不可避免的，治疗、恢复过程固然必不可少，但预防更为重要。

任何训练目标的实现，无论其技战术训练安排得如何周密，如果没有科学、系统的医务监督与其配合，其目标的实现就可能受阻，通过各种恢复手段，来有效地对运动员机体的能力进行科学的诊断，合理制订训练计划、安排运动负荷，最大限度地发挥运动员机体的潜能以提高训练效益和专项技术水平。

运动员营养结构的科学性。现代运动训练越来越重视训练与营养措施的结合，以增进运动员机体的健康水平，促进疲劳后的恢复，提供训练的质量，预防某些运动疾病的发生；通过将营养学的理论知识具体应用于改善运动员膳食的实践中，采取"强制性"手段和提高自觉性、主动性措施相结合，使运动员的膳食习惯得到较大程度的改善，使运动员学会科学地选择饮食，运动员碳水化合物摄入量增加，三大热能营养素的比例达到理想要求，运动员的膳食结构趋于合理化。

（八）现代科技支持的全面性及导向性

竞技体育与运动训练有着广泛的多学科联系。决策科学、人文社会科学、医学、力学、化学、数学与计算机科学的广泛知识都对运动训练有着巨大的影响，各种不同的科技理论、科技思想、科技方法与仪器器材都能在竞技体育领域发挥着各自的影响和作用。作为运动训练活动的直接任务，即运动员各种竞技能力（包括身体能力、技术能力、战术能力、心理能力和运动智能）的提高，都在很大程度上借力于现代科技的帮助与支持。

在运动训练全过程的每一个环节，即运动员状态诊断、训练目标的建立、训练计划的

制订、训练活动的实施、训练效果的检查评定、训练状况的反馈调控直至训练目标的最终实现，无一不广泛地应用着现代科技的成果。

不仅对于运动训练的重要影响因素——运动负荷的组织实施与监控，而且对于负荷后的恢复过程；不仅对于课上的各种训练方法和训练手段，而且对于训练课外的多种合法的强力手段；不仅对于运动训练的过程自身，而且对于竞技活动的其他重要环节，即运动员选材、运动竞赛和竞技体育的管理，现代科技也都已广泛地参与其中，取得了巨大的成效，有力支持和引导着竞技体育的更快发展。

总之，现代运动训练作为一种非开放性的社会活动，区别于其他日常体育、休闲活动，具有其自身的发展内涵和特征。而上述这些也可能只是阶段性的产物，它们只是标志当前运动训练发展的趋势。

第二节　现代运动训练理论及实践

一、训练理论的研究从"周期理论"发展到"板块结构理论"

运动训练的传统周期论是 20 世纪 60 年代由苏联著名运动训练专家马特维耶夫创立的，其核心思想是以年度为时间单位，划分出准备期、比赛期和过渡期三个训练周期，并以训练量和训练强度，一般身体训练和专项训练在不同训练周期安排的不同比例为特点，即在准备期以训练量和一般身体训练为主，比赛期以训练强度和专项训练为主，从而构成了他的运动训练周期理论，这一理论表现出全年比赛安排呈单高峰的特征，该理论的提出，一直在我国训练领域占统治地位，深深地影响着我国几代教练员，同时也为我国培养了一大批优秀运动员。

随着竞技体育的不断发展，现代职业化比赛的数量急剧增加，而且比赛水平不断提高，传统的周期训练模式受到现代竞技比赛的挑战，在训练时间上明显跟不上竞赛时间表的节奏，在这种情况下，一些专家学者创立了"板块结构"训练理论学说，现在运动训练中的"板块结构理论"是以提高训练质量为出发点的一种训练理论，其理论依据建立在"一元论"基础上，"板块结构理论"遵循"一元论"的基本思想，认为身体素质训练和专项训练是密不可分的，身体素质训练要结合专项特点，具有明显的方向性，专项训练要有足够的强度保障，在训练中提高某个相关部位的素质，这种认识解决了身体素质训练与专项训练的矛盾，克服了传统训练周期理论以多种素质并行发展对运动成绩的不良影响，相对于传统周期理论在准备期内平行发展多种身体素质，"板块理论"集中 3～4 周内有选择性地确定较少的需要达到的发展目标（不超过 2 个），使高水平运动员在相对集中的时间内，接受单一的或是两个比较大的训练刺激 3～4 个这样的板块构成了单个训练阶段，同时在年训练周期中通过比较高的训练负荷完成训练目标的转换，完成基础训练和专项训练的准备，完成各项赛事的检验，以赛代练、以赛促练成为高水平运动员的重要训练方式，准备比赛时也安排主要的基础训练，这就是"板块结构理论"的理论依据和核心内容，其符合当前高水平职业化比赛的需要。

二、训练理论的研究从"超量恢复"发展到"生物适应理论"

20 个世纪 70 年代一位叫雅考卢的学者，伴随马特维耶夫的理论提出了"超量恢复"

理论，多年来这一理论学说为大运动量训练，训练的节奏、系统性等提供理论基础，也是传统周期理论的主要理论支柱，"超量恢复"，指的是"运动成绩的动态在时间方面迟于训练负荷量的动态，成绩的加快增长不是出现在负荷量达到极高值的时刻，而是在它稳定或降低之后"，或者说，人体机能能力和能量储备在恢复过程中，能源物质的补偿在一段时间内超过原有水平；在一定范围内，运动负荷越大，消耗越大，恢复过程也越长，恢复也就愈明显，由此使运动员的能力得到持续的提高，后来，通过对大量训练实践的观察，不少专家学者对此理论提出质疑：认为该理论一个重要问题是没有指出人体能力的极限，而实际上受遗传等因素的影响，人体承受负荷是有限的，并且有显著个体差异；运动员机体的适应是人体本来就存在的，而不应将其简单归结为超量恢复，质疑挑战周期论和超量恢复理论的学者提出了生物适应论，生物适应理论是从生物学和系统论的角度观察运动训练而提出来的，其核心是"结构决定功能"，这一理念包括了以下几个方面的内容：

（1）运动训练是一个生物改造过程和生物适应过程，作为人，你给他什么样的刺激，他就会产生什么样的反应，多次反复的刺激，可以使人在大脑中进行自我组织处理，最终适应这种刺激，这是"结构决定功能"的基本观点。

（2）所谓适应，就是生物体在改变了的环境（训练环境、训练手段、训练量和强度）中，通过自身调节机制使本身技能与外界环境重新实现平衡的过程，适应的机理，是机体对外部条件刺激所做出的刺激反应，从运动实践来看，训练过程必须遵循辩证唯物论的三大运动规律（对立统一规律、质量互变规律、否定之否定规律），训练过程就是通过机体内不断发展的矛盾运动，打破原有的生理状态的内平衡，建立新的平衡，并通过量到质的不断转化，在否定之否定的过程中得到新的提高，在这一系列矛盾运动过程中，心血管系统、免疫系统、内分泌系统、氧转运系统、骨骼肌等系统的生理生化指标必然会发生一系列变化，但这种变化必须在一定限度之内，而且经过一定时间又恢复到正常值或接近正常值范围，也就是说，生理生化指标的正常则是相对的，正常只是机能恢复和赛前调整过程的一个重要环节。

（3）按周期论安排训练，运动员大多数时间接受的是中、低负荷强度的刺激，运动员只会对这样的刺激产生生物适应，而这种训练强度与比赛强度要求相差甚远，按照适应理论，可以紧密结合比赛要求，经常以大负荷或超大负荷进行训练，可以最大限度地刺激运动员的神经系统，机体从而逐步适应高强度的刺激，并产生适应，这样运动员在大赛中就可以表现出高的水平。

从以上三点可以看出，生物适应理论同我们在训练中一贯倡导的"三从一大"训练原则是完全一致的。

三、对传统的运动训练周期理论的反思

苏联的运动训练学者马特维耶夫在二十世纪六十年代初创立了超量恢复论和训练周期，这深深地影响了我国运动训练理论和实践效果，尤其是在指导作用上面对体能类的运动项目及其重要。不过训练周期理论毕竟受很多因素的限制，比如说自然科学发展状况、年代、比赛制度等因素以及竞技体育发展水平等等，有些解释不清现代运动训练和竞技体育的发展趋势。面对这么一个问题，我想有必要反思一下马特维耶夫训练周期理论。

（一）现代赛制的发展已经不能再用传统的训练周期理论

主要的原因是对于比赛密度大、时间周期长、强度高的球类项目的联赛，绝对不能够

机械地、简单地套用运动训练学教材上的单、双周期的安排。应该把传统的周期训练理论的基本思想以及本项目的特点和当年的赛制结合在一起，来进行年度的训练周期的安排。实际上，一支球队也会在一个赛季中随着队员个体状态的起伏而变化，不可能一直会连胜，不论是洛杉矶湖人队还是芝加哥公牛队。纵然他们都是夺过 NBA 总冠军的，也不可能是全胜的，状态也会有起伏。当然他们能够最终获得整个赛季的冠军，这主要就是各个队的教练的训练技巧以及调控整个状态了。

所以应该注意各个阶段之间的相互衔接和内在联系，保持一定的训练周期性、系统性、节奏性的统一。在联赛的过程中，根据具体的实际情况来对年度周期的实施在保持相对的稳定性的前提下，可以根据具体情况调整以及改变，这样就能够做到稳定性和灵活性的统一。

（二）传统训练周期理论已不利于高水平运动员的训练

人们首先必须认识到，高水平的运动员和青少年后备力量的训练肯定是不一样的。因为随着年龄的慢慢增大和运动水平的提高，运动员的心理和生理状态都会发生巨大的变化，这种变化不仅体现在对训练的方法和手段的要求方面，还反映在运动员自身素质方面，这就构成了高水平运动员的训练特点。训练的实践证明，专项能力是高水平运动员，特别是世界顶尖级的运动员之间竞争的主要的内容。现代运动训练的一个突出特点就是科学地选择对专项最具影响的素质或能力，来进行优先发展和专门训练。两个主要支撑点支撑着传统的训练周期理论。该理论认为，准备期主要是以一般的训练和负荷量为主，慢慢地随着比赛期的临近，负荷强度和专项训练也会逐渐增加，到比赛期达到并且一直保持相对比较高的水平。不过随着体育科研水平的提高以及竞技体育的发展，人们慢慢地发现这个理论不能覆盖整个训练的过程，主要忽视了不同训练水平运动员的生化基础、生理基础以及对训练方法和负荷的不尽相同的要求，没能够对不同水平和年龄条件的运动员进行区别对待，特别是不利于提高高水平运动员专项训练的水平。

四、改变传统的训练理论的方法

根据各个项目全年比赛的次数，将全年训练计分成几个训练、比赛的周期，根据本年度的训练任务以及全年重大的比赛次数和运动员个人的具体情况来确定训练、比赛周期时间的长短。每个训练、比赛周期的时间可以是两三个月。比如说，田径项目一年有五次国内外的重大比赛，分别在三月初、五月底、六月中、八月初和十月底，比如准备参加这五次重大的比赛，那么就可以把全年的训练分为五个训练比赛周，从头年 11 月到来年 3 月初为第 1 周期，以后几个周期以此类推，每一个星期算一个训练的周期。把全年的训练计划分成几个不固定的比赛周期和训练，还应该把运动成绩逐步提高的指标以及全年的训练分配到各个训练和比赛周期之中。如果这样的话，全年的训练计划在各周期练习内容上也需要有相应的变化，也就是把专项身体素质和专项运动技术、一般身体素质很好地结合在一起，或者是根据每个运动员的训练状态在各个周期找一个侧重点。总而言之一句话，想要让各种身体素质和专项运动成绩之间达到一个高度的协调，就要把优秀运动员的专项身体素质和一般身体素质的模式特征列入训练的计划内，这样可以很方便地对每个运动员进行评价参考的依据。

五、现代运动训练理论的发展

现代的运动训练把训练过程看作是机能性的运动系统。首先根据自身的项目特点来制订出完善技术的、发展的速度以及长期的训练大纲，并且在不同的中小训练周期中用来确定阶段训练负荷和重点发展目标。不过每一个运动项目在生物学理论的指导下，系统机能的发展以及提高主要以生物科学的理论为依据的，也就是运动员身体器官对训练负荷产生一定的适应性。我们用篮球作为例子来看现代的运动训练理论。运动训练的基本规律之一就是周期性地安排篮球运动训练过程。它的实质在于系统地重复各个完整的训练单元训练课、小周期、中周期和大周期，这样才能够让篮球运动训练水平波浪式地、阶段地发展以及螺旋形地上升。

随着时代的发展，运动训练是不断地往前发展的，而周期理论也应该不断地向前发展，从产生至今天，很多的国家学者都对它进行了补充以及修改，这其中就包括马特维耶夫在内。那最为显著的是在二十世纪九十年代前后提出的训练个体化的问题、也就是在周期训练过程中应该考虑到运动员的个体差异以及项目特点，所以对于运动训练周期理论不应该简单地进行否定，而是应该全面地判断这一理论的科学依据是否具有普遍性意义。

可以说传统的周期训练理论对于运动训练学产生的影响是巨大的，而且到现在对那些超长距离以及长时间耐力性项目和全能多项的运动仍然具有积极的意义。不过，随着社会的进步以及现代竞技体育的发展，商业化的比赛越来越多地进入到竞技体育当中，比赛的强度越来越大，传统的周期训练理论已经不完全适应现代赛制的发展，不利于高水平运动员的训练了，而且也不能够代表和解释现代运动训练的发展趋势了，所以面对现代竞技体育的飞速发展，要能够充分地利用经济和科学技术的高速发展带来的高科技，密切联系运动训练实践，探索更加适合新的赛制的现代训练理论，这样才能够更好地促进体育的发展与进步。

第三节　现代运动训练的发展趋势

现代训练学已进入一个以多学科综合化和整体化为基本特点的新阶段，科学化训练已成为现代训练的核心问题。运动训练实践活动以及由此引起的理论与知识，正发生着翻天覆地的变化，人们不再满足于最初仅仅依照师徒相传的经验训练，而是深刻地意识到，唯有将新思想、新观念、新理论、新科技成果、新方法与手段、新器材仪器运用到训练实践中来，才有可能将运动员培养成人，使运动员的竞技水平更快提高，才可能在当代激烈的国际竞技运动竞争中立于不败之地，这是当今世界范围内方兴未艾的运动训练科学化的总体发展趋势。概括与把握当今运动训练科学化的发展趋势，对转换我们的训练观念、训练思路，找出我国运动训练实践中存在的问题，为达到育人和夺标的竞技体育思想将起到重要作用。

一、树立系统训练观

从现代科学技术的发展轨迹来看，其中一方面是已有学科不断分化，并且呈现越分越细的状态，新学科、新领域也不断产生，呈现出高度分化的特点；另一方面是不同领域、不同学科之间相互结合、交叉与融合，向综合性、整体化方向发展，呈现出高度综合的趋势。而系统科学在这种发展趋势中所具有的理论价值和指导意义是不可小觑的。

依据系统科学，把现代运动训练系统的体系结构分为四个层次：第一层次是系统工程与模型化训练，这是直接改造自然界的工程技术层次，是现代运动训练的新阶段——模型化训练阶段；第二层有运筹学、控制论、信息论、系统理论等，是系统工程的直接理论，属技术科学层次；第三层次是系统科学理论，它是现代运动训练控制基本理论；最高一层次是系统训练观，这是系统的哲学和方法论的观点，是现代运动训练控制基本理论通向马克思主义哲学的桥梁和中介。

从实践论观点来看，任何社会实践，特别是复杂的社会实践，都有明确的目的性和组织性，社会实践要在理论指导下才有可能取得成功，这个理论就是现代科学技术体系和人类知识体系所提供的知识。处在这个体系最高端的是辩证唯物主义，所以社会实践首先应受辩证唯物主义的指导。但仅有哲学层次上的指导还不够，还需要有各个科学技术部门、不同科学部门的科学理论方法和应用技术，甚至前科学层次上的经验知识和感性知识的指导和帮助。如何把不同科学技术部门、不同层次的知识综合集成起来形成指导社会实践的理论方法和技术，以解决社会实践中的问题，这就有个方法论和方法问题，我们可以借鉴综合集成方法来处理这类问题。

把控制的思想与概念引入到运动训练系统中，是一个重要学术思想。系统学不仅要揭示系统规律去认识系统，而且还要在认识系统的基础上去控制系统，以使系统具有我们期望的功能。

（一）最优化训练控制

最优化训练控制就是从实际出发，以所能达到的最高水平为目标，采取最符合客观实际的、最适宜的科学训练方法与手段，对训练全过程所实施的定时、定量、高效、低耗的训练控制过程。最优化训练控制原理是反映现代训练目标控制的训练控制理论，是以控制论为主要理论依据所确立的。运动训练控制的核心在于它是一个有目的、有方向、有计划的训练过程。一个完整的训练控制必须具有以下几个基本环节与条件：

（1）必须有施控的主体与被控制对象。施控的主体主要是教练员，也包括科技及管理人员等。被控制对象是运动员，但在运动员的自控系统中，运动员是施控系统，运动器械是被控对象。在训练中，既要发挥教练员和科技与管理人员的外控主导作用，又要发挥运动员自我控制的内控主体作用和他们对器械的外控作用；

（2）必须有控制信息与前身信息控制通路。施控者主要是沿着前身信息控制通路将控制信息传递给运动员的；

（3）必须有反馈信息与反馈信息控制通路。通过反馈获取反馈信息，再通过反馈装置对反馈信息加工处理，与原模型比对分析，找出存在的问题及产生问题的原因，修订原计划、方案，最后输入到控制器中，并由控制者重新进行新的控制；

（4）必须使前身与反馈信息控制通路中传输的信息达到适宜的限度。

（二）整体化训练控制

整体化训练控制是依据训练系统的系统性和综合性特征，以及系统的功能放大原理，从训练系统的综合性调控和系统性调控两方面，对运动训练全过程实施的整体性训练控制过程。整体化训练控制包括纵横两个方面，一是反映横向联系的"综合化训练控制"，一是反映纵向联系的"系统化训练控制"。综合化训练控制是指将影响训练效果的各种因素综合在一起进行较为全面的设计、规划和调控。综合化训练控制已成为现代训练的一个显著特征。表现在由多种竞技能力训练内容组成的综合训练内容系统和提高竞技能力的综合训练等等。在实施综合化训练控制中应注意把教练员、科研与管理人员的外控作用与运动员自身的自控紧密结合，现代运动训练中，越来越重视对运动员自控的训练。系统化训练控制是指运动训练的全过程是一个长期、系统和连贯的训练控制过程。训练系统的整体性效益很大限度上取决于各种训练因素在长期训练过程中的连贯性和系统性。这主要体现在各训练过程和训练阶段间衔接方式的系统性，各阶段开始时间与持续时间的连贯性，各训练阶段训练控制作用优选与连贯，训练组织与管理的连贯性，训练计划安排的连贯性等。整体化训练一方面体现在系统化训练安排上，另一方面，体现在各训练阶段中各局部因素的综合调控和整体效益上，只有两方面综合考虑，才能保证训练控制功能放大效益的实现。

（三）信息化训练控制

信息化训练控制是以信息观为指导，以信息为基本条件，依据信息控制的基本规律，通过建立完善的信息系统，对运动训练全过程实施的训练控制过程。现在运动训练离不开信息，运动训练控制过程实则是信息控制过程，训练信息是实施最优化控制的必备条件。现代训练的信息控制特点包括：

（1）现代训练已成为一个智力密集和智力协作的教育与社会活动过程。多学科人才的加入，教练员与运动员人才高智力结构比例加大，已成为现代训练的一个明显特点；

（2）起决定作用的是知识信息，应该把主要的资金用于创造科学化训练条件、提高教练员智力水平和科学化训练水平上；

（3）运动员运动成绩的增长，主要靠的是知识与信息。现代训练从拼体力价值观，转向以信息价值观、智力价值观和科学价值观为主，现代运动训练与体育竞赛已成为各国科技水平的竞赛；

（4）教练员的权力与威信主要来自其自身的信息与知识水平；

（5）对未来的研究与设计越来越重视以信息研究为基础；

（6）小型化、多样化与分散化正成为现代训练管理的发展趋势。

（四）模型化训练控制

运动训练系统工程是指对复杂的整体训练系统实施最优化管理和调控的综合技术及科学方法。也是指运用精确化、最优化、数字化等科学方法来正确分析、规划、设计与管理运动训练系统的一项综合技术。它的主要任务是如何把训练控制的总目标分解为一些小目标；如何根据训练系统控制的总指标来确定各训练分系统的指标体系，即建立训练控制模型；如何协调训练系统各局部间的关系；如何根据总的工作任务和进程，设计好各局部工作环节的工作程序。训练模型是训练控制的依据，模型化训练控制在现代训练中体现在以下几方面：训练全过程的科学化与模型化；模型化训练控制就是指运用科学的方法建立各种科学的训练控制模型，并据此控制运动训练的全过程；训练过程反馈调控的模型化；训练过程程序调控的模型化；个体化训练控制的模型化；适应性训练控制的模型化。

二、运动训练的针对性与个性化、专项化与实战化、程序化

运动训练过程中有许多共性规律可循，由于运动训练的对象是人，世上没有完全相同的个体，有些个体甚至存在较大的差别。现代训练中，要针对每个运动员的竞技能力结构特点，确立适合于每个运动员个体特点的训练模式，实施个体化训练，如果再用群体模式对每个个体进行训练已无法达到最佳训练效果。现代运动训练正在向个体化训练的方向发展，针对性与个体化已形成一个必须遵循的原则。根据这一趋势，现代训练十分强调对运动员个体竞技状态和运动状态的诊断、运动员个体训练模式的建立和针对某一个体训练模

式进行有针对性的个体化训练。

高水平运动员具有如下特点：

（1）各器官系统功能及之间的协作已经达到相当高的水平，竞技能力可塑空间下降，一般的训练手段与负荷已不能对机体产生作用，只有那些高度专项化、个体化的训练才能突破现已形成的竞技能力平衡，在更高层次上建立新的平衡；

（2）对专项能力的需求显著提高；

（3）对训练方法、负荷的要求提升，只有针对性强的训练手段和科学的负荷才能进一步提高专项运动成绩。

实践证明，保持和提高运动成绩的最好办法是不间断地进行该项目比赛时的最基本的练习模式。因为，在有类似的神经肌肉的募集方式的两种活动之间可能有更好的训练效果被转移。对专项训练来说，一定要强调训练的重复性和训练量的增加，期间不能穿插其他性质不同的刺激。研究业已证明，对运动员机体起一般性和多方面作用的负荷要素转化为运动能力的时间较长；相反，对运动机体起专门作用的负荷要素能较快地转化成运动能力，即能较快地产生超量补偿的效果。从运动生理学的角度，对从事某一特定运动项目的运动员来说，身体素质的训练必须与专项运动的特点相结合，才能有效地提高专项成绩。运动员在专项运动中所需求的身体素质只能通过自身的专项训练获得，任何非专项活动形式的身体素质训练都属于专项身体素质训练的一种辅助练习手段。高水平运动员在进行身体素质练习时应减少辅助练习的种类和数量。

比赛本身（专项训练）是最系统、最完整、最理想的训练内容，专项训练和专项辅助训练是训练内容的核心，以赛代练，以赛促练，赛练结合，从实战出发，是当今运动训练的一个发展趋势。以赛代练，以赛促练，赛练结合，把比赛当作训练的一部分，突出训练的强度，突出专项训练是创造优异运动成绩的最根本原则，这已为现代高水平运动训练的理论与实践所证实，是训练理论中无可非议的结论。训练负荷的"面"的低缓和"点"的突出，就是我们可把比赛作为训练负荷的一个影响因素或者将其作为负荷本身，在其他条件不变的情况下，比赛数量的增多毫无疑问地提升了整个训练过程的平均负荷强度。在当前情形下，许多竞技运动项目通常采用降低全年平均训练负荷强度的方法，防止平均负荷强度过高。目前，将参加一部分比赛作为提高训练强度的重要手段，已成为许多世界级优秀运动员的选择，而平常训练强度的相应降低，使全年的训练强度变化的"落差"增大。这种强度"落差"可使运动员从那些片面强调的大强度训练而造成的长期疲劳中解脱出来，使机体在大部分时间里处于恢复与负荷的平衡状态，在很大限度上可避免或预防运动损伤与过度疲劳的产生。

训练实践表明，要想训练成功，既要不断探索培养优秀运动员的捷径，在多年训练进程中，又必须遵循各个阶段的训练特点，企图超越全过程的阶段特点，无异于拔苗助长，导致运动员早衰的出现。如在早期专项化阶段，过多地采用早期专门化的手段，且针对专门能力和专门技术方面进行大量的成人化的方式与方法训练，就会影响运动员竞技水平的正常发展。

三、现代高科技理论与技术对竞技体育整体渗透

从运动训练角度讲，科学技术对运动训练的作用体现在三方面：

（1）人们不再满足于仅把运动成绩作为衡量训练效果的唯一标准，而是将评价的标准

更多地投向训练的效率，即计算投入与产出的比值。微观上加强训练过程的监控，提高训练的实效性与针对性，宏观上提高运动员成材率，缩短培养过程，延长运动寿命，即以最小的付出获得最大的效益，这样的训练自然需要科学的理论做指导；

（2）运动员的培养是个系统、复杂和长期的过程。该过程无论纵向上的选材阶段、基础训练阶段、专项训练和高水平训练阶段，还是横向上专项特点、人体生长发育特点、运动员个体差异以及场地和设备条件等因素的干扰。这一持续多年且结构复杂并受多种因素影响的训练过程，必须在多学科的科学理论指导下规划、调控；

（3）随着运动员竞技水平的提高，机体各器官、系统的功能及它们间的协作不仅达到了相当高的水平，而且也越趋向或接近生理的极限。进入最佳竞技阶段的运动员，竞技能力发展的可塑空间逐渐减少，对训练负荷与手段的要求明显增加，运动成绩增长与运动损伤间的矛盾日趋突出。此时，只有依靠先进的科学理论与技术，才能使运动员各方面的潜能得以充分挖掘和最优匹配，促使运动成绩进一步提高。

四、选择适宜的参赛次数

竞技体育的职业化与商业化，驱使比赛数量的大幅度增加。在此背景下，运动员想要参加所有的比赛且在每次比赛中均要求表现出最佳竞技状态和最好成绩，是不可能的。这就要求优秀运动员要对参加比赛的次数进行控制，参赛次数过多或过少都会对运动员产生不利影响。若参赛过多，运动员不可能在所有的比赛中都达到最佳竞技状态，可能在重大比赛中错失机会，也会因为过多地参赛增加了训练的强度，易造成运动性伤病；若参赛过少，则降低了整个训练过程的强度，使训练与比赛结合不够紧密，使运动员心理素质的锻炼、比赛经验、控制比赛的能力、调整竞技状态、运动员参赛的动机减少，对提高运动成绩产生不利影响。只有适宜的参赛次数，才能确保运动员在大赛中处于最佳竞技状态。

不同项群运动员年参赛次数不同，集体对抗性项群运动员年参赛次数最多，其次是隔网对抗性项群运动员，体能类项目中速度及力量性项群运动员年参赛次数较耐力性项群运动员多，难美性、准确性及格斗性项群运动员年参赛次数较少。

因此，在年度训练计划制订中，一定要将比赛安排作为训练计划的一部分去整体考虑，应将比赛按重要程度及性质的不同纳入训练计划的考虑中。只有整体考虑才能合理分期，有效调整和使运动员在重大比赛中形成和保持最佳竞技状态。

五、重视恢复

运动训练与恢复时刻相伴而行，对于高水平运动员来说，除比拼训练水平外，很大程度上也在较量体力的恢复能力，日常训练中只考虑刺激而忽略恢复的训练绝不可能取得高质量的训练成效，这一点已经得到训练实践的反复验证。因此，如何消除疲劳就成为高水平运动员预防运动伤病、保持持续参赛能力和提高专项运动成绩的关键因素之一。合理的恢复要建立在多学科平台基础上，适时把握不同运动员比赛、训练和不同项目所消耗的能量及膳食特点，把握比赛或训练对运动员构成物质的消耗与营养素构成的关系，配置相应的各种心理、生物干预措施，使营养恢复系统整体化、制度化和功能化。这是备战大赛所需要重构与细化训练结构的任务之一，也可能是我们与世界运动成绩差距的重要原因之一。

从体能主导类项目训练的发展趋向看，除了加强传统上的恢复手段和措施外，一些力量训练与有氧训练也被作为提高恢复能力的重要手段，被动的恢复已被主动的恢复逐步取代。全新的恢复理念使得人们已不仅从机体疲劳恢复的专门措施与手段方面，而且从训练的负荷方面加强恢复能力的培养，从基础上提高运动员的恢复能力。

教练员和运动员是运动恢复活动的主体，教练员在制订训练计划时就应当考虑到恢复，恢复已经成为运动员尤其是高水平运动员训练的一个有机组成部分，在很大意义上也是运动员的一种"能力"，这种能力与其他能力一样需要给予专门的重视和训练。运动员既要在教练员的指导下从事恢复实践，也应与教练员一起设计、组织实施自己的恢复活动，并参与对这一恢复过程的有效控制。恢复是一项非常复杂的工作，光靠教练员是难以完成的，管理工作者、科技人员、运动医生、营养师等也都是运动恢复活动的积极参与者，把各方面人员结合在一起分别从不同的角度进行分工合作才能搞好这项工作。

六、运动训练的科学监测

更快、更高、更强的奥林匹克精神使竞技运动水平不断提高，世界纪录不断被刷新，运动员承受的训练强度和训练量越来越大，运动训练与比赛对体育科技提出了更高的要求。对运动员的训练过程实施系统的、长期的科学监测，以便科学诊断运动员的训练负荷、运动成绩、心理状态、技术特点和身体机能等状况，并在比赛或训练后通过科学手段加速能量储备与身体机能的恢复，防止运动员出现过度训练或过度疲劳，有效提高运动员的竞技能力。同时，在重大比赛前与赛中科学地调控运动员的竞技状态，进而在比赛中创造最优异的运动成绩，是体育科学领域亟待解决的问题。运用运动生理学、运动心理学、运动生物力学、运动生物化学等学科的基本理论与方法，研究运动员竞技状态特点和规律以及运动训练科学监控，运动训练的科学监测包括竞技能力诊断与监测、训练负荷诊断与监测、运动成绩诊断与监测等多方面。不同的诊断内容采用的方法不同，如运动技术诊断主要采用影像测量与分析、力学理论分析、力的测量与分析等方法，对运动员的专项运动技术进行定性和定量诊断。在对运动员的竞技能力进行诊断时，要依照专项竞技能力结构特点，重点诊断那些起决定作用的主导因素，并作为竞技能力总体诊断的主要依据。

对现代科学化训练的发展趋势进行了深入的研究，诚然，科学化训练的规律也不是一成不变的，随着竞技水平的发展，这种发展趋势也是动态变化的，我们要用动态的、发展的观念来对待科学化训练的规律。不同项目的教练员、运动员、科研人员与管理人员等要针对所从事项目的训练特点，结合自己的客观实际，找出训练中存在的问题，及时调整自己的训练思路、理论与方法，找出相应的改进策略，以实现夺标与育人的竞技体育思想。

第四节　运动训练的影响因素

运动训练质量的高低直接影响着竞技运动水平的发展，而如何提高运动训练的质量是每一个教练员都在认真研究的课题。运动训练的质量受很多因素的影响，如教练员水平、训练条件、运动员参与训练的积极性等，其中运动员参与训练的积极性是影响运动训练质量的主要因素，因为在运动训练的过程中运动员是主体，只有了解积极性产生的因素并充分利用这些因素，才能最大限度地调动运动员的训练积极性，保证运动训练的质量。

一、缺乏积极性是运动员提高运动技术水平和提高训练质量的障碍

积极性是运动员参与运动训练所必备的一种个性心理，是在心理活动中表现出来的。

积极性作为一种心理行为是社会赖以前进发展的行为基础，体现了人对客观事物的态度。当它在运动员的心理活动中表现出来而影响其活动效率时，运动技术水平的发展则受其影响。因此，积极性的具备与否，是运动员提高运动技术水平、保证训练质量的关键，对提高运动水平和训练质量有着巨大的影响作用。

二、产生积极性的驱动力是运动员提高运动技术水平及保证训练质量的动力

产生积极性的驱动力来源于内驱力和外驱力两种。内驱力是基础、根据，外驱力则是条件和诱因。

内驱力包括生理驱力和心理驱力两大类。生理驱力来源于人的本能，如摄食、性、防卫等，而心理驱力则是人类所特有的一种内驱力，与人的社会化进程和价值观念密切相关，它包括名誉、权力、成就、友谊、归属等，其中影响最大的是名誉和成就，当运动员认识到运动所给予的价值与他本身的需求吻合时，他就会发自内心地要求自己参与训练，提高自身的运动技术水平。

外驱力则来源于外部的刺激，如物质刺激、精神刺激、信息刺激等，这是通过强化个体的内部需要而引起的动机，从而产生某种行为。在体育运动中有物质、精神上的奖励，运动成绩好坏的刺激，来自同性、异性的赞美等，这些都是激发运动员产生训练积极性的动力。

驱动力，尤其是心理驱动力是引导运动员自觉参与训练的重要基础，是运动员不断发展和提高运动技术水平的动力，也是保证运动训练质量的基础。

三、积极性特征是运动员提高运动技术水平和提高训练质量的心理基础

积极性具有四大特点：明确的目的性、浓厚的兴趣性、克服困难的坚韧性以及自觉进取的主动性。

1. 明确的目的性是运动员积极性的认识特征

运动员的行为如果没有明确的目的或者预定的目标，完全受制于客观环境的驱使，说明他没有认识到其行为的意义，缺乏自觉性而存在盲目性。这样的运动员在训练过程中就常常会东一榔头西一棒，不知道自己需要什么，也就不可能有目的地提高自身的运动技术水平。

2. 浓厚的兴趣性是运动员积极性的感情特征

如果运动员对他所从事的运动项目没有兴趣，他在训练中就不可能有饱满的热情。热爱能让运动员勤奋，而勤奋则可使运动员积极参与每一次训练，从而促使其运动技术水平在训练中得到充分的提高和发展。

3. 克服困难的坚韧性是运动员积极性的意志特征

运动员的运动技术水平总是在一定条件下，在训练中克服了一个又一个困难而发展和提高起来的，对一个意志坚强的人来说，则可以克服种种不利条件，使自己在训练中不断发展和提高。

4．自觉进取的主动性是运动员积极性的行为特征

运动员的行为如果总是处于被动状态，当然不是积极性的表现，而衡量一个运动员积极性程度的高低，则主要看其主动性状态。当运动员的主观能动性被激发出来之后，他就会在训练中不断追求，不断提高，磨炼意志，克服各种困难，提高自身的运动技术水平。

四、充分调动运动员的积极性是促使运动员提高运动技术水平和保证训练质量的首要任务

调动运动员的积极性其实就是对运动员的行为导向问题。这个行为导向应遵循以下四个原则：

1．目标导向原则

人的行为总是为了追求一定的目标，运动员的行为也不例外。因此，合理的目标就会成为激发运动员行为的动力。教练员在进行目标导向时，必须注意运动员对目标的可接受性，过高过低都会影响其积极性，从而影响运动训练的质量。

2．需要导向原则

运动员与运动训练其行为都是为了满足某种需要而进行的。因此，需求是运动员积极性产生的源泉。作为教练员就必须在训练过程中对运动员不断进行需求导向，把运动员的积极性引到合理的需求上来。

3．利益导向原则

这里的利益并不仅仅局限于经济利益，而主要指荣誉、成就等，因为运动员产生训练行为之前往往会考虑其行为的后果会给他带来怎样的利益和害处。导向好，则会使运动员终身受益。在贯彻利益导向原则时，要注意把集体利益和个人利益结合起来，使运动员的训练行为既对集体有利，又对个体有利，切实把其训练行为与绩效挂起钩来，造成个人行为越正确，绩效就越高的局面。

4．评价导向原则

人的行为都具有社会标准化倾向，因而人们常以社会对自己的评价来不断调整自己的行为，使之适应社会的需求。同样，运动员在训练中，教练员的评价往往会起到很好的引导作用。如在训练中，教练员给予运动员技术、意识正确与否的提示有助于运动员建立正确的技术动作和良好的运动意识，使运动员的肌肉本体感觉和判断力逐渐敏锐起来。因此，恰当的评价往往可使运动员少走弯路，提高完成技术动作的自信心，从而提高运动训练的质量。

综上所述，积极性因素之所以能影响运动训练质量，提高运动员的运动技术水平，是因为积极性能够激发、动员运动员自身的潜在能力去寻求解决问题的方式、方法，这是由积极性的四大特征所决定的，同时，积极性所产生的驱动力又为运动员提高运动技术水平和保证训练质量提供了内在的心理条件。因此，教练员必须了解促使运动员产生积极性的各种因素，并利用这些因素去激发、调动运动员的训练积极性，从而保证运动训练的质量，促使运动技术水平的提高和发展。

第五节 现代运动训练的新思想与新理念

训练理念是训练主体对运动训练及其过程进行思维的概念或观念的形成物，是理性认

识，训练理念不是训练现实或训练实践，但源于对训练实践的思考，是对训练实践的自觉反映。因此，从理论上说，训练理念是理念持有者对训练实践的清醒判断与认识。同时，对训练实践具有引导定向的意义。随着科学技术的迅速发展及由此带来的先进的体育训练手段和方法的不断出现和应用，现代竞技体育朝着竞技水平极值化、激烈程度不断加大、复杂性增多、运动员的心理压力不断增大、有效参赛的周期延长、参赛准备复杂的方向发展。我们应该对运动训练进行认真的分析研究，以便明确当今努力的方向，该文对运动训练发展的特点进行分析，指出运动训练发展的新趋势，教练员和运动员对当今运动训练所应具有的新思想、新理念。

一、训练的数字化控制

数字化训练是利用信息技术作为认识工具指导运动训练实践，数字化训练的核心就是信息技术和运动训练的整合。对运动员的现场信息进行同步采取和定量分析，大力开发研究的技术手段，加强科学意识，并积极与科研人员配合，把运动训练建立在相关信息尽可能完备的基础上，对训练进行数字化控制。

一个国家的体育事业发展水平，除了要有数量和质量保障的体育设施之外，体育发展中的科技含量，体育科技整体的发展水平越来越成为一个关键的要素。美国田径成功的一个重要因素是借助了最先进的训练仪器，采取数字化训练。在雅典奥运会上，美国运动员在田径上取得优异成绩的一个重要因素是他们得益于数字化训练。传感器、视频录像，以及笔记本电脑成为美国奥运选手必不可少的"三大件"。利用仪器通过测量，体操运动员可以知道为什么自己不能尽可能地腾空，通过录像也可以发现身体展开过早对自己结束动作的影响；在对抗性项目上通过对对手情况的了解分析来制定自己的战术训练，大量事例都说明现在的训练已进入数字化时代，因此我们应以顺应这种时代的训练理念来指导训练实践，利用高新科技分析运动技术，获取大量的资料，采取大量的信息从而指导运动实践，建立信息数据库，为训练的科学控制提供前提。

二、心理训练作为一个重要内容贯穿到训练和生活之中

现代的竞技比赛复杂性增多，运动员承受的压力增加。在比赛中，经常发现运动员体能和技能训练很好而赛场失利的情况，特别是对抗性项目的决赛阶段，运动技术在基本相当的水平上，心理能力对于运动员取胜起至关重要的作用。虽然如此，但在比赛中还是经常看到因为心理素质差而甚至在大好的形势下丢掉比赛。心理素质同样是运动员参赛能力的一个重要组成部分，可心理训练在训练中往往被忽略而只注重专项技术训练，心理训练也并非是心理专家在赛前一次谈话就可以解决的，应该把心理训练作为一个很重要的内容，贯穿到平时的训练和生活中去，而不是把心理脱离训练单独进行，如果是这样也不会收到好的效果，只有把心理训练融合到平时的训练之中，靠日常一点点的积累，这样才能培养运动员在大赛当中稳定的心理素质。

三、训练手段的选择及练习的时间间隔和次序

钟秉枢教授曾经讲过"训练是一门艺术"，教练员对运动员进行训练，就好比对璞玉进行雕琢，采用不同的雕琢手段，先后次序及选择不同的时间即可雕琢出不同等次的玉器来。在中国体育界现在盛行"三从一大"的训练原则，即训练必须从难、从严从实战出

发，坚持科学的大运动量训练。在传统训练方法不断强化的同时，现代运动训练方法，如"模式化""信息化""模拟训练"和"计算机训练"等逐渐进入运动训练，全面系统的训练得到强调。运动训练是一个不断探索、总结和完善的过程。要善于打破常规对训练理念的枷锁，如以前的训练把速度安排在前，让运动员在身体状况最好的时候练速度，后面再安排其他的练习。而孙海平对刘翔的训练，是把速度安排在后面，在之前进行许多的辅助力量或速度力量训练。他的这种安排是以神经系统的兴奋性为科学依据，神经系统除了支配肌肉工作，还要感知来自肌肉的信息，然后进行修正和调整。运动员完成大重量的练习比完成小重量练习神经发放的冲动要大得多，而且会持续一段时间，就是利用这种后效作用，来进行速度训练，这样训练的效果更好，而且运动员的肌肉在得到一定刺激后完成动作的力度更大。他们的许多训练手段和安排都源自于神经和肌肉协调的理念，将传统的训练次序倒过来。所以现代运动训练，在对事物新的科学的认识基础上，对训练手段的选择、安排的时间和次序进行新的探索及打破常规的理念是提高训练质量、收到更大的训练效果和创造优异成绩的关键。

四、高效率的多因素的全面训练

以往的训练都是单一的训练，今天练这部分，明天练那部分，最后再花大量的时间将这些单一的东西进行组合和转化，在人力、物力、时间上造成极大的浪费。另外单因素的训练，力量就是力量，速度就是速度，最后造成大脑皮层的兴奋点都是单一和局部的。而高效率的多因素的全面训练，即在一个训练手段里面包含多种训练因素，一个练习中融合多种训练因素，对神经系统多一些刺激，多一些兴奋，所练习的结果可以直接对专项起作用，这样就省去了重新组合转化的时间，大大提高了训练效率。以跨栏中的起跨腿原地支撑向前提拉练习为例，当腿向前提拉时，给一些阻力，把一些力量训练因素加在里面；而当动作快要结束时，顺势向前推一下，给一些助力，帮助加快动作速度，这就又把速度融入里面。孙指导对刘翔成功的训练是个很好的例子，他们很多的训练都是把几个因素融在一起进行的。一般的运动员成才需要6~8年，而刘翔只用了5年多一点就成为世界上最优秀的运动员，达到了世界顶尖水平。一个优秀的教练员，应该让运动员用最少的时间，最少的运动量，获得最大的成功。

五、着重建立科学训练的理论体系与训练平台

近年来，我国运动训练学理论体系取得了具有科学意义的重要进展，从运动训练学三个层次理论体系的确立，训练目标导向与控制过程的强化，训练理论时空架构相对均衡的调节，竞技能力结构的"双子模型"运动训练学基本概念的科学定义，以及运动训练学理论向竞技体育学理论的扩展研究成果，可以清晰地感受到具有中国特色的运动训练学理论体系正在逐步形成。在这种科学理论的基础上，把实践与理论紧密结合，形成各专项训练新理念，建立训练实践操作平台是成功训练的关键。我国皮划艇短期内实现奥运金牌零突破的成功经验就是：紧紧围绕皮划艇项目的科学训练理论体系来组织和控制皮划艇的训练活动，以有氧训练为基础，以有氧强度（速度）训练为核心手段，来有效提高"乳酸供能"能力的平台，皮划艇训练方法、手段的重点和体系以及各种测试与评价体系都应围绕这两种有氧能力来实施训练，以此提高和诊断运动员"乳酸供能"能力的平台，从而建立训练实践操作平台。孙海平教练之所以取得辉煌成就的一个重要原因之一就是把训练建立

一个以强度为中心的平台上，就是高效率的全面训练，每个练习、每个手段都是大强度，每天都是大强度，从准备活动到专项训练再到身体训练，都是以强度为中心。

六、剖析和重新认识各专项训练的本质特征及规律

在比赛中不停地有世界纪录被一次次刷新，除了有其他因素之外，其对专项训练的本质和规律不断地进一步认识也是重要原因之一，人们对世界事物的认识永远是一个不断发展和修正的过程，在当今日趋激烈的比赛中要想创造好成绩，在训练中就要不断地剖析和进一步认识各专项训练的本质特征及规律。例如：以前在田径赛跑项目上认为是靠两条腿跑步，因此，为发展大腿股四头肌的力量主要采取杠铃深蹲，对髋部和上体没有什么帮助，所以大多数运动员跑起来光靠两条腿在发力和用力，不光费力气，而且维持不了多久，顶多几十米，而比赛的最短距离是 100 米，因此，经常看到运动员跑到后程出现跟不上的现象，这说明光靠增加腿部力量不符合这专项的特点，对专项的本质特征及规律没有完全正确的认识，髋基本上是在人的正中间，由髋发力的实效性应该是最好的，可以说髋是发动机，有了强大的发动机，运动员自然就跑得快。科学训练的本质是在正确认识专项训练客观规律的基础上，并由此建立该项目训练的决策思想、行为准则和方法学理论体系，中外优势项目的形成与发展的实践表明：创新战略和体系的超前性和专项训练的本质规律系统化是成功的基础。

总之，训练理念是人类进行训练实践的指南，没有正确、先进的训练理念，其训练实践便是一种低级、落后的重复活动。在人类竞技体育的发展过程中，特别是在我国落后的竞技项目中，无数事例反复重申这样一个命题：竞技成绩的落后必然伴有训练理念的落后。因此，构建先进的训练理念是竞技体育不断创新、发展、提高的前提，也是改变我国落后项目局面的根本出路。

参考文献

［1］蔡海春. 新课程理念下体育教学设计思考［J］. 湖北体育科技，2014（7）：641－642.

［2］陈洁，宋文利. 体育教育学［M］. 北京：北京师范大学出版社，2012.

［3］陈少青，杨国庆. "3＋1"体育教学方法分类体系的构建与应用［J］. 沈阳体育学院学报，2011（1）：76－78.

［4］陈轩昂. 新时期高校体育教学的改革与发展［M］. 北京：航空工业出版社，2019.

［5］陈耀文. 浅谈新课程背景下的体育教学设计［J］. 读与写（教育教学刊），2011（11）：159－159.

［6］谷茂恒，姜武成. 高校体育教学评价体系的构建［M］. 北京：航空工业出版社，2019.

［7］关北光，毛加宁. 体育教学设计［M］. 成都：西南交通大学出版社，2016.

［8］郝英. 高校体育教学俱乐部的组织与设计［M］. 北京：九州出版社，2019.

［9］黄超群. 普通体育教学方法的改革与创新［J］. 体育科技文献通报，2009（5）：57－59.

［10］吉丽娜，李磊. 高校体育教学与训练理论实践探究［M］. 北京：地质出版社，2017.

［11］季浏，汪晓赞，纪伟等. 体育的校本课程对学生学习效果影响的实验研究［J］. 武汉体育学院学报，2010.

［12］江宇. 大学体育与健康［M］. 苏州：苏州大学出版社，2017.

［13］姜汉瑾，武斌. 体育训练与健康教育［M］. 长春：吉林文史出版社. 2017.

［14］蒋立兵，易名农. 现代体育教育技术［M］. 武汉：中国地质大学出版社，2012.

［15］李朝辉. 教学论［M］. 北京：清华大学出版社，2010.

［16］李剑，杨继星. 对现阶段我国普通体育教学模式的审视与思考［J］. 体育科技文献通报，2010（1）：58－60.

［17］李金钟. 新课程理念下体育教学设计的策略研究［J］. 吉林农业科技学院学报，2011（3）：90－91.

［18］李启迪，邵伟德. 体育教学基本理论研究［M］. 北京：北京师范大学出版社，2014.

［19］刘海元. 学校体育教程［M］. 北京：北京体育大学出版社，2011.

［20］刘秋云. 新课程理念下体育教学设计的策略与方法［J］. 成功（教育），2009（12）：30－31.

［21］刘伟. 高校体育教育创新理念与实践教学研究［M］. 北京：九州出版社，2019.

［22］刘亚荣. 体育教学环境的优化策略［J］. 教育评论，2014（9）：120－122.

［23］卢竞荣. 体育教学论［M］. 北京：人民体育出版社，2016.

［24］吕超，阎杰，许世岩. 建构主义学习理论在体育教学方法中的应用设计［J］. 陕西理工学院学报（社会科学版），2006（4）：87－90.

［25］毛振明．体育教学论［M］．北京：高等教育出版社，2011．

［26］毛振明，于素梅．体育教学理论问题与案例［M］．北京：北京师范大学出版社，2012．

［27］任婷婷．高校体育教学管理改革与模式构建［M］．长春：吉林大学出版社，2017．

［28］汪继东．体育教学环境的构成要素及优化措施研究［J］．当代体育科技，2015（17）：68－69．

［29］王玲．对优化体育教学模式的全面思考［J］．教育与职业，2012（2）：112－114．

［30］王茹．运动训练功能评定测试方法［M］．上海：复旦大学出版社，2012．

［31］王晟．运动技能与体育教学［M］．长春：吉林大学出版社，2017．

［32］魏勇．普通高校体育教学模式研究分析［J］．山东体育学院学报，2010（2）：75－78．

［33］吴本连，徐少波．体育课程资源由封闭向开放转变——基础教育新体育课程改革十年回顾［M］．体育科学研究，2012．

［34］夏越．现代高校体育教学研究［M］．北京：北京理工大学出版社，2019．

［35］薛文忠．民族传统体育文化与研究生体育健康教育研究［M］．长春：吉林大学出版社，2017．

［36］杨春越，林柔伟，蒋文梅．体育教学设计与实践［M］．延吉：延边大学出版社，2017．

［37］杨景元，量奎，李文兰．体育教学管理与教学现状［M］．长春：吉林人民出版社．2019．

［38］杨钮．关于体育课程改革教学方法的思考［J］．辽宁教育行政学院学报，2010（6）：170－171．

［39］张红玲．高校学术文库体育研究论丛刊乒乓球教学与训练［M］．北京：中国书籍出版社，2019．

［40］张京杭．高校体育教学方法实践探索［M］．北京：现代出版社，2019．

［41］赵超君．体育教学技能实训教程［M］．北京：高等教育出版社，2016．

［42］周正宏．体育说课理论研究［M］．成都：西南财经大学出版社，2011．

［43］朱继元．体育教学模式发展趋势研究［J］．当代体育科技，2015（8）：174－175．